行政执法工作应知应会知识点培训教材

夏云峰 编著

XINGZHENG ZHIFA GONGZUO
YINGZHI YINGHUI ZHISHIDIAN
PEIXUN JIAOCAI

中国法治出版社
CHINA LEGAL PUBLISHING HOUSE

行政执法知识体系

- 执法科学知识（科学理性）：执法本体论。关于执法性质、原则、要素、关系、形式等是与应是、有与应有的理论知识。
- 执法技术知识（技术理性）：执法方法论。关于实现执法是其所是，有其所有的解释、要件方法的理论知识，以及技术化执法，制定执法技术规范的理论、能力知识。执法技术规范包括但不限于执法事项、要件、流程、文书、案卷技术规范。
- 执法实务知识（实践理性）：执法实践论。依照执法科学、技术，实现执法之是、之有的实际操作知识（含伦理），包括但不限于执法事项、要件、流程、文书、案卷的实际实现活动知识；推进执法是其应是，有其应有的制度活动实践知识。

序言
——认真学习行政执法文件

要干好具体行政工作，有三点必须做到，一是吃透文件，二是吃透实情，三是文件与实情相结合。先要通过认真学习文件来吃透文件，弄清工作要求，再去吃透与工作有关的实情，再相关联比较，将文件要求落实到相关实务之中。行政执法工作更是如此。

行政执法工作，尤其其中的行政执法办案工作是一种高规范工作。规范之于执法，工作中，我们尽管仍习惯借用司法上的语词“适用”来表达，以“依据”为定位，但在高质量执法要求下，在规范日臻完善的时代背景下，特别是在执法事项、要件、流程、文书、案卷五大执法实务对法律规范分解、完善已趋精细的情况下，已属“依照”。如执法所依照的规范单一，相关工作倒也简单，问题是承载执法规范的法律文件和行政文件（以下统称行政执法文件）既多且杂，仅现行有效的法律、行政法规、部门规章、地方性法规、自治条例和单行条例、地方政府规章等法律文件，就有几万部，以条款计更是极多，关涉经济社会各个方面，其中大部分，执法时要依照，这还不算可以作为执法依据或与执法有关的数十万行政文件。

在行政工作中，执法也属于高技术工作。仅就执法办案而言，对于行政执法文件，一般的要求是全面、准确、有效落实。所谓全面，就是在特定执法办案活动中，要落实行政执法文件关于该执法办案的所有规定，包括法律文件和行政文件的规定，包括共性和部门、国家和地方的规定。所谓准确，就是特定执法办案活动对应、符合执法规定。所谓有效，就是特定执法办案活动要实现执法规定所要求的政治效果、法律效果、社会效果。结合行政执法文件既多且杂、以执法处理的社会事物林林总总的实际，在执法办案中落实全面、准确、有效要求殊非易事，对执法技术能力的要求很高。

高规范、高技术意味着高专业。因此，要特别强调执法队伍的专业化、职业化，要特别强调执法人员（含执法领导、指导、监督、管理、承办人员等）对行政执法文件、行政执法技能的深度学习，两者都是执法知识的重要组成部分。

对于行政执法人员，学习文件很熟悉，但效果不同，区别在于方法。对行政执法文件的学习，关键在细、关键在实、关键在准，关键在真正理解其中的意义，绝不是读一遍了事、“一目十行”，而是认真地、反复地一句一句地学，一个词一个词地琢磨。

执法工作上的绝大多数问题，行政执法文件中都有答案，有的地方、领域、单位问题层出不穷，有些还比较突出，主要原因就在于对行政执法文件的学习不够，落实不够。在学习层面，有的不学习、有的时学时不学，有的学了但没学懂，有的似懂非懂，真正“懂、会、熟”不容易。要做好执法工作，执法人员必须全面、深入、系统地学习规范，认真学习承载规范的行政执法文件，一点一滴落实文件要求，没有捷径。

首先是全面学习。把数万行政执法文件一次性都学到位是不可能的，这就需要从与执法工作亲疏远近角度列出一个基本的纲，纲举目张。这个基本的纲，就是规定执法共性要求的国家层面行政执法文件。这部分文件要先扎实细致的学到位。之后，再把部门业务和地方事务方面的文件纳入目中，进一步学习。

比如本书，把共性文件划定为五章，第一章规划和实施纲要，其中有关执法的内容，为执法工作定方向、划重点。第二章法律和行政法规，共十三部，是对各级各类执法工作的共性、具体的法律要求。第三章行政执法重要制度文件、第四章与行政执法有关的其他重要文件中的执法内容，是对各级各类执法工作的共性、具体的行政要求。第五章是行政执法共性问题答复文件，收录了全国人大常委会法工委、司法部（含原国务院法制办公室）对执法共性、具体问题的答复。范围确定之后，对这些行政执法文件就要细读、精读，并采用问答等形式加深印象，突出重点以及容易忽视的地方。

部门和地方的同志在学习共性文件后，应根据本系统、本地方的执法要求，继续学习部门、地方文件以及有关答复文件，并以共性文件要求为准，两相结合。

其次是深入学习。在全面学习过程中，难免有不易理解的地方，这时候就要查阅资料，请教专家，把不懂的弄懂，把不通的弄通。再者，对执法重点工作，都会有配套文件，这时就要结合配套文件深入学习。比如，党的十八届四中全会通过的《中共中央关于全面推进依法治国若干重大问题的决定》、党的二十大报告、党的二十届三中全会通过的《中共中央关于进一步全面深化改革推进中国式现代化的决定》、新修订的《中华人民共和国行政处罚法》(以下简称《行政处罚法》)等都对规范执法裁量权行使提出了一般要求。执法是讲具体的，越具体越好，仅仅学习上述报告、决定和法律中的规定对工作是远远不够的，那么关于规范执法裁量权行使的具体要求在哪里呢？这个要求就集中在《国务院办公厅关于进一步规范行政裁量权基准制定和管理工作的意见》，为了弄明白规范执法裁量权这一执法重点工作，就要深入学习意见。此外，还要弄清重点工作在不同时期的不同提法，理解其中的差别和所要做的工作。当前执法工作重在高质量，提升执法质量和效能，很重要的方面就是在工作程度要求上的不断提高。比如“三项制度”，《国务院办公厅关于全面推行行政执法公示制度执法全过程记录制度重大执法决定法制审核制度的指导意见》出台的时候的提法是“全面推行”，《国务院办公厅关于印发〈提升行政执法质量三年行动计划(2023—2025年)〉的通知》的提法是“全面落实”，这其中的差别就是有关执法工作质量和效能提升的空间。

第三是系统学习。纷繁复杂的行政执法文件只有体系化，形成以执法办案为本位的，既有实务、又有实务理论的知识体系，才能被贯通理解、扎实掌握、熟练运用。对行政执法文件进行系统学习，就是要学习行政执法知识体系。到这一步，就要看执法方面的专业书。先是内容上真正、专门针对执法的专业书，再是行政法方面的专业书，三是其他有关执法的专业书。

在行政执法知识体系中，最重要的是执法办案的要件体系，核心目的是将同一行政执法文件(尤指法律)不同条款、不同行政执法文件对同一执法事项要求，要件化地、精准精细地整合到与该事项对应的特定执法办案中，以便在该案中全面、准确、有效落实法律。从行政执法文件中，我们抽象出执法办案的组织权限、法律依据、事实根据、定案证据、执法理由、决定内容六要件，抽象出需要查明的违法事实、申请事实等相对方事实的行为时间、行为地点、行为主体、行为意识、实行行为、行为对象、行为结果、因果关系八要件，以此为框架和梁柱分析行政执法文件、分析执法事项、分析执法办案。在这个过程中，行政执法文件被具体化、系统化到一个特定执法办案活动中，从而实现全面、准确、有效落实法律目的。

在行政执法知识体系中，除执法办案要件实现这一实务外，还包括相互联系的执法办案事项、流程、文书、案卷的实现活动，以及执法制度的实现活动、执法伦理（人性化执法、有温度的执法）的实现活动。

上述行政执法实务是执法知识体系中最重要的一部分，它是有来源的。上溯为执法技术，再上溯为执法科学。执法技术主要是执法解释问题，即如何理解和说明执法问题，以及执法办案五大实务事项、要件、流程、文书、案卷的梳理、归纳、设计、规范等的方式方法问题。执法科学属执法知识体系的根基，主要是要弄清楚执法的性质、原则、要素、关系、形式等执法上最基本的问题，从底层说清楚执法到底是什么、有什么，以从根本上应对纷繁复杂的执法事物，指导解决执法上的一切问题。行政执法实务、技术、科学相互联系，依次递进深入，对于正确执法（也就是全面、准确、有效执法）、系统学习执法知识缺一不可。关于行政执法知识体系，笔者的前五部执法专著都是对上述内容的展开，在其中，也在前言等部分概括性的、从不同角度作了阐述，这里就不再赘述了。

在行政执法办案中全面、准确、有效落实法律是一项长期工作，从目前看，还有很大的提升空间。仅就行政处罚领域，新《行政处罚法》施行以来，《行政处罚法》设定的处罚办案的全部要件，具体案件中各种遗漏都有，常见的如守法教育要件、行为意识要件之智力状况、主观过错要件、行为时间要件之违法行为发生时要件，立案要件的遗漏、裁量要件的遗漏、从轻减轻不予处罚要件的遗漏等等，还存在要件混用问题，常见的是不予处罚要件与减轻处罚要件的混用，以及不准确落实要件等诸多问题。部门处罚法上的要件遗漏与不准确落实要件也很常见。比如《中华人民共和国道路交通安全法》设定的对违规停车的行政处罚，第九十三条第二款明文设定了“妨碍其他车辆、行人通行”这一行为结果处罚要件，在笔者所见的相关案卷中，较少看到对该要件清楚、明白的查明与叙述。有这些问题的执法办案，未必对执法相对人权利造成实质性损害，但确属工作质量不高。究其原因，就在于行政执法人员对执法办案要件体系学习落实不够，对执法知识体系学习落实不够，对行政执法文件学习落实不够。

一方面我们要抓紧整治行政检查领域的过多、重复问题，解决行政处罚领域的过重、不当问题，解决行政许可领域的分散、低效问题，以及执法领域其他比较明显的“大”问题，另一方面我们必须特别重视个案对行政执法文件的全面、准确、有效落实，毕竟所有的执法上的“大”问题的出现和解决，都体现在一个个“小”案件中。

而这一切，都须要从认真学习行政执法文件开始。

关于本书，因时间和水平有限，定有不妥和疏漏之处，敬请批评指正。

作者

2025 年 5 月

目录

CONTENTS

学习指导

第一章

规划和实施纲要

法治中国建设规划（2020—2025 年）

法治政府建设实施纲要（2015—2020 年）

法治政府建设实施纲要（2021—2025 年）

法治社会建设实施纲要（2020—2025 年）

第一节 法治中国建设规划（2020—2025年）

1.《法治中国建设规划（2020—2025年）》（以下简称《规划》）是______印发的?

答: 中共中央。

2. 什么是人类文明进步的重要标志，是治国理政的基本方式，是中国共产党和中国人民的不懈追求?

答: 法治。

3. 制定《规划》的目的是什么?

答: 统筹推进法治中国建设各项工作。

4.《规划》明确，2020—2025年法治中国建设的指导思想是什么?

答: 高举中国特色社会主义伟大旗帜，坚持以马克思列宁主义、毛泽东思想、邓小平理论、“三个代表”重要思想、科学发展观、习近平新时代中国特色社会主义思想为指导，全面贯彻党的十九大和十九届二中、三中、四中、五中全会精神，全面贯彻习近平法治思想，增强“四个意识”、坚定“四个自信”、做到“两个维护”，坚持党的领导、人民当家作主、依法治国有机统一，坚定不移走中国特色社会主义法治道路，培育和践行社会主义核心价值观，以解决法治领域突出问题为着力点，建设中国特色社会主义法治体系，建设社会主义法治国家，在法治轨道上推进国家治理体系和治理能力现代化，提高党依法治国、依法执政能力，为全面建设社会主义现代化国家、实现中华民族伟大复兴的中国梦提供有力法治保障。

5.《规划》明确，2020—2025年法治中国建设的主要原则有哪“六个方面”?

答: 坚持党的集中统一领导；坚持贯彻中国特色社会主义法治理论；坚持以人民为中心；坚持统筹推进；坚持问题导向和目标导向；坚持从中国实际出发。

6.《规划》明确，法治中国建设的总体目标是什么?

答: 建设法治中国，应当实现法律规范科学完备统一，执法司法公正高效权威，权力运行受到有效制约监督，人民合法权益得到充分尊重保障，法治信仰普遍确立，法治国家、法治政府、法治社会全面建成。

到2025年，党领导全面依法治国体制机制更加健全，以宪法为核心的中国特色社会主义法律体系更加完备，职责明确、依法行政的政府治理体系日益健全，相互配合、相互制约的司法权运行机制更加科学有效，法治社会建设取得重大进展，党内法规体系更加完善，中国特色社会主义法治体系初步形成。

到2035年，法治国家、法治政府、法治社会基本建成，中国特色社会主义法治体系基本形成，人民平等参与、平等发展权利得到充分保障，国家治理体系和治理能力现代化基本实现。

7.《纲要》明确，全面贯彻实施宪法，坚定维护宪法尊严和权威要落实哪“三个方面”要求?

答: 坚持把宪法作为根本活动准则；加强宪法实施和监督；推进宪法学习宣传教育。

8.《规划》明确，建设完备的法律规范体系，以良法促进发展、保障善治要落实哪“四个方面”要求?

答: 完善立法工作格局；坚持立改废释并举；健全立法工作机制；加强地方立法工作。

9.《规划》明确，建设高效的法治实施体系，深入推进严格执法、公正司法、全民守法要落实哪“三个方面”要求?

答: 构建职责明确、依法行政的政府治理体系；建设公正高效权威的中国特色社会主义司法制度；深入推进全民守法。

10.《规划》明确，建设法治中国，必须深入推进______、公正司法、全民守法，健全社会公平正义法治保障制度，织密法治之网，强化法治之力，不断增强人民群众的获得感、幸福感、安全感。

答: 严格执法。

11.《规划》明确，各级政府必须坚持依法行政，恪守法定职责必须为、______，把政府活动全面纳入法治轨道。

答: 法无授权不可为。

12.《规划》对依法全面履行政府职能是如何具体规定的?

答: 依法全面履行政府职能，着力厘清政府和市场、政府和社会的关系，更加注重用法律和制度遏制不当干预经济活动的行为。深入推进简政放权，持续整治变相设置行政许可事项的违法违规行为。大力推行清单制度并实行动态管理，编制完成并公布中央层面设定的行政许可事项清单、备案管理事项清单，国务院部门权责清单于2022年上半年前编制完成并公布。

13.《规划》对深化行政执法体制改革是如何具体规定的?

答: 深化行政执法体制改革，统筹配置行政执法职能和执法资源，最大限度减少不必要的行政执法事项。进一步整合行政执法队伍，继续探索实行跨领域跨部门综合执法。推动执法重心向市县两级政府下移，加大执法人员、经费、资源、装备等向基层倾斜力度。健全事前事中事后监管有效衔接、信息互联互通共享、协同配合工作机制。完善行政执法权限协调机制。健全行政执法和刑事司法衔接机制，全面推进“两法衔接”信息平台建设和应用。完善行政强制执行体制机制。建立健全军地联合执法机制。

14.《规划》对坚持严格规范公正文明执法是如何具体规定的?

答: 坚持严格规范公正文明执法，全面推行行政执法公示制度、执法全过程记录制度、重大执法决定法制审核制度。加大食品药品、公共卫生、生态环境、安全生产、劳动保障、野生动物保护等关系群众切身利益的重点领域执法力度。推进统一的行政执法人员资格和证件管理、行政执法文书基本标准、行政执法综合管理监督信息系统建设。全面推行行政裁量权基准制度，规范执法自由裁量权。改进和创新执法方式，加强行政指导、行政奖励、行政和解等非强制行政手段的运用。建立行政执法案例指导制度。建立健全行政执法风险防控机制。严格执行突发事件应对有关法律法规，依法实施应急处置措施，全面提高依法应对突发事件能力和水平。

15.《规划》对加强和创新事中事后监管是如何具体规定的?

答: 加强和创新事中事后监管，推进“双随机、一公开”跨部门联合监管，强化重点领域重点监管，探索信用监管、大数据监管、包容审慎监管等新型监管方式，努力形成全覆盖、零容忍、更透明、重实效、保安全的事中事后监管体系。持续开展“减证便民”行动，推行证明事项告知承诺制。

16.《规划》对持续营造法治化营商环境是如何具体规定的?

答: 持续营造法治化营商环境，实施统一的市场准入负面清单制度，清理破除隐性准入壁垒，普遍落实“非禁即入”。全面清理、废止对非公有制经济的各种形式不合理规定，坚决纠正滥用行政权力排除、限制竞争行为。全面清理违法违规的涉企收费、检查、摊派事项和评比达标表彰活动。加强政务诚信建设，重点治理政府失信行为，加大惩处和曝光力度。实行知识产权侵权惩罚性赔偿制度，激励和保护科技创新。

17.《规划》对加快推进“互联网 + 政务服务”是如何具体规定的?

答: 加快推进“互联网 + 政务服务”，政务服务重点领域和高频事项基本实现“一网、一门、一次”。2022 年年底前建成全国一体化政务服务平台，除法律法规另有规定或涉及国家秘密等外，政务服务事项全部纳入平台办理，全面实现“一网通办”。

18.《规划》明确，建设公正高效权威的中国特色社会主义司法制度要落实哪“五个方面”要求?

答: 明确四级法院职能定位，充分发挥审级监督功能；坚持“让审理者裁判、由裁判者负责”，依法赋权独任庭、合议庭；深化以审判为中心的刑事诉讼制度改革；完善民事诉讼制度体系；深化执行体制改革，加强执行难综合治理、源头治理。

19.《规划》明确，深入推进全民守法要落实哪“四个方面”要求?

答: 改进创新普法工作，加大全民普法力度，增强全民法治观念；广泛推动人民群众参与社会治理，打造共建共治共享的社会治理格局；紧紧围绕人民日益增长的美好生活需要加强公共法律服务，加快整合律师、公证、调解、仲裁、法律援助、司法鉴定等公共法律服务资源，到 2022 年基本形成覆盖城乡、便捷高效、均等普惠的现代公共法律服务体系；积极引导人民群众依法维权和化解矛盾纠纷，坚持和发展新时代“枫桥经验”。

20.《规划》明确，建设严密的法治监督体系，切实加强对立法、执法、司法工作的监督要做哪“四个方面”工作?

答: 推进对法治工作的全面监督；加强立法监督工作；加强对执法工作监督；

加强对司法活动监督。

21.《规划》明确，加强对执法工作监督，具体内容是什么？

答：加强省市县乡四级全覆盖的行政执法协调监督工作体系建设，强化全方位、全流程监督，提高执法质量。加大对执法不作为、乱作为、选择性执法、逐利执法等有关责任人的追责力度，落实行政执法责任制和责任追究制度。完善行政执法投诉举报和处理机制。

加强和改进行政复议工作，强化行政复议监督功能，加大对违法和不当行政行为的纠错力度。推进行政复议体制改革，整合行政复议职责，畅通行政复议渠道，2022 年前基本形成公正权威、统一高效的行政复议工作体制。健全行政复议案件审理机制，加强行政复议规范化、专业化、信息化建设。规范和加强行政应诉工作。

22.《规划》明确，建设有力的法治保障体系，筑牢法治中国建设的坚实后盾要做哪“三个方面”工作？

答：加强政治和组织保障；加强队伍和人才保障；加强科技和信息化保障。

23.《规划》明确，建设完善的党内法规体系，坚定不移推进依规治党要做哪“三个方面”工作？

答：健全党内法规体系；抓好党内法规实施；强化党内法规制度建设保障。

24.《规划》明确，紧紧围绕新时代党和国家工作大局，依法维护国家主权、安全、发展利益要落实哪“三个方面”要求？

答：依法保障“一国两制”实践和推进祖国统一；加强涉外法治工作；深入推进依法治军从严治军。

25.《规划》明确，加强党对法治中国建设的集中统一领导，充分发挥党总揽全局、协调各方的领导核心作用要落实哪“四个方面”要求？

答：深入学习宣传贯彻习近平法治思想；推进依法执政；加强中国特色社会主义法治理论研究，加快中国特色社会主义法治体系建设；加强党对全面依法治国的统一领导、统一部署、统筹协调。

26.《规划》明确，推进依法执政，具体内容是什么？

答：健全党的全面领导制度。推进党的领导入法入规，着力实现党的领导制度化、法治化。完善党领导人大、政府、政协、监察机关、审判机关、检察机关、武装力量、人民团体、企事业单位、基层群众自治组织、社会组织等制度。将坚持党的全面领导的要求载入国家机构组织法，载入政协、民主党派、工商联、人民团体、国有企业、高等学校、有关社会组织等的章程。完善党委依法决策机制，健全议事规则和决策程序。建立领导干部应知应会法律法规清单制度，推动领导干部做尊法学法守法用法的模范。把法治素养和依法履职情况纳入考核评价干部的重要内容。各级领导干部要全面提高运用法治思维和法治方式深化改革、推动发展、化解矛盾、维护稳定、应对风险能力，绝不允许以言代法、以权压法、逐利违法、徇私枉法。

第二节 法治政府建设实施纲要（2015—2020年）

1.《法治政府建设实施纲要（2015—2020 年）》（以下简称《纲要》）是由______印发的。

答：中共中央、国务院。

2.《纲要》指出，党的十八大把法治政府基本建成确立为到 2020 年______的重要目标之一，意义重大、影响深远、任务艰巨。

答：全面建成小康社会。

3.《纲要》明确，2015—2020 年法治政府建设的指导思想是什么?

答：高举中国特色社会主义伟大旗帜，全面贯彻党的十八大和十八届二中、三中、四中、五中全会精神，以马克思列宁主义、毛泽东思想、邓小平理论、“三个代表”重要思想、科学发展观为指导，深入贯彻习近平总书记系列重要讲话精神，根据全面建成小康社会、全面深化改革、全面依法治国、全面从严治党的战略布局，围绕建设中国特色社会主义法治体系、建设社会主义法治国家的全面推进依法治国总目标，坚持依法治国、依法执政、依法行政共同推进，坚持法治国家、法治政府、法治社会一体建设，深入推进依法行政，加快建设法治政府，培育和践行社会主义核心价值观，弘扬社会主义法治精神，推进国家治理体系和治理能力现代化，为实现“两个一百年”奋斗目标、实现中华民族伟大复兴的中国梦提供有力法治保障。

4.《纲要》明确，2015—2020 年法治政府建设的总体目标是什么?

答：经过坚持不懈的努力，到 2020 年基本建成职能科学、权责法定、执法严明、公开公正、廉洁高效、守法诚信的法治政府。

5.《纲要》明确，2015—2020 年法治政府建设的基本原则是什么?

答：建设法治政府必须坚持中国共产党的领导，坚持人民主体地位，坚持法律面前人人平等，坚持依法治国和以德治国相结合，坚持从中国实际出发，坚持依宪施政、依法行政、简政放权，把政府工作全面纳入法治轨道，实行法治政府建设与创新政府、廉洁政府、服务型政府建设相结合。

6.《纲要》明确，2015—2020 年法治政府建设的衡量标准是什么?

答：政府职能依法全面履行，依法行政制度体系完备，行政决策科学民主合法，宪法法律严格公正实施，行政权力规范透明运行，人民权益切实有效保障，依法行政能力普遍提高。

7.《纲要》明确，主要任务和具体措施有哪“七个方面”?

答：依法全面履行政府职能；完善依法行政制度体系；推进行政决策科学化、民主化、法治化；坚持严格规范公正文明执法；强化对行政权力的制约和监督；依法有效化解社会矛盾纠纷；全面提高政府工作人员法治思维和依法行政能力。

8.《纲要》明确，依法全面履行政府职能目标是什么?

答：牢固树立创新、协调、绿色、开放、共享的发展理念，坚持政企分开、政资分开、政事分开、政社分开，简政放权、放管结合、优化服务，政府与市场、政府与社会的关系基本理顺，政府职能切实转变，宏观调控、市场监管、社会管理、公共服务、环境保护等职责依法全面履行。

9.《纲要》明确，依法全面履行政府职能措施有哪“八个方面”?

答：深化行政审批制度改革；大力推行权力清单、责任清单、负面清单制度并实行动态管理；优化政府组织结构；完善宏观调控；加强市场监管；创新社会治理；优化公共服务；强化生态环境保护。

10.《纲要》明确，深化行政审批制度改革，具体内容是什么?

答：全面清理行政审批事项，全部取消非行政许可审批事项。最大程度减少对生产经营活动的许可，最大限度缩小投资项目审批、核准的范围，最大幅度减少对各类机构及其活动的认定。取消不符合行政许可法规定的资质资格准入许可，研究建立国家职业资格目录清单管理制度。直接面向基层、量大面广、由地方实施更方便有效的行政审批事项，一律下放地方和基层管理。加大取消和下放束缚企业生产经营、影响群众就业创业行政许可事项的力度，做好已取消和下放行政审批事项的落实和衔接，鼓励大众创业、万众创新。严格控制新设行政许可，加强合法性、必要性、合理性审查论证。对增加企业和公民负担的证照进行清理规范。对保留的行政审批事项，探索目录化、编码化管理，全面推行一个窗口办理、并联办理、限时办理、规范办理、透明办理、网上办理，提高行政效能，激发社会活力。加快投资项目在线审批监管平台建设，实施在线监测并向社会公开，2015 年实现部门间的横向联通及中央和地方的纵向贯通。加快推进相对集中行政许可权工作，支持地方开展相对集中行政许可权改革试点。全面清理规范行政审批中介服务，对保留的行政审批中介服务实行清单管理并向社会公布，坚决整治“红顶中介”，切断行政机关与中介服务机构之间的利益链，推进中介服务行业公平竞争。

11.《纲要》明确，大力推行权力清单、责任清单、负面清单制度并实行动态管理，具体内容是什么？

答：在全面梳理、清理调整、审核确认、优化流程的基础上，将政府职能、法律依据、实施主体、职责权限、管理流程、监督方式等事项以权力清单的形式向社会公开，逐一厘清与行政权力相对应的责任事项、责任主体、责任方式。省级政府 2015 年年底前、市县两级政府 2016 年年底前基本完成政府工作部门、依法承担行政职能的事业单位权力清单的公布工作。开展编制国务院部门权力和责任清单试点。实行统一的市场准入制度，在制定负面清单基础上，各类市场主体可依法平等进入清单之外领域。建立行政事业性收费和政府性基金清单制度，清理取消不合法、不合规、不合理的收费基金项目，公布全国性、中央部门和单位及省级收费目录清单，减轻企业和公民负担。2015 年年底前，没有法律法规依据且未按规定批准、越权设立的收费基金项目，政府提供普遍公共服务或体现一般性管理职能的行政事业性收费，没有法定依据的行政审批中介服务项目及收费，一律取消；擅自提高征收标准、扩大征收范围的，一律停止执行。

12.《纲要》明确，优化政府组织结构，具体内容是什么？

答：完善行政组织和行政程序法律制度，推进机构、职能、权限、程序、责任法定化。深化行政体制改革，优化政府机构设置、职能配置、工作流程，理顺部门职责关系，积极稳妥实施大部门制。创新行政管理方式，完善政府绩效管理。推进各级政府事权规范化、法律化，完善不同层级政府特别是中央和地方政府事权法律制度，强化中央政府宏观管理、制度设定职责和必要的执法权，强化省级政府统筹推进区域内基本公共服务均等化职责，强化市县政府执行职责。

13.《纲要》明确，完善宏观调控，具体内容是什么？

答：健全发展规划、投资管理、财政税收、金融等方面法律制度，加强发展战略、规划、政策、标准等制定和实施。切实转变政府投资管理职能，确立企业投资主体地位，制定并公开企业投资项目核准目录清单。完善主要由市场决定价格的机制，大幅缩减政府定价种类和项目，制定并公布政府定价目录，全面放开竞争性领域商品和服务价格。

14.《纲要》明确，加强市场监管，具体内容是什么？

答：清理、废除妨碍全国统一市场和公平竞争的各种规定和做法，破除部门保护、地区封锁和行业垄断。深化商事制度改革，继续清理工商登记前置审批，加快工商登记后置审批改革。进一步推进工商注册登记制度便利化，2015 年年底前实现工商营业执照、组织机构代码证、税务登记证“三证合一”、“一照一码”。推行电子营业执照和全程电子化登记，实行“一址多照”和“一照多址”。加强事中事后监管，创新市场监管方式，完善市场监管体系，建立透明、规范、高效的投资项目纵横联动、协同监管机制，实行综合监管，推广随机抽查，探索“智能”监管。加强社会信用体系建设，建立健全全国统一的社会信用代码制度和信用信息共享交换平台，推进企业信用信息公示“全国一张网”建设，依法保护企业和个人信息安全。完善外资管理法律法规，保持外资政策稳定、透明、可预期。健全对外投资促进制度和服务体系，支持企业扩大对外投资，推动装备、技术、标准、服务走出去。

15.《纲要》明确，创新社会治理，具体内容是什么？

答：加强社会治理法律、体制机制、能力、人才队伍和信息化建设，提高社会治理科学化和法治化水平。完善社会组织登记管理制度。适合由社会组织提供的公共服务和解决的事项，交由社会组织承担。支持和发展社会工作服务机构和志愿服务组织。规范和引导网络社团社群健康发展，加强监督管理。深入推进社会治安综合治理，健全落实领导责任制。完善立体化社会治安防控体系，有效防范管控影响社会安定的问题，保护人民生命财产安全。提高公共突发事件防范处置和防灾救灾减灾能力。全方位强化安全生产，全过程保障食品药品安全。推进社会自治，发挥市民公约、乡规民约、行业规章、团体章程等社会规范在社会治理中的积极作用。

16.《纲要》明确，优化公共服务，具体内容是什么?

答: 着力促进教育、卫生、文化等社会事业健康发展，强化政府促进就业、调节收入分配和完善社会保障职能，加快形成政府主导、覆盖城乡、可持续的基本公共服务体系，实现基本公共服务标准化、均等化、法定化。建立健全政府购买公共服务制度，公开政府购买公共服务目录，加强政府购买公共服务质量监管。推进公共服务提供主体和提供方式多元化，凡属事务性管理服务，原则上都要引入竞争机制向社会购买；确需政府参与的，实行政府和社会资本合作模式。

17.《纲要》明确，强化生态环境保护，具体内容是什么?

答: 加快建立和完善有效约束开发行为和促进绿色发展、循环发展、低碳发展的生态文明法律制度。深化资源型产品价格和税费改革，实行资源有偿使用制度和生态补偿制度。改革生态环境保护管理体制，完善并严格实行环境信息公开制度、环境影响评价制度和污染物排放总量控制制度。健全生态环境保护责任追究制度和生态环境损害赔偿制度。对领导干部实行自然资源资产离任审计。

18.《纲要》明确，完善依法行政制度体系目标是什么?

答: 提高政府立法质量，构建系统完备、科学规范、运行有效的依法行政制度体系，使政府管理各方面制度更加成熟更加定型，为建设社会主义市场经济、民主政治、先进文化、和谐社会、生态文明，促进人的全面发展，提供有力制度保障。

19.《纲要》明确，完善依法行政制度体系措施有哪“五个方面”?

答: 完善政府立法体制机制；加强重点领域政府立法；提高政府立法公众参与度；加强规范性文件监督管理；建立行政法规、规章和规范性文件清理长效机制。

20.《纲要》明确，推进行政决策科学化、民主化、法治化目标是什么?

答: 行政决策制度科学、程序正当、过程公开、责任明确，决策法定程序严格落实，决策质量显著提高，决策效率切实保证，违法决策、不当决策、拖延决策明显减少并得到及时纠正，行政决策公信力和执行力大幅提升。

21.《纲要》明确，推进行政决策科学化、民主化、法治化措施有哪“六个方面”?

答: 健全依法决策机制；增强公众参与实效；提高专家论证和风险评估质量；

加强合法性审查；坚持集体讨论决定；严格决策责任追究。

22.《纲要》明确，坚持严格规范公正文明执法目标是什么？

答：权责统一、权威高效的行政执法体制建立健全，法律法规规章得到严格实施，各类违法行为得到及时查处和制裁，公民、法人和其他组织的合法权益得到切实保障，经济社会秩序得到有效维护，行政违法或不当行为明显减少，对行政执法的社会满意度显著提高。

23.《纲要》明确，坚持严格规范公正文明执法措施有哪“六个方面”？

答：改革行政执法体制；完善行政执法程序；创新行政执法方式；全面落实行政执法责任制；健全行政执法人员管理制度；加强行政执法保障。

24.《纲要》明确，改革行政执法体制，具体内容是什么？

答：根据不同层级政府的事权和职能，按照减少层次、整合队伍、提高效率的原则，合理配置执法力量。推进执法重心向市县两级政府下移，把机构改革、政府职能转变调整出来的人员编制重点用于充实基层执法力量。完善市县两级政府行政执法管理，加强统一领导和协调。大幅减少市县两级政府执法队伍种类，重点在食品药品安全、工商质检、公共卫生、安全生产、文化旅游、资源环境、农林水利、交通运输、城乡建设、海洋渔业、商务等领域内推行综合执法，支持有条件的领域推行跨部门综合执法。加大关系群众切身利益的重点领域执法力度。理顺城管执法体制，加强城市管理综合执法机构和队伍建设，提高执法和服务水平。理顺行政强制执行体制，科学配置行政强制执行权，提高行政强制执行效率。健全行政执法和刑事司法衔接机制，完善案件移送标准和程序，建立健全行政执法机关、公安机关、检察机关、审判机关信息共享、案情通报、案件移送制度。

25.《纲要》明确，完善行政执法程序，具体内容是什么？

答：建立健全行政裁量权基准制度，细化、量化行政裁量标准，规范裁量范围、种类、幅度。建立执法全过程记录制度，制定行政执法程序规范，明确具体操作流程，重点规范行政许可、行政处罚、行政强制、行政征收、行政收费、行政检查等执法行为。健全行政执法调查取证、告知、罚没收入管理等制度，明确听证、集体讨论决定的适用条件。完善行政执法权限协调机制，及时解决执法机关之间的权限争议，建立异地行政执法协助制度。严格执行重大行政执法决定法制审核制度，未经法制审核或者审核未通过的，不得作出决定。

26.《纲要》明确，创新行政执法方式，具体内容是什么？

答：推行行政执法公示制度。加强行政执法信息化建设和信息共享，有条件的地方和部门2016年年底前要建立统一的行政执法信息平台，完善网上执法办案及信息查询系统。强化科技、装备在行政执法中的应用。推广运用说服教育、劝导示范、行政指导、行政奖励等非强制性执法手段。健全公民和组织守法信用记录，完善守法诚信褒奖机制和违法失信行为惩戒机制。

27.《纲要》明确，全面落实行政执法责任制，具体内容是什么？

答：严格确定不同部门及机构、岗位执法人员的执法责任，建立健全常态化的责任追究机制。加强执法监督，加快建立统一的行政执法监督网络平台，建立健全投诉举报、情况通报等制度，坚决排除对执法活动的干预，防止和克服部门利益和地方保护主义，防止和克服执法工作中的利益驱动，惩治执法腐败现象。

28.《纲要》明确，健全行政执法人员管理制度，具体内容是什么？

答：2016年年底前，各地区各部门对行政执法人员进行一次严格清理，全面实行行政执法人员持证上岗和资格管理制度，未经执法资格考试合格，不得授予执法资格，不得从事执法活动。健全纪律约束机制，加强职业道德教育，全面提高执法人员素质。逐步推行行政执法人员平时考核制度，科学合理设计考核指标体系，考核结果作为执法人员职务级别调整、交流轮岗、教育培训、奖励惩戒的重要依据。规范执法辅助人员管理，明确其适用岗位、身份性质、职责权限、权利义务、聘用条件和程序等。

29.《纲要》明确，加强行政执法保障，具体内容是什么？

答：推动形成全社会支持行政执法机关依法履职的氛围。对妨碍行政机关正常工作秩序、阻碍行政执法人员依法履责的违法行为，坚决依法处理。各级党政机关和领导干部要支持行政执法机关依法公正行使职权，不得让行政执法人员做不符合法律规定的事情。行政机关履行执法职责所需经费，由各级政府纳入本级政府预算，保证执法经费足额拨付。改善执法条件，合理安排执法装备配备、科技建设方面的投入。严格执行罚缴分离和收支两条线管理制度，严禁下达或者变相下达罚没指标，严禁将行政事业性收费、罚没收入同部门利益直接或者变相挂钩。

30.《纲要》明确，强化对行政权力的制约和监督目标是什么?

答: 科学有效的行政权力运行制约和监督体系基本形成，惩治和预防腐败体系进一步健全，各方面监督形成合力，人民群众的知情权、参与权、表达权、监督权得到切实保障，损害公民、法人和其他组织合法权益的违法行政行为得到及时纠正，违法行政责任人依法依纪受到严肃追究。

31.《纲要》明确，强化对行政权力的制约和监督措施有哪“六个方面”?

答: 健全行政权力运行制约和监督体系；自觉接受党内监督、人大监督、民主监督、司法监督；加强行政监督和审计监督；完善社会监督和舆论监督机制；全面推进政务公开；完善纠错问责机制。

32.《纲要》明确，健全行政权力运行制约和监督体系，具体内容是什么?

答: 坚持用制度管权管事管人，坚持决策权、执行权、监督权既相互制约又相互协调，完善各方面监督制度，确保行政机关按照法定权限和程序行使权力。起草法律法规规章和规范性文件，要有效落实公开行政权力运行流程、惩治和预防腐败、防控廉政风险、防止利益冲突等要求，切实把权力关进制度的笼子。加强行政程序制度建设，严格规范作出各类行政行为的主体、权限、方式、步骤和时限。发挥政府诚信建设示范作用，加快政府守信践诺机制建设。加强公务员诚信管理，建立公务员诚信档案。

33.《纲要》明确，自觉接受党内监督、人大监督、民主监督、司法监督，具体内容是什么?

答: 在党委对党风廉政建设和反腐败工作的统一领导下，各级政府及其部门党组（党委）要切实履行主体责任，主要负责人是第一责任人，对本级政府本部门党风廉政建设负总责。认真执行向本级人大及其常委会报告工作制度，接受询问和质询制度，报备行政法规、规章制度。认真研究处理人大及其常委会组成人员对政府工作提出的有关审议意见，及时研究办理人大代表和政协委员提出的意见和建议，切实改进工作。健全知情明政机制，政府相关部门向政协定期通报有关情况，为政协委员履职提供便利、创造条件。支持人民法院依法受理行政案件，健全行政机关依法出庭应诉制度，尊重并执行人民法院生效裁判。检察机关对在履行职责中发现的行政违法行为进行监督，行政机关应当积极配合。

34.《纲要》明确，加强行政监督和审计监督，具体内容是什么?

答: 完善政府内部层级监督，改进上级行政机关对下级行政机关的监督，建立健全常态化、长效化监督制度。加强对政府内部权力的制约，对财政资金分配使用、国有资产监管、政府投资、政府采购、公共资源转让、公共工程建设等权力集中的部门和岗位实行分事行权、分岗设权、分级授权，定期轮岗，强化内部流程控制，防止权力滥用。各级监察机关要切实履行监督责任，确保廉政建设各项任务落实。完善审计制度，健全有利于依法独立行使审计监督权的审计管理体制，建立具有审计职业特点的审计人员管理制度，基本形成与国家治理体系和治理能力现代化相适应的审计监督机制。对公共资金、国有资产、国有资源和领导干部履行经济责任情况实行审计全覆盖。强化上级审计机关对下级审计机关的领导。

35.《纲要》明确，完善社会监督和舆论监督机制，具体内容是什么?

答: 建立对行政机关违法行政行为投诉举报登记制度，畅通举报箱、电子信箱、热线电话等监督渠道，方便群众投诉举报、反映问题，依法及时调查处理违法行政行为。发挥报刊、广播、电视等传统媒体监督作用，加强与互联网等新兴媒体的互动，重视运用和规范网络监督，建立健全网络舆情监测、收集、研判、处置机制，推动网络监督规范化、法治化。

36.《纲要》明确，全面推进政务公开，具体内容是什么?

答: 坚持以公开为常态、不公开为例外原则，推进决策公开、执行公开、管理公开、服务公开、结果公开。完善政府信息公开制度，拓宽政府信息公开渠道，进一步明确政府信息公开范围和内容。重点推进财政预算、公共资源配置、重大建设项目批准和实施、社会公益事业建设等领域的政府信息公开。完善政府新闻发言人、突发事件信息发布等制度，做好对热点敏感问题的舆论引导，及时回应人民群众关切。创新政务公开方式，加强互联网政务信息数据服务平台和便民服务平台建设，提高政务公开信息化、集中化水平。

37.《纲要》明确，完善纠错问责机制，具体内容是什么?

答: 加强行政问责规范化、制度化建设，增强行政问责的针对性和时效性。加大问责力度，坚决纠正行政不作为、乱作为，坚决克服懒政、庸政、怠政，坚决惩处失职、渎职。认真落实党风廉政建设责任制，坚持有错必纠、有责必问，对“四风”问题突出、发生顶风违纪问题或者出现区域性、系统性腐败案件的地方、部门和单位，既要追究主体责任、监督责任，又要严肃追究领导责任。

38.《纲要》明确，依法有效化解社会矛盾纠纷目标是什么?

答：公民、法人和其他组织的合法权益得到切实维护，公正、高效、便捷、成本低廉的多元化矛盾纠纷解决机制全面形成，行政机关在预防、解决行政争议和民事纠纷中的作用充分发挥，通过法定渠道解决矛盾纠纷的比率大幅提升。

39.《纲要》明确，依法有效化解社会矛盾纠纷措施有哪“五个方面”?

答：健全依法化解纠纷机制；加强行政复议工作；完善行政调解、行政裁决、仲裁制度；加强人民调解工作；改革信访工作制度。

40.《纲要》明确，全面提高政府工作人员法治思维和依法行政能力目标是什么?

答：政府工作人员特别是领导干部牢固树立宪法法律至上、法律面前人人平等、权由法定、权依法使等基本法治理念，恪守合法行政、合理行政、程序正当、高效便民、诚实守信、权责统一等依法行政基本要求，做尊法学法守法用法的模范，法治思维和依法行政能力明显提高，在法治轨道上全面推进政府各项工作。

41.《纲要》明确，全面提高政府工作人员法治思维和依法行政能力措施有哪“四个方面”?

答：树立重视法治素养和法治能力的用人导向；加强对政府工作人员的法治教育培训；完善政府工作人员法治能力考查测试制度；注重通过法治实践提高政府工作人员法治思维和依法行政能力。

42.《纲要》明确，树立重视法治素养和法治能力的用人导向，具体内容是什么?

答：抓住领导干部这个全面依法治国的“关键少数”，把法治观念强不强、法治素养好不好作为衡量干部德才的重要标准，把能不能遵守法律、依法办事作为考察干部的重要内容，把严守党纪、恪守国法的干部用起来。在相同条件下，优先提拔使用法治素养好、依法办事能力强的干部。对特权思想严重、法治观念淡薄的干部要批评教育、督促整改，问题严重或违法违纪的，依法依纪严肃处理。

43.《纲要》明确，加强对政府工作人员的法治教育培训，具体内容是什么?

答: 政府工作人员特别是领导干部要系统学习中国特色社会主义法治理论，学好宪法以及与自己所承担工作密切相关的法律法规。完善学法制度，国务院各部门、县级以上地方各级政府每年至少举办一期领导干部法治专题培训班，地方各级政府领导班子每年应当举办两期以上法治专题讲座。各级党校、行政学院、干部学院等要把宪法法律列为干部教育的必修课。健全行政执法人员岗位培训制度，每年组织开展行政执法人员通用法律知识、专门法律知识、新法律法规等专题培训。加大对公务员初任培训、任职培训中法律知识的培训力度。

44.《纲要》明确，完善政府工作人员法治能力考查测试制度，具体内容是什么?

答: 加强对领导干部任职前法律知识考查和依法行政能力测试，将考查和测试结果作为领导干部任职的重要参考，促进政府及其部门负责人严格履行法治建设职责。优化公务员录用考试测查内容，增加公务员录用考试中法律知识的比重。实行公务员晋升依法行政考核制度。

45.《纲要》明确，注重通过法治实践提高政府工作人员法治思维和依法行政能力，具体内容是什么?

答: 政府工作人员特别是领导干部想问题、作决策、办事情必须守法律、重程序、受监督，牢记职权法定，切实保护人民权益。要自觉运用法治思维和法治方式深化改革、推动发展、化解矛盾、维护稳定，依法治理经济，依法协调和处理各种利益问题，避免埋钉子、留尾巴，努力营造办事依法、遇事找法、解决问题用法、化解矛盾靠法的良好法治环境。注重发挥法律顾问和法律专家的咨询论证、审核把关作用。落实“谁执法谁普法”的普法责任制，建立行政执法人员以案释法制度，使执法人员在执法普法的同时不断提高自身法治素养和依法行政能力。

46.《纲要》明确，组织保障和落实机制要落实哪“四个方面”要求?

答: 加强党对法治政府建设的领导；落实第一责任人责任；强化考核评价和督促检查；加强理论研究、典型示范和宣传引导。

47.《纲要》明确，加强党对法治政府建设的领导，具体内容是什么?

答: 各级政府要在党委统一领导下，谋划和落实好法治政府建设的各项任务，主动向党委报告法治政府建设中的重大问题，及时消除制约法治政府建设的体制机制障碍。各级政府及其部门要结合本地区本部门实际，每年部署法治政府建设年度重点工作，发挥牵引和突破作用，带动法治政府建设各项工作全面深入开展。加强各级政府及其部门法制力量建设，不断提高工作人员的思想政治素质和业务工作能力。

48.《纲要》明确，落实第一责任人责任，具体内容是什么?

答: 党政主要负责人要履行推进法治建设第一责任人职责，将建设法治政府摆在工作全局的重要位置。对不认真履行第一责任人职责，本地区本部门一年内发生多起重大违法行政案件、造成严重社会后果的，依法追究主要负责人的责任。县级以上地方各级政府每年第一季度要向同级党委、人大常委会和上一级政府报告上一年度法治政府建设情况，政府部门每年第一季度要向本级政府和上一级政府有关部门报告上一年度法治政府建设情况，报告要通过报刊、政府网站等向社会公开。

49.《纲要》明确，强化考核评价和督促检查，具体内容是什么?

答: 各级党委要把法治建设成效作为衡量各级领导班子和领导干部工作实绩的重要内容，纳入政绩考核指标体系，充分发挥考核评价对法治政府建设的重要推动作用。各级政府及其部门的党组织要领导和监督本单位模范遵守宪法法律，坚决查处执法犯法、违法用权等行为。要加强对法治政府建设进展情况的督促检查，结合法治政府建设年度重点工作，开展定期检查和专项督查。对工作不力、问题较多的，要及时约谈、责令整改、通报批评。

50.《纲要》明确，加强理论研究、典型示范和宣传引导，具体内容是什么?

答: 加强中国特色社会主义法治政府理论研究，坚持从中国实际出发，解决中国实际问题，为法治政府建设提供理论支撑和决策参考。积极开展建设法治政府示范创建活动，大力培育建设法治政府先进典型。通过召开现场会、经验交流会等形式及时总结、交流和推广经验，充分发挥先进典型的示范带动作用。定期通报和曝光违法行政典型案例，分析原因、吸取教训、改进工作。大力开展推进依法行政、建设法治政府宣传工作。加强正面宣传引导，以报刊、广播、电视、网络等多种媒体形式，广泛宣传法治政府建设目标、工作部署、先进经验、典型做法，正确引导舆论、凝聚社会共识，营造全社会关心、支持和参与法治政府建设的良好社会氛围。

51.《纲要》明确，各地区各部门要结合实际制定实施方案，明确提出时间进度安排和可检验的成果形式，______要亲自抓落实，各项工作任务除《纲要》有明确时间要求外，原则上应当在______年底前完成。

答：党政主要负责人；2019 年。

第三节　法治政府建设实施纲要（2021—2025 年）

1. 什么是全面依法治国的重点任务和主体工程，是推进国家治理体系和治理能力现代化的重要支撑？

答：法治政府建设。

2.《纲要》对党的十八大以来，特别是《法治政府建设实施纲要（2015—2020 年）》贯彻落实 5 年来，法治政府建设取得的重大进展有着怎样的概括？

答：党对法治政府建设的领导不断加强，责任督察和示范创建活动深入实施，法治政府建设推进机制基本形成；“放管服”改革纵深推进，营商环境大幅优化；依法行政制度体系日益健全，重大行政决策程序制度初步建立，行政决策公信力持续提升；行政执法体制机制改革大力推进，严格规范公正文明执法水平普遍提高；行政权力制约和监督全面加强，违法行政行为能够被及时纠正查处；社会矛盾纠纷依法及时有效化解，行政争议预防化解机制更加完善；各级公务员法治意识显著增强，依法行政能力明显提高。

3.《纲要》明确 2021—2025 年法治政府建设的指导思想是什么？

答：高举中国特色社会主义伟大旗帜，坚持以马克思列宁主义、毛泽东思想、邓小平理论、“三个代表”重要思想、科学发展观、习近平新时代中国特色社会主义思想为指导，全面贯彻党的十九大和十九届二中、三中、四中、五中全会精神，全面贯彻习近平法治思想，增强“四个意识”、坚定“四个自信”、做到“两个维护”，把法治政府建设放在党和国家事业发展全局中统筹谋划，加快构建职责明确、依法行政的政府治理体系，全面建设职能科学、权责法定、执法严明、公开公正、智能高效、廉洁诚信、人民满意的法治政府，为全面建设社会主义现代化国家、实现中华民族伟大复兴的中国梦提供有力法治保障。

4.《纲要》明确 2021—2025 年法治政府建设的主要原则是什么?

答: 坚持党的全面领导，确保法治政府建设正确方向；坚持以人民为中心，一切行政机关必须为人民服务、对人民负责、受人民监督；坚持问题导向，用法治给行政权力定规矩、划界限，切实解决制约法治政府建设的突出问题；坚持改革创新，积极探索具有中国特色的法治政府建设模式和路径；坚持统筹推进，强化法治政府建设的整体推动、协同发展。

5.《纲要》明确 2021—2025 年法治政府建设的总体目标是什么?

答: 到 2025 年，政府行为全面纳入法治轨道，职责明确、依法行政的政府治理体系日益健全，行政执法体制机制基本完善，行政执法质量和效能大幅提升，突发事件应对能力显著增强，各地区各层级法治政府建设协调并进，更多地区实现率先突破，为到 2035 年基本建成法治国家、法治政府、法治社会奠定坚实基础。

6.《纲要》明确健全政府机构职能体系，推动更好发挥政府作用要做到哪“三个方面”?

答: 推进政府机构职能优化协同高效；深入推进“放管服”改革；持续优化法治化营商环境。

7.《纲要》明确要基本形成什么样的政府机构职能体系?

答: 基本形成边界清晰、分工合理、权责一致、运行高效、法治保障的政府机构职能体系。

8.《纲要》明确，推进政府机构职能优化协同高效，具体内容是什么?

答: 坚持优化政府组织结构与促进政府职能转变、理顺部门职责关系统筹结合，使机构设置更加科学、职能更加优化、权责更加协同。完善经济调节、市场监管、社会管理、公共服务、生态环境保护等职能，厘清政府和市场、政府和社会关系，推动有效市场和有为政府更好结合。强化制定实施发展战略、规划、政策、标准等职能，更加注重运用法律和制度遏制不当干预微观经济活动的行为。构建简约高效的基层管理体制，实行扁平化和网格化管理。推进编制资源向基层倾斜，鼓励、支持从上往下跨层级调剂使用行政和事业编制。全面实行政府权责清单制度，推动各级政府高效履职尽责。2022 年上半年编制完成国务院部门权责清单，建立公开、动态调整、考核评估、衔接规范等配套机制和办法。调整完善地方各级政府部门权责清单，加强标准化建设，实现同一事项的规范统一。严格执行市场准入负面清单，普遍落实“非禁即入”。

9.《纲要》明确要构建什么样的基层管理体制?

答: 构建简约高效的基层管理体制，实行扁平化和网格化管理。

10. 对于政府权责清单工作,《纲要》提出了哪些要求?

答: 全面实行政府权责清单制度，推动各级政府高效履职尽责。2022 年上半年编制完成国务院部门权责清单，建立公开、动态调整、考核评估、衔接规范等配套机制和办法。调整完善地方各级政府部门权责清单，加强标准化建设，实现同一事项的规范统一。严格执行市场准入负面清单，普遍落实“非禁即入”。

11.《纲要》明确，深入推进“放管服”改革，具体内容是什么?

答: 分级分类推进行政审批制度改革。依托全国一体化政务服务平台等渠道，全面推行审批服务“马上办、网上办、就近办、一次办、自助办”。坚决防止以备案、登记、行政确认、征求意见等方式变相设置行政许可事项。推行行政审批告知承诺制。大力归并减少各类资质资格许可事项，降低准入门槛。有序推进“证照分离”改革全覆盖，将更多涉企经营许可事项纳入改革。积极推进“一业一证”改革，探索实现“一证准营”、跨地互认通用。深化投资审批制度改革，推进投资领域行政执法监督，全面改善投资环境。全面落实证明事项告知承诺制，新设证明事项必须有法律法规或者国务院决定依据。推动政府管理依法进行，把更多行政资源从事前审批转到事中事后监管上来。健全以“双随机、一公开”监管和“互联网 + 监管”为基本手段、以重点监管为补充、以信用监管为基础的新型监管机制，推进线上线下一体化监管，完善与创新创造相适应的包容审慎监管方式。根据不同领域特点和风险程度确定监管内容、方式和频次，提高监管精准化水平。分领域制定全国统一、简明易行的监管规则和标准，做到标准公开、规则公平、预期合理、各负其责。加快建设服务型政府，提高政务服务效能。全面提升政务服务水平，完善首问负责、一次告知、一窗受理、自助办理等制度。加快推进政务服务“跨省通办”，到 2021 年年底前基本实现高频事项“跨省通办”。大力推行“一件事一次办”，提供更多套餐式、主题式集成服务。推进线上线下深度融合，增强全国一体化政务服务平台服务能力，优化整合提升各级政务大厅“一站式”功能，全面实现政务服务事项全城通办、就近能办、异地可办。坚持传统服务与智能创新相结合，充分保障老年人基本服务需要。

12.《纲要》明确全面推行审批服务的具体要求是什么?

答:“马上办、网上办、就近办、一次办、自助办”。

13. 对于投资审批制度,《纲要》提出了何种具体要求?

答: 深化投资审批制度改革，推进投资领域行政执法监督，全面改善投资环境。

14.《纲要》明确新设证明事项必须有______依据。

答: 法律法规或者国务院决定。

15. 对于健全新型监管机制和完善包容审慎监管方式,《纲要》提出了哪些具体要求?

答: 健全以“双随机、一公开”监管和“互联网+监管”为基本手段、以重点监管为补充、以信用监管为基础的新型监管机制，推进线上线下一体化监管，完善与创新创造相适应的包容审慎监管方式。

16.《纲要》明确，全面提升政务服务水平要完善哪些制度?

答: 首问负责、一次告知、一窗受理、自助办理等制度。

17.《纲要》明确，持续优化法治化营商环境，具体内容是什么?

答: 紧紧围绕贯彻新发展理念、构建新发展格局，打造稳定公平透明、可预期的法治化营商环境。深入实施《优化营商环境条例》。及时总结各地优化营商环境可复制可推广的经验做法，适时上升为法律法规制度。依法平等保护各种所有制企业产权和自主经营权，切实防止滥用行政权力排除、限制竞争行为。健全外商投资准入前国民待遇加负面清单管理制度，推动规则、规制、管理、标准等制度型开放。加强政企沟通，在制定修改行政法规、规章、行政规范性文件过程中充分听取企业和行业协会商会意见。加强和改进反垄断与反不正当竞争执法。强化公平竞争审查制度刚性约束，及时清理废除妨碍统一市场和公平竞争的各种规定和做法，推动形成统一开放、竞争有序、制度完备、治理完善的高标准市场体系。

18.《纲要》明确，要推动形成什么样的市场体系？

答：统一开放、竞争有序、制度完备、治理完善的高标准市场体系。

19.《纲要》明确健全依法行政制度体系，加快推进政府治理规范化程序化法治化要做到哪“三个方面”？

答：加强重要领域立法；完善立法工作机制；加强行政规范性文件制定监督管理。

20. 对于规范共同行政行为立法，《纲要》提出了何种具体要求？

答：加强规范共同行政行为立法，推进机构、职能、权限、程序、责任法定化。

21.《纲要》明确健全行政决策制度体系，不断提升行政决策公信力和执行力要做到哪“三个方面”？

答：强化依法决策意识；严格落实重大行政决策程序；加强行政决策执行和评估。

22.《纲要》对行政机关主要负责人作出重大决策前听取意见是如何规定的？

答：应当听取合法性审查机构的意见，注重听取法律顾问、公职律师或者有关专家的意见。

23.《纲要》对重大行政决策追责是如何规定的？

答：严格落实重大行政决策终身责任追究制度和责任倒查机制。

24.《纲要》明确健全行政执法工作体系，全面推进严格规范公正文明执法要做到哪“四个方面”？

答：深化行政执法体制改革；加大重点领域执法力度；完善行政执法程序；创新行政执法方式。

25.《纲要》对提高人民群众对行政执法满意度提出了什么样的具体要求？

答：着眼提高人民群众满意度，着力实现行政执法水平普遍提升，努力让人民群众在每一个执法行为中都能看到风清气正、从每一项执法决定中都能感受到公平正义。

26.《纲要》明确，深化行政执法体制改革，具体内容是什么？

答：完善权责清晰、运转顺畅、保障有力、廉洁高效的行政执法体制机制，大力提高执法执行力和公信力。继续深化综合行政执法体制改革，坚持省（自治区）原则上不设行政执法队伍，设区市与市辖区原则上只设一个行政执法层级，县（市、区、旗）一般实行“局队合一”体制，乡镇（街道）逐步实现“一支队伍管执法”的改革原则和要求。加强综合执法、联合执法、协作执法的组织指挥和统筹协调。在行政许可权、行政处罚权改革中，健全审批、监管、处罚衔接机制，防止相互脱节。稳步将基层管理迫切需要且能有效承接的行政执法事项下放给基层，坚持依法下放、试点先行，坚持权随事转、编随事转、钱随事转，确保放得下、接得住、管得好、有监督。建立健全乡镇（街道）与上一级相关部门行政执法案件移送及协调协作机制。大力推进跨领域跨部门联合执法，实现违法线索互联、执法标准互通、处理结果互认。完善行政执法与刑事司法衔接机制，加强“两法衔接”信息平台建设，推进信息共享机制化、案件移送标准和程序规范化。加快制定不同层级行政执法装备配备标准。

27. 对于行政执法队伍设置，《纲要》是如何规定的？

答：坚持省（自治区）原则上不设行政执法队伍，设区市与市辖区原则上只设一个行政执法层级，县（市、区、旗）一般实行“局队合一”体制，乡镇（街道）逐步实现“一支队伍管执法”的改革原则和要求。

28.《纲要》对行政执法事项下放的具体要求是什么？

答：稳步将基层管理迫切需要且能有效承接的行政执法事项下放给基层，坚持依法下放、试点先行，坚持权随事转、编随事转、钱随事转，确保放得下、接得住、管得好、有监督。

29.《纲要》明确，加大重点领域执法力度，具体内容是什么？

答：加大食品药品、公共卫生、自然资源、生态环境、安全生产、劳动保障、城市管理、交通运输、金融服务、教育培训等关系群众切身利益的重点领域执法力度。分领域梳理群众反映强烈的突出问题，开展集中专项整治。对潜在风险大、可能造成严重不良后果的，加强日常监管和执法巡查，从源头上预防和化解违法风险。建立完善严重违法惩罚性赔偿和巨额罚款制度、终身禁入机制，让严重违法者付出应有代价。畅通违法行为投诉举报渠道，对举报严重违法违规行为和重大风险隐患的有功人员依法予以奖励和严格保护。

30.《纲要》对预防和化解违法风险作出了何种规定?

答: 对潜在风险大、可能造成严重不良后果的，加强日常监管和执法巡查，从源头上预防和化解违法风险。

31.《纲要》明确，完善行政执法程序，具体内容是什么?

答: 全面严格落实行政执法公示、执法全过程记录、重大执法决定法制审核制度。统一行政执法人员资格管理，除中央垂直管理部门外，由省级政府统筹本地区行政执法人员资格考试、证件制发、在岗轮训等工作，国务院有关业务主管部门加强对本系统执法人员的专业培训，完善相关规范标准。统一行政执法案卷、文书基本标准，提高执法案卷、文书规范化水平。完善行政执法文书送达制度。全面落实行政裁量权基准制度，细化量化本地区各行政执法行为的裁量范围、种类、幅度等并对外公布。全面梳理、规范和精简执法事项，凡没有法律法规规章依据的一律取消。规范涉企行政检查，着力解决涉企现场检查事项多、频次高、随意检查等问题。按照行政执法类型，制定完善行政执法程序规范。全面严格落实告知制度，依法保障行政相对人陈述、申辩、提出听证申请等权利。除有法定依据外，严禁地方政府采取要求特定区域或者行业、领域的市场主体普遍停产停业的措施。行政机关内部会议纪要不得作为行政执法依据。

32.《纲要》对行政执法人员资格证件管理和培训工作是如何规定的?

答: 统一行政执法人员资格管理，除中央垂直管理部门外由省级政府统筹本地区行政执法人员资格考试、证件制发、在岗轮训等工作，国务院有关业务主管部门加强对本系统执法人员的专业培训，完善相关规范标准。

33. 对于行政执法事项,《纲要》作出了何种规定?

答: 全面梳理、规范和精简执法事项，凡没有法律法规规章依据的一律取消。

34. 对于行政执法告知,《纲要》作出了何种规定?

答: 全面严格落实告知制度，依法保障行政相对人陈述、申辩、提出听证申请等权利。

35. 针对停产停业措施,《纲要》作出了何种限定?

答: 除有法定依据外，严禁地方政府采取要求特定区域或者行业、领域的市场主体普遍停产停业的措施。

36. 行政机关内部会议纪要能否作为行政执法依据?

答:不得作为行政执法依据。

37.《纲要》对于创新行政执法方式提出了哪些具体要求?

答:广泛运用说服教育、劝导示范、警示告诫、指导约谈等方式,努力做到宽严相济、法理相融,让执法既有力度又有温度。全面推行轻微违法行为依法免予处罚清单。建立行政执法案例指导制度,国务院有关部门和省级政府要定期发布指导案例。全面落实“谁执法谁普法”普法责任制,加强以案释法。

38.《纲要》明确健全突发事件应对体系,依法预防处置重大突发事件要做到哪“三个方面”?

答:完善突发事件应对制度;提高突发事件依法处置能力;引导、规范基层组织和社会力量参与突发事件应对。

39.《纲要》明确从法治角度如何应对突发事件?

答:坚持运用法治思维和法治方式应对突发事件,着力实现越是工作重要、事情紧急越要坚持依法行政,严格依法实施应急举措,在处置重大突发事件中推进法治政府建设。

40.《纲要》明确健全社会矛盾纠纷行政预防调处化解体系,不断促进社会公平正义要做到哪“四个方面”?

答:加强行政调解工作;有序推进行政裁决工作;发挥行政复议化解行政争议主渠道作用;加强和规范行政应诉工作。

41. 对于行政调解,《纲要》对各职能部门提出了何种具体要求?

答:各职能部门要规范行政调解范围和程序,组织做好教育培训,提升行政调解工作水平。

42.《纲要》要求建立何种行政裁决机制?

答:建立体系健全、渠道畅通、公正便捷、裁诉衔接的裁决机制。

43.《纲要》明确健全行政权力制约和监督体系,促进行政权力规范透明运行要做到哪“五个方面”?

答:形成监督合力;加强和规范政府督查工作;加强对行政执法制约和监督;

全面主动落实政务公开；加快推进政务诚信建设。

44.《纲要》明确，坚持有权必有责、有责要担当、失责必追究，着力实现行政决策、执行、组织、监督既相互制约又相互协调，确保对行政权力制约和监督全覆盖、无缝隙，使党和人民赋予的权力始终用来______。

答：为人民谋幸福。

45.《纲要》明确，形成监督合力，具体内容是什么？

答：坚持将行政权力制约和监督体系纳入党和国家监督体系全局统筹谋划，突出党内监督主导地位。推动党内监督与人大监督、民主监督、行政监督、司法监督、群众监督、舆论监督等各类监督有机贯通、相互协调。积极发挥审计监督、财会监督、统计监督、执法监督、行政复议等监督作用。自觉接受纪检监察机关监督，对行政机关公职人员违法行为严格追究法律责任，依规依法给予处分。坚持严管和厚爱结合、激励和约束并重，做到依规依纪依法严肃问责、规范问责、精准问责、慎重问责，既要防止问责不力，也要防止问责泛化、简单化。落实“三个区分开来”要求，建立健全担当作为的激励和保护机制，切实调动各级特别是基层政府工作人员的积极性，充分支持从实际出发担当作为、干事创业。

46.《纲要》明确坚持将行政权力制约和监督体系纳入何种监督体系？

答：坚持将行政权力制约和监督体系纳入党和国家监督体系全局统筹谋划，突出党内监督主导地位。

47.《纲要》明确，加强和规范政府督查工作，具体内容是什么？

答：县级以上政府依法组织开展政府督查工作，重点对党中央、国务院重大决策部署落实情况、上级和本级政府重要工作部署落实情况、督查对象法定职责履行情况、本级政府所属部门和下级政府的行政效能开展监督检查，保障政令畅通，督促提高行政效能、推进廉政建设、健全行政监督制度。积极发挥政府督查的激励鞭策作用，坚持奖惩并举，对成效明显的按规定加大表扬和政策激励力度，对不作为乱作为的依规依法严肃问责。进一步明确政府督查的职责、机构、程序和责任，增强政府督查工作的科学性、针对性、实效性。

48.《纲要》明确加强对行政执法制约和监督的具体要求有哪些？

答：加强行政执法监督机制和能力建设，充分发挥行政执法监督统筹协调、规范保障、督促指导作用，2024年年底前基本建成省市县乡全覆盖的比较完善的行政执法协调监督工作体系。全面落实行政执法责任，严格按照权责事项清单分解执法职权、确定执法责任。加强和完善行政执法案卷管理和评查、行政执法机关处理投诉举报、行政执法考核评议等制度建设。大力整治重点领域行政执法不作为乱作为、执法不严格不规范不文明不透明等突出问题，围绕中心工作部署开展行政执法监督专项行动。严禁下达或者变相下达罚没指标，严禁将罚没收入同作出行政处罚的行政机关及其工作人员的考核、考评直接或者变相挂钩。建立并实施行政执法监督员制度。

49.《纲要》明确，全面主动落实政务公开，具体内容是什么?

答: 坚持以公开为常态、不公开为例外，用政府更加公开透明赢得人民群众更多理解、信任和支持。大力推进决策、执行、管理、服务和结果公开，做到法定主动公开内容全部公开到位。加强公开制度化、标准化、信息化建设，提高政务公开能力和水平。全面提升政府信息公开申请办理工作质量，依法保障人民群众合理信息需求。鼓励开展政府开放日、网络问政等主题活动，增进与公众的互动交流。加快构建具有中国特色的公共企事业单位信息公开制度。

50.《纲要》明确，加快推进政务诚信建设，具体内容是什么?

答: 健全政府守信践诺机制。建立政务诚信监测治理机制，建立健全政务失信记录制度，将违约毁约、拖欠账款、拒不履行司法裁判等失信信息纳入全国信用信息共享平台并向社会公开。建立健全政府失信责任追究制度，加大失信惩戒力度，重点治理债务融资、政府采购、招标投标、招商引资等领域的政府失信行为。

51.《纲要》明确健全法治政府建设科技保障体系，全面建设数字法治政府要做到哪“三个方面”?

答: 加快推进信息化平台建设；加快推进政务数据有序共享；深入推进“互联网+”监管执法。

52.《纲要》对建设法规规章行政规范性文件统一公开查询平台有何规定?

答: 2022年年底前实现现行有效的行政法规、部门规章、国务院及其部门行政规范性文件的统一公开查询；2023年年底前各省（自治区、直辖市）实现本地区现行有效地方性法规、规章、行政规范性文件统一公开查询。

53.《纲要》对深入推进“互联网 +”监管执法提出了哪些具体要求？

答：加强国家“互联网 + 监管”系统建设，2022 年年底前实现各方面监管平台数据的联通汇聚。积极推进智慧执法，加强信息化技术、装备的配置和应用。推行行政执法 APP 掌上执法。探索推行以远程监管、移动监管、预警防控为特征的非现场监管，解决人少事多的难题。加快建设全国行政执法综合管理监督信息系统，将执法基础数据、执法程序流转、执法信息公开等汇聚一体，建立全国行政执法数据库。

54.《纲要》明确加强党的领导，完善法治政府建设推进机制要做到哪“四个方面”？

答：加强党对法治政府建设的领导；完善法治政府建设推进机制；全面加强依法行政能力建设；加强理论研究和舆论宣传。

55.《纲要》明确，党的领导是全面依法治国、建设法治政府的根本保证，必须坚持党总揽全局、协调各方，发挥各级党委的领导作用，把______摆到工作全局更加突出的位置。

答：法治政府建设。

56.《纲要》明确，加强党对法治政府建设的领导，具体内容是什么？

答：各级党委和政府要深入学习领会习近平法治思想，把习近平法治思想贯彻落实到法治政府建设全过程和各方面。各级党委要切实履行推进法治建设领导职责，安排听取有关工作汇报，及时研究解决影响法治政府建设重大问题。各级政府要在党委统一领导下，履行法治政府建设主体责任，谋划落实好法治政府建设各项任务，主动向党委报告法治政府建设中的重大问题。各级政府及其部门主要负责人要切实履行推进本地区本部门法治政府建设第一责任人职责，作为重要工作定期部署推进、抓实抓好。各地区党委法治建设议事协调机构及其办事机构要加强法治政府建设的协调督促推动。

57.《纲要》明确，完善法治政府建设推进机制，具体内容是什么？

答：深入推进法治政府建设督察工作，2025 年前实现对地方各级政府督察全覆盖。扎实做好法治政府建设示范创建活动，以创建促提升、以示范带发展，不断激发法治政府建设的内生动力。严格执行法治政府建设年度报告制度，按时向社会公开。建立健全法治政府建设指标体系，强化指标引领。加大考核力度，提升考核权重，将依法行政情况作为对地方政府、政府部门及其领导干部综合绩效考核的重要内容。

58.《纲要》明确，全面加强依法行政能力建设，具体内容是什么?

答: 推动行政机关负责人带头遵守执行宪法法律，建立行政机关工作人员应知应会法律法规清单。坚持把民法典作为行政决策、行政管理、行政监督的重要标尺，不得违背法律法规随意作出减损公民、法人和其他组织合法权益或增加其义务的决定。健全领导干部学法用法机制，国务院各部门根据职能开展本部门本系统法治专题培训，县级以上地方各级政府负责本地区领导干部法治专题培训，地方各级政府领导班子每年应当举办两期以上法治专题讲座。市县政府承担行政执法职能的部门负责人任期内至少接受一次法治专题脱产培训。加强各部门和市县政府法治机构建设，优化基层司法所职能定位，保障人员力量、经费等与其职责任务相适应。把法治教育纳入各级政府工作人员初任培训、任职培训的必训内容。对在法治政府建设中作出突出贡献的单位和个人，按规定给予表彰奖励。加强政府立法能力建设，有计划组织开展专题培训，做好政府立法人才培养和储备。加强行政执法队伍专业化职业化建设，在完成政治理论教育和党性教育学时的基础上，确保每人每年接受不少于60学时的业务知识和法律法规培训。加强行政复议工作队伍专业化职业化建设，完善管理办法。加强行政复议能力建设，制定行政复议执业规范。加强法律顾问和公职律师队伍建设，提升法律顾问和公职律师参与重大决策的能力水平。加强行政裁决工作队伍建设。

59.《纲要》对行政执法部门负责人和其他行政执法人员培训有何具体规定?

答: 市县政府承担行政执法职能的部门负责人任期内至少接受一次法治专题脱产培训；加强行政执法队伍专业化职业化建设，在完成政治理论教育和党性教育学时的基础上，确保每人每年接受不少于60学时的业务知识和法律法规培训。

60.《纲要》明确，加强理论研究和舆论宣传，具体内容是什么?

答: 加强中国特色社会主义法治政府理论研究。鼓励、推动高等法学院校成立法治政府建设高端智库和研究教育基地。建立法治政府建设评估专家库，提升评估专业化水平。加大法治政府建设成就经验宣传力度，传播中国政府法治建设的时代强音。

第四节 法治社会建设实施纲要（2020—2025 年）

1. 法治社会是构筑法治国家的基础，______是实现国家治理体系和治理能力现代化的重要组成部分。

答：法治社会建设。

2.《纲要》制定的目的是什么？

答：加快推进法治社会建设。

3.《纲要》明确，2020—2025 年法治社会建设的指导思想是什么？

答：高举中国特色社会主义伟大旗帜，坚持以马克思列宁主义、毛泽东思想、邓小平理论、“三个代表”重要思想、科学发展观、习近平新时代中国特色社会主义思想为指导，全面贯彻党的十九大和十九届二中、三中、四中、五中全会精神，全面贯彻习近平法治思想，增强“四个意识”、坚定“四个自信”、做到“两个维护”，坚定不移走中国特色社会主义法治道路，坚持法治国家、法治政府、法治社会一体建设，培育和践行社会主义核心价值观，弘扬社会主义法治精神，建设社会主义法治文化，增强全社会厉行法治的积极性和主动性，推动全社会尊法学法守法用法，健全社会公平正义法治保障制度，保障人民权利，提高社会治理法治化水平，为全面建设社会主义现代化国家、实现中华民族伟大复兴的中国梦筑牢坚实法治基础。

4.《纲要》明确，2020—2025 年法治社会建设的主要原则是什么？

答：坚持党的集中统一领导；坚持以中国特色社会主义法治理论为指导；坚持以人民为中心；坚持尊重和维护宪法法律权威；坚持法律面前人人平等；坚持权利与义务相统一；坚持法治、德治、自治相结合；坚持社会治理共建共治共享。

5.《纲要》明确，2020—2025 年法治社会建设的总体目标是什么？

答：到 2025 年，“八五”普法规划实施完成，法治观念深入人心，社会领域制度规范更加健全，社会主义核心价值观要求融入法治建设和社会治理成效显著，公民、法人和其他组织合法权益得到切实保障，社会治理法治化水平显著提高，形成符合国情、体现时代特征、人民群众满意的法治社会建设生动局面，为

2035 年基本建成法治社会奠定坚实基础。

6.______是法治社会的基础工程。

答：全民守法。

7.《纲要》明确，推动全社会增强法治观念要做哪“四个方面”工作？

答：维护宪法权威；增强全民法治观念；健全普法责任制；建设社会主义法治文化。

8.《纲要》明确，健全普法责任制，具体内容是什么？

答：坚持法治宣传教育与法治实践相结合。认真落实“谁执法谁普法”普法责任制，2020 年年底前基本实现国家机关普法责任制清单全覆盖，把案（事）件依法处理的过程变成普法公开课。完善法官、检察官、行政复议人员、行政执法人员、律师等以案释法制度，注重加强对诉讼参与人、行政相对人、利害关系人等的法律法规和政策宣讲。引导社会各方面广泛参与立法，把立法过程变为宣传法律法规的过程。创新运用多种形式，加强对新出台法律法规规章的解读。充分发挥法律服务队伍在普法宣传教育中的重要作用，为人民群众提供专业、精准、高效的法治宣传。健全媒体公益普法制度，引导报社、电台、电视台、网站、融媒体中心等媒体自觉履行普法责任。培育壮大普法志愿者队伍，形成人民群众广泛参与普法活动的实践格局。

9.《纲要》明确，健全社会领域制度规范要做哪“四个方面”工作？

答：完善社会重要领域立法；促进社会规范建设；加强道德规范建设；推进社会诚信建设。

10.《纲要》明确，加强权利保护要落实哪“五个方面”要求？

答：健全公众参与重大公共决策机制；保障行政执法中当事人合法权益；加强人权司法保障；为群众提供便捷高效的公共法律服务；引导社会主体履行法定义务承担社会责任。

11.《纲要》明确，保障行政执法中当事人合法权益，具体内容是什么？

答：规范执法行为，完善执法程序，改进执法方式，尊重和维护人民群众合法权益。建立人民群众监督评价机制，促进食品药品、公共卫生、生态环境、安全生产、劳动保障、野生动物保护等关系群众切身利益的重点领域执法力度和执法效果不断提高。建立健全产权保护统筹协调工作机制，持续加强政务诚信和营商环境建设，将产权保护列为专项治理、信用示范、城市创建、营商环境建设的重要内容。推进政府信息公开，涉及公民、法人或其他组织权利和义务的行政规范性文件、行政许可决定、行政处罚决定、行政强制决定、行政征收决定等，依法予以公开。

12.《纲要》明确，推进社会治理法治化要做哪“五个方面”工作?

答：完善社会治理体制机制；推进多层次多领域依法治理；发挥人民团体和社会组织在法治社会建设中的作用；增强社会安全感；依法有效化解社会矛盾纠纷。

13.《纲要》明确，依法治理网络空间做哪“三个方面”工作?

答：完善网络法律制度；培育良好的网络法治意识；保障公民依法安全用网。

14.《纲要》明确，加强组织保障要落实哪“四个方面”要求?

答：强化组织领导；加强统筹协调；健全责任落实和考核评价机制；加强理论研究和舆论引导。

第二章

法律和行政法规

中华人民共和国宪法

中华人民共和国民法典

中华人民共和国行政处罚法

中华人民共和国行政强制法

……

第一节　中华人民共和国宪法

1. 现行《中华人民共和国宪法》(以下简称《宪法》)是在什么时候通过的?

答: 1982 年 12 月 4 日通过。

2.《宪法》明确我国将长期处于社会主义初级阶段。国家的根本任务是什么?

答: 沿着中国特色社会主义道路，集中力量进行社会主义现代化建设。

3.《宪法》明确如何进行社会主义现代化建设?

答: 中国各族人民将继续在中国共产党领导下，在马克思列宁主义、毛泽东思想、邓小平理论、“三个代表”重要思想、科学发展观、习近平新时代中国特色社会主义思想指引下，坚持人民民主专政，坚持社会主义道路，坚持改革开放，不断完善社会主义的各项制度，发展社会主义市场经济，发展社会主义民主，健全社会主义法治，贯彻新发展理念，自力更生，艰苦奋斗，逐步实现工业、农业、国防和科学技术的现代化，推动物质文明、政治文明、精神文明、社会文明、生态文明协调发展，把我国建设成为富强民主文明和谐美丽的社会主义现代化强国，实现中华民族伟大复兴。

4.《宪法》在国家中的地位是什么?

答: 是国家的根本法，具有最高的法律效力。

5. 根据《宪法》，什么是中国特色社会主义最本质的特征?

答: 中国共产党领导。

6. 根据《宪法》，我国的一切权力属于______。

答: 人民。

7. 根据《宪法》，人民行使国家权力的机关是什么?

答: 全国人民代表大会和地方各级人民代表大会。

8. 根据《宪法》，人民依照______，通过各种途径和形式，管理国家事务，管理经济和文化事业，管理社会事务。

答： 法律规定。

9. 根据《宪法》，中华人民共和国的国家机构实行什么原则？

答： 实行民主集中制的原则。

10.《宪法》对我国实行依法治国是如何规定的？

答： 中华人民共和国实行依法治国，建设社会主义法治国家。国家维护社会主义法制的统一和尊严。一切法律、行政法规和地方性法规都不得同宪法相抵触。一切国家机关和武装力量、各政党和各社会团体、各企业事业组织都必须遵守宪法和法律。一切违反宪法和法律的行为，必须予以追究。任何组织或者个人都不得有超越宪法和法律的特权。

11. 根据《宪法》，国家在社会主义初级阶段，坚持何种基本经济制度，坚持何种分配制度？

答： 坚持公有制为主体、多种所有制经济共同发展的基本经济制度，坚持按劳分配为主体、多种分配方式并存的分配制度。

12. 根据《宪法》，自然资源都属于谁所有，有何种除外情况？

答： 矿藏、水流、森林、山岭、草原、荒地、滩涂等自然资源，都属于国家所有，即全民所有；由法律规定属于集体所有的森林和山岭、草原、荒地、滩涂除外。

13. 根据《宪法》，国家在______情况下可以依照______规定对土地实行征收或者征用并给予补偿。

答： 为了公共利益的需要；法律。

14. 根据《宪法》，土地的使用权可以依照______转让。

答： 法律。

15. 根据《宪法》，______财产神圣不可侵犯。

答： 社会主义的公共。

16. 根据《宪法》，国家依照______规定保护公民的私有财产权和继承权。

答： 法律。

17. 根据《宪法》，国家______可以依照______对公民的私有财产实行征收或者征用并给予补偿。

答： 为了公共利益的需要；法律。

18. 根据《宪法》，国家实行何种经济？

答： 国家实行社会主义市场经济。

19. 根据《宪法》，何谓中华人民共和国公民？

答： 凡具有中华人民共和国国籍的人都是中华人民共和国公民。

20. 根据《宪法》，中华人民共和国公民在法律面前是否平等？

答： 一律平等。

21. 根据《宪法》，国家如何对待人权？

答： 国家尊重和保障人权。

22. 根据《宪法》，公民与宪法和法律权利义务的关系是什么？

答： 任何公民享有宪法和法律规定的权利，同时必须履行宪法和法律规定的义务。

23.《宪法》对公民的政治权利是如何规定的？

答： 中华人民共和国年满十八周岁的公民，不分民族、种族、性别、职业、家庭出身、宗教信仰、教育程度、财产状况、居住期限，都有选举权和被选举权；但是依照法律被剥夺政治权利的人除外。

24.《宪法》对公民的言论、出版、集会、结社、游行、示威是如何规定的？

答： 中华人民共和国公民有言论、出版、集会、结社、游行、示威的自由。

25.《宪法》对公民的宗教信仰是如何规定的？

答： 中华人民共和国公民有宗教信仰自由。任何国家机关、社会团体和个人不得强制公民信仰宗教或者不信仰宗教，不得歧视信仰宗教的公民和不信仰宗教的公民。国家保护正常的宗教活动。任何人不得利用宗教进行破坏社会秩序、损害公民身体健康、妨碍国家教育制度的活动。宗教团体和宗教事务不受外国势力的支配。

26.《宪法》对公民的人身自由是如何规定的?

答: 中华人民共和国公民的人身自由不受侵犯。任何公民，非经人民检察院批准或者决定或者人民法院决定，并由公安机关执行，不受逮捕。禁止非法拘禁和以其他方法非法剥夺或者限制公民的人身自由，禁止非法搜查公民的身体。

27.《宪法》对公民的人格尊严是如何规定的?

答: 中华人民共和国公民的人格尊严不受侵犯。禁止用任何方法对公民进行侮辱、诽谤和诬告陷害。

28.《宪法》对公民的住宅是如何规定的?

答: 中华人民共和国公民的住宅不受侵犯。禁止非法搜查或者非法侵入公民的住宅。

29.《宪法》对公民的通信自由和通信秘密是如何规定的?

答: 中华人民共和国公民的通信自由和通信秘密受法律的保护。除因国家安全或者追查刑事犯罪的需要，由公安机关或者检察机关依照法律规定的程序对通信进行检查外，任何组织或者个人不得以任何理由侵犯公民的通信自由和通信秘密。

30.《宪法》对公民与国家机关和国家工作人员的关系是如何规定的?

答: 中华人民共和国公民对于任何国家机关和国家工作人员，有提出批评和建议的权利；对于任何国家机关和国家工作人员的违法失职行为，有向有关国家机关提出申诉、控告或者检举的权利，但是不得捏造或者歪曲事实进行诬告陷害。对于公民的申诉、控告或者检举，有关国家机关必须查清事实，负责处理。任何人不得压制和打击报复。由于国家机关和国家工作人员侵犯公民权利而受到损失的人，有依照法律规定取得赔偿的权利。

31. 根据《宪法》，劳动是否既是公民的权利也是公民的义务?

答: 是。

32. 根据《宪法》，劳动者是否有休息的权利?

答：是。

33. 根据《宪法》，公民在年老、疾病或者丧失劳动能力的情况下，是否有从国家和社会获得物质帮助的权利?

答：是。

34. 根据《宪法》，受教育是否既是公民的权利也是公民的义务?

答：是。

35. 根据《宪法》，公民是否有进行科学研究、文学艺术创作和其他文化活动的自由?

答：是。

36. 根据《宪法》，妇女在政治的、经济的、文化的、社会的和家庭的生活等各方面是否享有同男子平等的权利?

答：是。

37. 根据《宪法》，婚姻、家庭、母亲和儿童是否受国家的保护?

答：是。

38. 根据《宪法》，国家是否保护华侨的正当的权利和利益，是否保护归侨和侨眷的合法的权利和利益?

答：是。

39. 根据《宪法》，公民是否有维护国家统一和全国各民族团结的义务?

答：是。

40. 根据《宪法》，公民必须遵守______，保守国家秘密，爱护公共财产，遵守劳动纪律，遵守公共秩序，尊重社会公德。

答：宪法和法律。

41. 根据《宪法》，公民是否有维护祖国的安全、荣誉和利益的义务，不得有危害祖国的安全、荣誉和利益的行为?

答：是。

42. 根据《宪法》，什么是每一个公民的神圣职责?

答：保卫祖国、抵抗侵略。

43. 根据《宪法》，公民是否有依照法律纳税的义务?

答：是。

44. 根据《宪法》，制定和修改刑事、民事、国家机构的和其他的基本法律属于哪一机构的职权?

答：全国人民代表大会。

45.《宪法》的修改程序是什么?

答：宪法的修改，由全国人民代表大会常务委员会或者五分之一以上的全国人民代表大会代表提议，并由全国人民代表大会以全体代表的三分之二以上的多数通过。

46. 根据《宪法》，制定和修改除应当由全国人民代表大会制定的法律以外的其他法律属于哪一机构的职权?

答：全国人民代表大会常务委员会。

47. 根据《宪法》，在全国人民代表大会闭会期间，对全国人民代表大会制定的法律进行部分补充和修改属于哪一机构的职权?

答：全国人民代表大会常务委员会。

48. 根据《宪法》，解释法律属于哪一机构的职权?

答：全国人民代表大会常务委员会。

49.《宪法》规定，全国人民代表大会代表，非经全国人民代表大会会议主席团许可，在全国人民代表大会闭会期间非经全国人民代表大会常务委员会许可，不受______。

答：逮捕或者刑事审判。

50. 根据《宪法》，由______公布法律。

答：中华人民共和国主席。

51. 根据《宪法》，制定行政法规属于哪一机构的职权？

答：国务院。

52. 根据《宪法》，规定各部和各委员会的任务和职责，统一领导各部和各委员会的工作，并且领导不属于各部和各委员会的全国性的行政工作属于______的职权.

答：国务院。

53. 根据《宪法》，统一领导全国地方各级国家行政机关的工作，规定中央和省、自治区、直辖市的国家行政机关的职权的具体划分属于______的职权。

答：国务院。

54. 根据《宪法》，哪一机构领导全国武装力量？

答：中华人民共和国中央军事委员会。

55. 根据《宪法》，地方各级人民政府的组织由什么规定？

答：法律。

56. 根据《宪法》，地方性法规由哪些机构制定？

答：省、直辖市的人民代表大会和它们的常务委员会，自治区的人民代表大会和它们的常务委员会，设区的市的人民代表大会和它们的常务委员会。

57. 根据《宪法》，地方各级人民政府的法律地位是什么？

答：地方各级人民政府是地方各级国家权力机关的执行机关，是地方各级国家行政机关。

58. 根据《宪法》，地方各级人民政府实行何种负责制？

答：实行省长、市长、县长、区长、乡长、镇长负责制。

59. 根据《宪法》，县级以上的地方各级人民政府与所属各工作部门和下级人民政府的关系是什么?

答: 县级以上的地方各级人民政府领导所属各工作部门和下级人民政府的工作，有权改变或者撤销所属各工作部门和下级人民政府的不适当的决定。

60. 根据《宪法》，地方各级人民政府对哪些机构负责并报告工作?

答: 地方各级人民政府对本级人民代表大会负责并报告工作。县级以上的地方各级人民政府在本级人民代表大会闭会期间，对本级人民代表大会常务委员会负责并报告工作。地方各级人民政府对上一级国家行政机关负责并报告工作。全国地方各级人民政府都是国务院统一领导下的国家行政机关，都服从国务院。

61. 根据《宪法》，民族自治地方的自治机关是哪些机构?

答: 自治区、自治州、自治县的人民代表大会和人民政府。

62. 根据《宪法》，各级监察委员会的法律地位是什么?

答: 中华人民共和国各级监察委员会是国家的监察机关。

63. 根据《宪法》，监察委员会的组织和职权由______规定。

答: 法律。

64. 根据《宪法》，上下级监察委员会是何种关系?

答: 国家监察委员会领导地方各级监察委员会的工作，上级监察委员会领导下级监察委员会的工作。

65. 根据《宪法》，地方各级监察委员会对______负责。

答: 产生它的国家权力机关和上一级监察委员会。

66. 根据《宪法》，监察委员会依照法律规定独立行使监察权，不受______的干涉。

答: 行政机关、社会团体和个人。

67. 根据《宪法》，监察机关办理职务违法和职务犯罪案件，应当与审判机关、检察机关、执法部门______。

答: 互相配合，互相制约。

68. 根据《宪法》，人民法院的法律地位是什么？

答： 中华人民共和国人民法院是国家的审判机关。

69. 根据《宪法》，人民法院的组织由什么规定？

答： 法律。

70. 根据《宪法》，上下级人民法院是何种关系？

答： 最高人民法院监督地方各级人民法院和专门人民法院的审判工作，上级人民法院监督下级人民法院的审判工作。

71. 根据《宪法》，地方各级人民法院对______负责。

答： 产生它的国家权力机关。

72. 根据《宪法》，人民检察院的法律地位是什么？

答： 国家的法律监督机关。

73. 根据《宪法》，人民检察院的组织由什么规定？

答： 法律。

74. 根据《宪法》，人民法院依照法律规定独立行使审判权，不受______的干涉。

答： 行政机关、社会团体和个人。

75. 根据《宪法》，上下级人民检察院是何种关系？

答： 最高人民检察院领导地方各级人民检察院和专门人民检察院的工作，上级人民检察院领导下级人民检察院的工作。

76. 根据《宪法》，地方各级人民检察院对______负责。

答： 产生它的国家权力机关和上级人民检察院。

77. 根据《宪法》，人民法院、人民检察院和公安机关办理刑事案件，应当如何保证准确有效地执行法律？

答： 人民法院、人民检察院和公安机关办理刑事案件，应当分工负责，互相配合，互相制约，以保证准确有效地执行法律。

78. 根据《宪法》，中华人民共和国国旗是什么？

答：五星红旗。

79. 根据《宪法》，中华人民共和国国歌是什么？

答：《义勇军进行曲》。

80. 根据《宪法》，中华人民共和国国徽是什么样的？

答：中间是五星照耀下的天安门，周围是谷穗和齿轮。

81. 根据《宪法》，中华人民共和国首都是哪里？

答：北京。

第二节 中华人民共和国民法典

1. 现行《中华人民共和国民法典》(以下简称《民法典》)是在什么时间通过的？

答：2020年5月28。

2. 依据《民法典》，民事主体的人身权利、财产权利以及其他合法权益受______保护，任何组织或者个人不得侵犯。

答：法律。

3. 依据《民法典》，民事主体从事民事活动，不得违反______，不得违背______。

答：法律；公序良俗。

4. 依据《民法典》，处理民事纠纷，应当依照______；法律没有规定的，可以适用______，但是不得违背______。

答：法律；习惯；公序良俗。

5.《民法典》对自然人的出生时间和死亡时间是如何规定的？

答：自然人的出生时间和死亡时间，以出生证明、死亡证明记载的时间为准；

没有出生证明、死亡证明的，以户籍登记或者其他有效身份登记记载的时间为准。有其他证据足以推翻以上记载时间的，以该证据证明的时间为准。

6. 依据《民法典》，如何确定自然人的住所？

答： 自然人以户籍登记或者其他有效身份登记记载的居所为住所；经常居所与住所不一致的，经常居所视为住所。

7. 依据《民法典》，未成年子女的父母具有监护能力的情况下，其他人能否成为该未成年子女的监护人？

答： 不能。

8. 依据《民法典》，未成年人的父母已经死亡或者没有监护能力的，______有监护能力的人按什么顺序担任监护人？

答：（1）祖父母、外祖父母；（2）兄、姐；（3）其他愿意担任监护人的个人或者组织，但是须经未成年人住所地的居民委员会、村民委员会或者民政部门同意。

9. 依据《民法典》，无民事行为能力或者限制民事行为能力的成年人，______有监护能力的人按什么顺序担任监护人？

答：（1）配偶；（2）父母、子女；（3）其他近亲属；（4）其他愿意担任监护人的个人或者组织，但是须经被监护人住所地的居民委员会、村民委员会或者民政部门同意。

10. 依据《民法典》，被监护人的父母担任监护人的，是否可以通过遗嘱指定监护人？

答： 可以。

11. 依据《民法典》，依法具有监护资格的人之间是否可以协议确定监护人？

答： 可以。

12. 依据《民法典》，协议确定监护人是否应当尊重被监护人的真实意愿？

答： 应当。

13. 依据《民法典》，没有依法具有监护资格的人的，监护人由___担任。

答：没有依法具有监护资格的人的，监护人由民政部门担任，也可以由具备履行监护职责条件的被监护人住所地的居民委员会、村民委员会。

14. 依据《民法典》，自然人下落不明满几年的，利害关系人可以向人民法院申请宣告该自然人为失踪人？

答：二年。

15. 依据《民法典》，失踪人所欠税款、债务和应付的其他费用，应如何支付？

答：由财产代管人从失踪人的财产中支付。

16. 依据《民法典》，自然人有何种情形之一，利害关系人可以向人民法院申请宣告该自然人死亡？

答：因意外事件下落不明，经有关机关证明该自然人不可能生存的，申请宣告死亡不受二年限制。

17.《民法典》对被宣告死亡的人的婚姻关系是如何规定的？

答：被宣告死亡的人的婚姻关系，自死亡宣告之日起消除。死亡宣告被撤销的，婚姻关系自撤销死亡宣告之日起自行恢复。但是，其配偶再婚或者向婚姻登记机关书面声明不愿意恢复的除外。

18. 依据《民法典》，被宣告死亡的人在被宣告死亡期间，其子女被他人依法收养的，在死亡宣告被撤销后，是否可以以未经本人同意为由主张收养行为无效？

答：不可以。

19. 依据《民法典》，什么是个体工商户？

答：自然人从事工商业经营，经依法登记，为个体工商户。

20. 依据《民法典》，什么是农村承包经营户？

答：农村集体经济组织的成员，依法取得农村土地承包经营权，从事家庭承包经营的，为农村承包经营户。

21. 依据《民法典》，个体工商户的债务如何承担？

答：个体工商户的债务，个人经营的，以个人财产承担；家庭经营的，以家庭财产承担；无法区分的，以家庭财产承担。

22. 依据《民法典》，农村承包经营户的债务如何承担？

答：农村承包经营户的债务，以从事农村土地承包经营的农户财产承担；事实上由农户部分成员经营的，以该部分成员的财产承担。

23. 依据《民法典》，什么是法人？

答：法人是具有民事权利能力和民事行为能力，依法独立享有民事权利和承担民事义务的组织。

24. 依据《民法典》，什么是法定代表人？

答：依照法律或者法人章程的规定，代表法人从事民事活动的负责人，为法人的法定代表人。

25. 依据《民法典》，法定代表人以法人名义从事的民事活动，其法律后果由谁承受？

答：法人。

26. 依据《民法典》，法人章程或者法人权力机构对法定代表人代表权的限制，不得对抗______。

答：善意相对人。

27. 依据《民法典》，法定代表人因执行职务造成他人损害的，由______承担民事责任。

答：法人。

28. 依据《民法典》，如何确定法人的住所？

答：法人以其主要办事机构所在地为住所。依法需要办理法人登记的，应当将主要办事机构所在地登记为住所。

29. 依据《民法典》，法人存续期间登记事项发生变化的，应当依法向登记机关申请______。

答：变更登记。

30. 依据《民法典》，法人的实际情况与登记的事项不一致的，不得对抗______。

答：善意相对人。

31. 依据《民法典》，登记机关应当依法及时公示法人登记的什么信息？

答：法人登记的有关信息。

32. 依据《民法典》，法人合并的，其权利和义务由谁享有和承担？

答：合并后的法人。

33. 依据《民法典》，法人分立的，其权利和义务由分立后的法人享有连带债权，承担连带债务，除外情况是什么？

答：债权人和债务人另有约定的除外。

34. 依据《民法典》，何种原因并依法完成清算、注销登记的，法人终止？

答：（1）法人解散；（2）法人被宣告破产；（3）法律规定的其他原因。

35. 依据《民法典》，何种情况下法人终止须经有关机关批准？

答：法人终止，法律、行政法规规定须经有关机关批准的，依照其规定。

36. 依据《民法典》，法人依法被吊销营业执照、登记证书，被责令关闭或者被撤销是否属法人解散的情形？

答：是。

37. 依据《民法典》，清算期间法人是否存续，能否从事与清算无关的活动？

答：存续；不能。

38. 依据《民法典》，进入清算的法人何时终止？

答：清算结束并完成法人注销登记时，法人终止；依法不需要办理法人登记的，清算结束时，法人终止。

39. 依据《民法典》，法人被宣告破产的，何时终止？

答：依法进行破产清算并完成法人注销登记时，法人终止。

40. 依据《民法典》，何种情况下法人的分支机构应当登记？

答：法律、行政法规规定分支机构应当登记的，依照其规定。

41. 依据《民法典》，分支机构以自己的名义从事民事活动，产生的民事责任由谁承担？

答：分支机构以自己的名义从事民事活动，产生的民事责任由法人承担；也可以先以该分支机构管理的财产承担，不足以承担的，由法人承担。

42. 依据《民法典》，什么是营利法人？包括哪几种？

答：以取得利润并分配给股东等出资人为目的成立的法人，为营利法人。营利法人包括有限责任公司、股份有限公司和其他企业法人等。

43. 依据《民法典》，营利法人经何种程序成立？

答：依法登记。

44. 依据《民法典》，如何确定营利法人的成立日期？

答：依法设立的营利法人，由登记机关发给营利法人营业执照。营业执照签发日期为营利法人的成立日期。

45. 依据《民法典》，如何确定营利法人的法定代表人？

答：营利法人的执行机构为董事会或者执行董事的，董事长、执行董事或者经理按照法人章程的规定担任法定代表人；未设董事会或者执行董事的，法人章程规定的主要负责人为其执行机构和法定代表人。

46. 依据《民法典》，营利法人从事经营活动，应当遵守商业道德，维护交易安全，接受______监督，承担社会责任。

答：政府和社会。

47. 依据《民法典》，什么是非营利法人？包括哪几种？

答：为公益目的或者其他非营利目的成立，不向出资人、设立人或者会员分配所取得利润的法人，为非营利法人。非营利法人包括事业单位、社会团体、基金会、社会服务机构等。

48. 依据《民法典》，如何确定事业单位法人的法定代表人？

答： 事业单位法人的法定代表人依照法律、行政法规或者法人章程的规定产生。

49. 依据《民法典》，如何确定社会团体法人的法定代表人？

答： 社会团体法人理事长或者会长等负责人按照法人章程的规定担任法定代表人。

50. 依据《民法典》，如何确定宗教活动场所等捐助法人的法定代表人？

答： 捐助法人的理事长等负责人按照法人章程的规定担任法定代表人。

51. 依据《民法典》，机关和承担行政职能的法定机构何种情况下具有机关法人资格？可以从事何种民事活动？

答： 有独立经费的机关和承担行政职能的法定机构从成立之日起，具有机关法人资格，可以从事为履行职能所需要的民事活动。

52. 依据《民法典》，机关法人何种情况下终止？机关法人终止的，其民事权利和义务由谁享有和承担？

答： 机关法人被撤销的，法人终止，其民事权利和义务由继任的机关法人享有和承担；没有继任的机关法人的，由作出撤销决定的机关法人享有和承担。

53. 依据《民法典》，什么是非法人组织？包括哪几种？

答： 非法人组织是不具有法人资格，但是能够依法以自己的名义从事民事活动的组织。非法人组织包括个人独资企业、合伙企业、不具有法人资格的专业服务机构等。

54. 依据《民法典》，非法人组织是否应当登记？设立非法人组织是否须要有关机关批准？

答： 非法人组织应当依照法律的规定登记。设立非法人组织，法律、行政法规规定须经有关机关批准的，依照其规定。

55. 依据《民法典》，非法人组织的财产不足以清偿债务的，由谁承担何种责任?

答:非法人组织的财产不足以清偿债务的，其出资人或者设立人承担无限责任。法律另有规定的，依照其规定。

56. 依据《民法典》，非法人组织有关问题除适用第一编总则第四章非法人组织规定外，还参照适用哪些规定?

答:第一编总则第三章法人第一节一般规定的有关规定。

57. 依据《民法典》，自然人的人身自由、人格尊严受什么保护?

答:法律。

58. 依据《民法典》，任何组织或者个人需要获取他人个人信息的，应当如何?

答:任何组织或者个人需要获取他人个人信息的，应当依法取得并确保信息安全，不得非法收集、使用、加工、传输他人个人信息，不得非法买卖、提供或者公开他人个人信息。

59. 依据《民法典》，自然人因婚姻家庭关系等产生的人身权利受什么保护?

答:法律。

60. 依据《民法典》，民事主体的财产权利受什么保护?

答:法律平等保护。

61. 依据《民法典》，什么是物权?

答:物权是权利人依法对特定的物享有直接支配和排他的权利，包括所有权、用益物权和担保物权。

62. 依据《民法典》，什么是债权?

答:债权是因合同、侵权行为、无因管理、不当得利以及法律的其他规定，权利人请求特定义务人为或者不为一定行为的权利。

63. 依据《民法典》，什么是民事法律行为?

答:民事法律行为是民事主体通过意思表示设立、变更、终止民事法律关系的行为。

64. 依据《民法典》，委托代理授权采用书面形式的，授权委托书应当载明哪些内容？

答：代理人的姓名或者名称、代理事项、权限和期限，并由被代理人签名或者盖章。

65. 依据《民法典》，执行法人或者非法人组织工作任务的人员，就其职权范围内的事项，以法人或者非法人组织的名义实施的民事法律行为，对谁发生效力？

答：法人或者非法人组织。

66. 依据《民法典》，法人或者非法人组织对执行其工作任务的人员职权范围的限制，不得对抗______。

答：善意相对人。

67. 依据《民法典》，什么是不可抗力？

答：不可抗力是不能预见、不能避免且不能克服的客观情况。

68. 依据《民法典》，民事主体因同一行为应当承担民事责任、行政责任和刑事责任的，承担行政责任或者刑事责任是否影响承担民事责任？民事主体的财产不足以支付的，优先用于承担何种责任？

答：不影响；民事责任。

69. 依据《民法典》，民法所称的期间按照什么计算？

答：公历年、月、日、小时。

70. 依据《民法典》，按照年、月、日计算期间的，从何日开始计算？

答：开始的当日不计入，自下一日开始计算。

71. 依据《民法典》，按照小时计算期间的，自何时开始计算？

答：法律规定或者当事人约定的时间。

72. 依据《民法典》，按照年、月计算期间的，何日为最后一日？没有对应日的，何日为最后一日？

答：按照年、月计算期间的，到期月的对应日为期间的最后一日；没有对应日的，月末日为期间的最后一日。

73. 依据《民法典》，期间的最后一日是法定休假日的，以何日为期间的最后一日?

答：期间的最后一日是法定休假日的，以法定休假日结束的次日为期间的最后一日。

74. 依据《民法典》，期间的最后一日的截止时间为何时?

答：期间的最后一日的截止时间为二十四时；有业务时间的，停止业务活动的时间为截止时间。

75. 依据《民法典》，期间的计算方法依照哪一部法律规定，何种情况除外?

答：期间的计算方法依照《民法典》的规定，但是法律另有规定或者当事人另有约定的除外。

76. 依据《民法典》，国家实行社会主义市场经济，保障一切市场主体的什么地位和什么权利?

答：平等法律地位和发展权利。

77. 依据《民法典》，国家、集体、私人的物权和其他权利人的物权受法律平等保护，______不得侵犯。

答：任何组织或者个人。

78. 依据《民法典》，不动产物权的设立、变更、转让和消灭，经何种程序发生效力，何种情况除外?

答：不动产物权的设立、变更、转让和消灭，经依法登记，发生效力；未经登记，不发生效力，但是法律另有规定的除外。

79. 依据《民法典》，何种不动产所有权可以不登记?

答：依法属于国家所有的自然资源。

80. 依据《民法典》，不动产登记，由______办理。

答：不动产所在地的登记机构。

81. 依据《民法典》，不动产登记机构应当履行哪些职责？

答：（1）查验申请人提供的权属证明和其他必要材料；（2）就有关登记事项询问申请人；（3）如实、及时登记有关事项；（4）法律、行政法规规定的其他职责。

82. 依据《民法典》，申请登记的不动产的有关情况需要进一步证明的，登记机构可以如何？

答：要求申请人补充材料，必要时可以实地查看。

83. 依据《民法典》，不动产登记机构不得有哪些行为？

答：（1）要求对不动产进行评估；（2）以年检等名义进行重复登记；（3）超出登记职责范围的其他行为。

84. 依据《民法典》，不动产物权的设立、变更、转让和消灭，依照法律规定应当登记的，自何时发生效力？

答：记载于不动产登记簿时。

85. 依据《民法典》，不动产登记簿由______管理。

答：登记机构。

86. 依据《民法典》，权利人、利害关系人是否可以申请查询、复制不动产登记资料？登记机构是否应当提供？

答：可以；应当。

87. 依据《民法典》，权利人、利害关系人认为不动产登记簿记载的事项错误的，是否可以申请更正登记？不动产登记簿记载的权利人书面同意更正或者有证据证明登记确有错误的，登记机构是否应当予以更正？

答：可以；应当。

88. 依据《民法典》，利害关系人认为不动产登记簿记载的事项错误申请更正登记，不动产登记簿记载的权利人不同意更正的，利害关系人是否可以申请异议登记？登记机构是否予以异议登记？

答：可以；予以。

89. 依据《民法典》，因不动产登记错误，造成他人损害的，______应当承担赔偿责任。

答：登记机构。

90. 依据《民法典》，不动产登记费按照何种标准收取？

答：按件收取，不得按照不动产的面积、体积或者价款的比例收取。

91. 依据《民法典》，因人民法院、仲裁机构的法律文书或者人民政府的______等，导致物权设立、变更、转让或者消灭的，自法律文书或者______等生效时发生效力。

答：征收决定；征收决定。

92. 依据《民法典》，因物权的归属、内容发生争议的，利害关系人可以如何？

答：请求确认权利。

93. 依据《民法典》，所有权人对自己的不动产或者动产，依法享有哪些权利？

答：占有、使用、收益和处分。

94. 依据《民法典》，法律规定专属于国家所有的不动产和动产，他人能否取得所有权？

答：法律规定专属于国家所有的不动产和动产，任何组织或者个人不能取得所有权。

95. 依据《民法典》，为了公共利益的需要，依照法律规定的权限和程序可以征收什么？

答：集体所有的土地和组织、个人的房屋以及其他不动产。

96. 依据《民法典》，任何组织或者个人不得贪污、挪用、私分、截留、拖欠______等费用。

答：征收补偿费。

97. 依据《民法典》，不得违反什么征收集体所有的土地？

答：法律规定的权限和程序。

98. 依据《民法典》，国有财产由______代表国家行使所有权，法律另有规定的，是否依照其规定？

答：国务院；依照其规定。

99. 依据《民法典》，国家机关对其直接支配的不动产和动产，享有什么权利？

答：占有、使用以及依照法律和国务院的有关规定处分的权利。

100. 依据《民法典》，国家举办的事业单位对其直接支配的不动产和动产，享有什么权利？

答：占有、使用以及依照法律和国务院的有关规定收益、处分的权利。

101. 依据《民法典》，国家出资的企业，由______依照法律、行政法规规定分别代表国家履行出资人职责，享有出资人权益。

答：国务院、地方人民政府。

102. 依据《民法典》，______应当对设立业主大会和选举业主委员会给予指导和协助。

答：地方人民政府有关部门、居民委员会。

103. 依据《民法典》，对于物业服务企业或者其他管理人执行政府依法实施的应急处置措施和其他管理措施，业主应当如何？

答：依法予以配合。

104. 依据《民法典》，拾得遗失物，应当返还权利人。拾得人应当及时通知权利人领取，或者送交公安等有关部门。有关部门收到遗失物，知道权利人的，应当如何？不知道的，应当如何？

答：及时通知其领取；及时发布招领公告。

105. 依据《民法典》，拾得人在遗失物送交有关部门前，有关部门在遗失物被领取前，应当如何？因故意或者重大过失致使遗失物毁损、灭失的，应当如何？

答：妥善保管遗失物；承担民事责任。

106. 依据《民法典》，权利人领取遗失物时，应当向拾得人或者有关部门支付保管遗失物等支出的什么？

答：必要费用。

107. 依据《民法典》，遗失物自发布招领公告之日起多长时间内无人认领的，归国家所有？

答：一年。

108. 依据《民法典》，拾得漂流物、发现埋藏物或者隐藏物的，参照适用什么的有关规定？法律另有规定的，是否依照其规定？

答：拾得遗失物；是。

109. 依据《民法典》，用益物权人对他人所有的不动产或者动产，依法享有哪些权利？

答：占有、使用和收益的权利。

110. 依据《民法典》，国家实行自然资源何种制度，法律另有规定的是否除外？

答：有偿使用；是。

111. 依据《民法典》，依法取得的探矿权、采矿权、取水权和使用水域、滩涂从事养殖、捕捞的权利受______保护。

答：法律。

112. 依据《民法典》，农村集体经济组织实行什么体制？

答：家庭承包经营为基础、统分结合的双层经营体制。

113. 依据《民法典》，农民集体所有和国家所有由农民集体使用的耕地、林地、草地以及其他用于农业的土地，依法实行什么制度？

答：土地承包经营。

114. 依据《民法典》，土地承包经营权自何时设立?

答：土地承包经营权合同生效时设立。

115. 依据《民法典》，登记机构应当向土地承包经营权人发放土地承包经营权证、林权证等证书，并登记造册，确认______。

答：土地承包经营权。

116. 依据《民法典》，土地承包经营权互换、转让的，当事人可以向登记机构申请登记；未经登记，不得对抗______。

答：善意第三人。

117. 依据《民法典》，承包期内发包人不得收回承包地。______另有规定的，依照其规定。

答：法律。

118. 依据《民法典》，承包地被征收的，______有权依据《民法典》第二百四十三条的规定获得相应补偿。

答：土地承包经营权人。

119. 依据《民法典》，流转期限为五年以上的土地经营权，自流转合同生效时设立。当事人可以向登记机构申请土地经营权登记；未经登记，不得对抗______。

答：善意第三人。

120. 依据《民法典》，建设用地使用权人依法对国家所有的土地享有哪些权利?

答：占有、使用和收益的权利，有权利用该土地建造建筑物、构筑物及其附属设施。

121. 依据《民法典》，工业、商业、旅游、娱乐和商品住宅等经营性用地以及同一土地有两个以上意向用地者的，应当采取什么方式出让?

答：招标、拍卖等公开竞价的方式出让。

122. 依据《民法典》，通过招标、拍卖、协议等出让方式设立建设用地使用权的，当事人应当采用书面形式订立什么?

答：建设用地使用权出让合同。

123. 依据《民法典》，设立建设用地使用权的，应当向登记机构申请什么登记?

答：建设用地使用权。

124. 依据《民法典》，建设用地使用权自何时设立?

答：登记。

125. 依据《民法典》，建设用地使用权人应当合理利用土地，不得改变土地用途；需要改变土地用途的，应当依法经______批准。

答：有关行政主管部门。

126. 依据《民法典》，建设用地使用权人应当依照什么支付出让金等费用?

答：法律规定以及合同约定。

127. 依据《民法典》，建设用地使用权转让、互换、出资或者赠与的，应当向登记机构申请______登记。

答：变更。

128. 依据《民法典》，建设用地使用权期限届满前，因何种需要提前收回该土地的，应当依据《民法典》第二百四十三条的规定对该土地上的房屋以及其他不动产给予补偿，并退还相应的出让金?

答：公共利益。

129. 依据《民法典》，住宅建设用地使用权期限届满的，自动续期。续期费用的缴纳或者减免，依照______的规定办理。

答：法律、行政法规。

130. 依据《民法典》，建设用地使用权消灭的，出让人应当及时办理注销登记。登记机构应当收回______。

答：权属证书。

131. 依据《民法典》，集体所有的土地作为建设用地的，应当依照什么法律规定办理？

答：依照土地管理的法律规定办理。

132. 依据《民法典》，宅基地使用权人依法对集体所有的土地享有哪些权利？

答：占有和使用的权利，有权依法利用该土地建造住宅及其附属设施。

133. 依据《民法典》，______宅基地使用权转让或者消灭的，应当及时办理变更登记或者注销登记。

答：已经登记的。

134. 依据《民法典》，居住权人有权按照______，对他人的住宅享有占有、使用的用益物权，以满足生活居住的需要。

答：合同约定。

135. 依据《民法典》，设立居住权的，应当向登记机构申请什么？

答：居住权登记。

136. 依据《民法典》，居住权消灭的，应当及时办理______登记。

答：注销。

137. 依据《民法典》，地役权人有权按照什么，利用他人的不动产，以提高自己的不动产的效益？

答：合同约定。

138. 依据《民法典》，已经登记的地役权变更、转让或者消灭的，应当及时办理什么登记？

答：变更登记或者注销登记。

139. 依据《民法典》，依法被查封、扣押、监管的财产是否可以抵押？

答：不得抵押。

140. 依据《民法典》，以基金份额、股权出质的，质权自何时设立?

答：办理出质登记时。

141. 依据《民法典》，以注册商标专用权、专利权、著作权等知识产权中的财产权出质的，质权自何时设立?

答：办理出质登记时。

142. 依据《民法典》，以应收账款出质的，质权自何时设立?

答：办理出质登记时。

143. 依据《民法典》，合同是民事主体之间什么的协议?

答：设立、变更、终止民事法律关系。

144. 依据《民法典》，婚姻、收养、监护等有关身份关系的协议，适用有关该身份关系的法律规定；没有规定的，可以根据其性质参照适用什么规定?

答：《民法典》第三编合同。

145.《民法典》对国家根据抢险救灾或者其他需要下达国家订货任务、指令性任务订立合同有哪些规定?

答：国家根据抢险救灾或者其他需要下达国家订货任务、指令性任务的，有关民事主体之间应当依照有关法律、行政法规规定的权利和义务订立合同。依照法律、行政法规的规定负有发出要约义务的当事人，应当及时发出合理的要约。依照法律、行政法规的规定负有作出承诺义务的当事人，不得拒绝对方合理的订立合同要求。

146. 依据《民法典》，悬赏人以公开方式声明对完成______的人支付报酬的，完成该行为的人可以请求其支付。

答：特定行为。

147. 依据《民法典》，依法成立的合同，自何时生效?何种情况下除外?

答：成立时；法律另有规定或者当事人另有约定。

148. 依据《民法典》，依照什么的规定，合同应当办理批准等手续的，依照其规定?

答：法律、行政法规。

149. 依据《民法典》，对当事人利用合同实施什么行为的? 市场监督管理和其他有关行政主管部门依照法律、行政法规的规定负责监督处理?

答：危害国家利益、社会公共利益。

150. 依据《民法典》，机关法人不得为保证人，但是经______批准为使用外国政府或者国际经济组织贷款进行转贷的除外。

答：国务院。

151. 依据《民法典》，国家重大建设工程合同，应当按照什么等文件订立?

答：国家规定的程序和国家批准的投资计划、可行性研究报告。

152. 依据《民法典》，人格权是民事主体享有的什么等权利?

答：生命权、身体权、健康权、姓名权、名称权、肖像权、名誉权、荣誉权、隐私权。

153. 依据《民法典》，民事主体的人格权受法律保护，______不得侵害。

答：任何组织或者个人。

154. 依据《民法典》，______不得侵害他人的生命权。

答：任何组织或者个人。

155. 依据《民法典》，______不得侵害他人的身体权。

答：任何组织或者个人。

156. 依据《民法典》，______不得侵害他人的健康权。

答：任何组织或者个人。

157. 依据《民法典》，自然人的生命权、身体权、健康权受到侵害或者处于其他危难情形的，谁应当及时施救?

答：负有法定救助义务的组织或者个人。

158. 依据《民法典》，为研制新药、医疗器械或者发展新的预防和治疗方法，需要进行临床试验的，应当依法经______并经伦理委员会审查同意，向受试者或者受试者的监护人告知试验目的、用途和可能产生的风险等详细情况，并经其书面同意。

答： 相关主管部门批准。

159. 依据《民法典》，以非法拘禁等方式剥夺、限制他人的行动自由，或者非法搜查他人身体的，受害人有权依法请求行为人承担______。

答： 民事责任。

160. 依据《民法典》，自然人决定、变更姓名，或者法人、非法人组织决定、变更、转让名称的，应当依法向有关机关办理什么？法律另有规定的是否除外？

答： 登记手续；是。

161. 依据《民法典》，为依法履行职责，国家机关在必要范围内制作、使用、公开肖像权人的肖像，是否可以不经肖像权人同意？

答： 可以。

162. 依据《民法典》，为维护公共利益或者肖像权人合法权益，制作、使用、公开肖像权人的肖像，是否可以不经肖像权人同意？

答： 可以。

163. 依据《民法典》，谁不得以侮辱、诽谤等方式侵害他人的名誉权？

答： 任何组织或者个人。

164. 依据《民法典》，民事主体是否可以依法查询自己的信用评价？

答： 是。

165. 依据《民法典》，民事主体发现信用评价不当的，是否有权提出异议并请求采取更正、删除等必要措施？

答： 是。

166. 依据《民法典》，民事主体发现信用评价不当提出异议并请求采取更正、删除等必要措施，信用评价人应当如何？

答： 及时核查，经核查属实的，应当及时采取必要措施。

167. 依据《民法典》，民事主体与征信机构等信用信息处理者之间的关系，适用______的规定和其他法律、行政法规的有关规定。

答：《民法典》第四编人格权有关个人信息保护。

168. 依据《民法典》，______不得非法剥夺他人的荣誉称号，不得诋毁、贬损他人的荣誉。

答： 任何组织或者个人。

169. 依据《民法典》，______不得以刺探、侵扰、泄露、公开等方式侵害他人的隐私权。

答： 任何组织或者个人。

170. 依据《民法典》，隐私是什么？

答： 自然人的私人生活安宁和不愿为他人知晓的私密空间、私密活动、私密信息。

171. 依据《民法典》，关于隐私权保护，除法律另有规定或者权利人明确同意外，任何组织或者个人不得实施哪些行为？

答：（1）以电话、短信、即时通讯工具、电子邮件、传单等方式侵扰他人的私人生活安宁；（2）进入、拍摄、窥视他人的住宅、宾馆房间等私密空间；（3）拍摄、窥视、窃听、公开他人的私密活动；（4）拍摄、窥视他人身体的私密部位；（5）处理他人的私密信息；（6）以其他方式侵害他人的隐私权。

172. 依据《民法典》，自然人的个人信息受______保护。

答： 法律。

173. 依据《民法典》，个人信息是什么？

答： 个人信息是以电子或者其他方式记录的能够单独或者与其他信息结合识别特定自然人的各种信息，包括自然人的姓名、出生日期、身份证件号码、生物识别信息、住址、电话号码、电子邮箱、健康信息、行踪信息等。

174. 依据《民法典》，个人信息中的私密信息，适用有关隐私权的规定；没有规定的，适用什么规定？

答：有关个人信息保护。

175. 依据《民法典》，处理个人信息的，应当遵循什么原则？

答：合法、正当、必要。

176. 依据《民法典》，处理个人信息的，应当符合哪些条件？

答：（1）征得该自然人或者其监护人同意，但是法律、行政法规另有规定的除外；（2）公开处理信息的规则；（3）明示处理信息的目的、方式和范围；（4）不违反法律、行政法规的规定和双方的约定。

177. 依据《民法典》，个人信息的处理包括个人信息的______等。

答：收集、存储、使用、加工、传输、提供、公开。

178. 依据《民法典》，为维护公共利益或者该自然人合法权益，合理实施的处理个人信息行为，行为人是否承担民事责任？

答：不承担民事责任。

179. 依据《民法典》，自然人是否可以依法向信息处理者查阅或者复制其个人信息？发现信息有错误的，是否有权提出异议并请求及时采取更正等必要措施？

答：可以；有权。

180. 依据《民法典》，自然人发现信息处理者违反法律、行政法规的规定或者双方的约定处理其个人信息的，是否有权请求信息处理者及时删除？

答：有权。

181. 依据《民法典》，信息处理者不得泄露或者篡改其收集、存储的______，未经自然人同意，不得向他人非法提供其______，但是经过加工无法识别特定个人且不能复原的除外。

答：个人信息；个人信息。

182. 依据《民法典》，信息处理者应当采取技术措施和其他必要措施，确保其收集、存储的个人信息安全，防止信息泄露、篡改、丢失；发生或者可能发生个人信息泄露、篡改、丢失的，应当如何？

答：及时采取补救措施，按照规定告知自然人并向有关主管部门报告。

183. 依据《民法典》，国家机关、承担行政职能的法定机构及其工作人员对于履行职责过程中知悉的自然人的隐私和个人信息，应当______，不得______。

答：予以保密；泄露或者向他人非法提供。

184. 依据《民法典》，亲属包括______。

答：配偶、血亲和姻亲。

185. 依据《民法典》，近亲属包括______。

答：配偶、父母、子女、兄弟姐妹、祖父母、外祖父母、孙子女、外孙子女。

186. 依据《民法典》，家庭成员包括______。

答：配偶、父母、子女和其他共同生活的近亲属。

187. 依据《民法典》，要求结婚的男女双方是否应当亲自到婚姻登记机关申请结婚登记？符合《民法典》规定的，予以登记，发给______。完成结婚登记，即确立______关系。未办理结婚登记的，应当______。

答：应当；结婚证；婚姻；补办登记。

188. 依据《民法典》，夫妻双方自愿离婚的，应当签订书面离婚协议，并亲自到婚姻登记机关申请______。

答：离婚登记。

189. 依据《民法典》，婚姻登记机关查明双方确实是______，并已经对子女抚养、财产以及债务处理等事项协商一致的，予以登记，发给______。

答：自愿离婚；离婚证。

190. 依据《民法典》，完成______，或者离婚判决书、调解书生效，即解除婚姻关系。

答：离婚登记。

191. 依据《民法典》，收养应当向县级以上人民政府______部门登记，收养关系自何日起成立？

答：民政；登记之日。

192. 依据《民法典》，收养查找不到生父母的未成年人的，办理登记的民政部门应当在登记前如何？

答：予以公告。

193. 依据《民法典》，县级以上人民政府民政部门是否应当依法进行收养评估？

答：应当。

194. 依据《民法典》，收养关系成立后，公安机关应当按照国家有关规定为被收养人办理______。

答：户口登记。

195. 依据《民法典》，外国人在中华人民共和国收养子女，应当经其所在国主管机关依照该国法律审查同意。收养人应当提供由其所在国有权机构出具的有关其年龄、婚姻、职业、财产、健康、有无受过刑事处罚等状况的证明材料，并与送养人签订书面协议，亲自向______登记。

答：省、自治区、直辖市人民政府民政部门。

196. 依据《民法典》，当事人协议解除收养关系的，应当到______部门办理解除收养关系登记？

答：民政。

197. 依据《民法典》，继承开始后，没有继承人或者继承人均放弃继承的，由被继承人生前住所地的______部门或者村民委员会担任遗产管理人。

答：民政。

198. 依据《民法典》，分割遗产，应当清偿被继承人依法应当缴纳的______。但是，应当为缺乏劳动能力又没有生活来源的继承人保留必要的遗产。

答：税款和债务。

199. 依据《民法典》，无人继承又无人受遗赠的遗产，归国家所有，用于______；死者生前是集体所有制组织成员的，归______所有。

答：公益事业；所在集体所有制组织。

200. 依据《民法典》，继承人以所得遗产实际价值为限清偿被继承人依法应当缴纳的______。超过遗产实际价值部分，继承人自愿偿还的不在此限。

答：税款和债务。

201. 依据《民法典》，继承人放弃继承的，对被继承人依法应当缴纳的______可以不负清偿责任。

答：税款和债务。

202. 依据《民法典》，执行遗赠不得妨碍清偿遗赠人依法应当缴纳的______。

答：税款和债务。

203. 依据《民法典》，用人单位的工作人员因执行工作任务造成他人损害的，由______承担侵权责任。

答：用人单位。

204. 依据《民法典》，劳务派遣期间，被派遣的工作人员因执行工作任务造成他人损害的，由______承担侵权责任，劳务派遣单位有过错的，承担相应的责任。

答：接受劳务派遣的用工单位。

205. 依据《民法典》，违反国家规定造成生态环境损害，生态环境能够修复的，______有权请求侵权人在合理期限内承担修复责任。侵权人在期限内未修复的，______可以自行或者委托他人进行修复，所需费用由______负担。

答：国家规定的机关或者法律规定的组织；国家规定的机关或者法律规定的组织；侵权人。

206. 依据《民法典》，从建筑物中抛掷物品或者从建筑物上坠落的物品造成他人损害的，______应当依法及时调查，查清责任人。

答：公安等机关。

207. 依据《民法典》，民法所称的“以上”“以下”“以内”“届满”，是否包括本数？所称的“不满”“超过”“以外”，是否包括本数？

答：包括；不包括。

第三节　中华人民共和国行政处罚法

1.《行政处罚法》的立法目的和制定根据是什么？

答：为了规范行政处罚的设定和实施，保障和监督行政机关有效实施行政管理，维护公共利益和社会秩序，保护公民、法人或者其他组织的合法权益，根据宪法，制定本法。

2. 依据《行政处罚法》，行政处罚的定义是什么？

答：行政处罚是指行政机关依法对违反行政管理秩序的公民、法人或者其他组织，以减损权益或者增加义务的方式予以惩戒的行为。

3. 依据《行政处罚法》，行政处罚的设定和实施，适用何法？

答：《行政处罚法》。

4. 依据《行政处罚法》，行政处罚遵循什么原则？

答：公正、公开的原则。

5. 依据《行政处罚法》，设定和实施行政处罚必须以事实为依据，与违法行为的______相当。

答：事实、性质、情节以及社会危害程度。

6. 依据《行政处罚法》，实施行政处罚，纠正违法行为，应当坚持处罚与教育相结合，教育公民、法人或者其他组织______。

答：自觉守法。

7. 依据《行政处罚法》，公民、法人或者其他组织对行政机关所给予的行政处罚，享有何种权利？对行政处罚不服的，有权如何？

答：陈述权、申辩权；依法申请行政复议或者提起行政诉讼。

8. 依据《行政处罚法》，公民、法人或者其他组织因行政机关违法给予行政处罚受到损害的，有权如何？

答：依法提出赔偿要求。

9. 依据《行政处罚法》，公民、法人或者其他组织因违法行为受到行政处罚，其违法行为对他人造成损害的，应当依法承担______。

答：民事责任。

10. 依据《行政处罚法》，违法行为构成犯罪，应当依法追究刑事责任的，不得以______代替刑事处罚。

答：行政处罚。

11. 依据《行政处罚法》，行政处罚的种类包括哪些？

答：（1）警告、通报批评；（2）罚款、没收违法所得、没收非法财物；（3）暂扣许可证件、降低资质等级、吊销许可证件；（4）限制开展生产经营活动、责令停产停业、责令关闭、限制从业；（5）行政拘留；（6）法律、行政法规规定的其他行政处罚。

12. 依据《行政处罚法》，除法律、行政法规外，其他规定能否设定《行政处罚法》规定的行政处罚种类以外的种类？

答：不能。

13. 依据《行政处罚法》，限制人身自由的行政处罚，只能由什么设定？

答：法律。

14. 依据《行政处罚法》，行政法规可以设定除什么以外的行政处罚？

答：限制人身自由。

15. 依据《行政处罚法》，法律对违法行为已经作出行政处罚规定，行政法规需要作出具体规定的，必须如何？

答：在法律规定的给予行政处罚的行为、种类和幅度的范围内规定。

16. 依据《行政处罚法》，法律对什么未作出行政处罚规定，行政法规为实施法律，可以如何？

答：违法行为；补充设定行政处罚。

17. 依据《行政处罚法》，地方性法规可以设定除什么以外的行政处罚？

答：限制人身自由、吊销营业执照。

18. 依据《行政处罚法》，法律、行政法规对违法行为已经作出行政处罚规定，地方性法规需要作出具体规定的，必须如何？

答：在法律、行政法规规定的给予行政处罚的行为、种类和幅度的范围内规定。

19. 依据《行政处罚法》，国务院部门规章可以在法律、行政法规规定的给予行政处罚的什么的范围内作出具体规定？

答：行为、种类和幅度。

20. 依据《行政处罚法》，尚未制定法律、行政法规的，国务院部门规章对违反行政管理秩序的行为，可以设定何种行政处罚？罚款的限额由谁规定？

答：警告、通报批评或者一定数额罚款的行政处罚；国务院。

21. 依据《行政处罚法》，地方政府规章可以在法律、法规规定的给予行政处罚的什么的范围内作出具体规定？

答：行为、种类和幅度。

22. 依据《行政处罚法》，尚未制定法律、法规的，地方政府规章对违反行政管理秩序的行为，可以设定何种行政处罚？罚款的限额由谁规定？

答： 警告、通报批评或者一定数额罚款的行政处罚；省、自治区、直辖市人民代表大会常务委员会。

23. 依据《行政处罚法》，国务院部门和谁应当定期组织评估行政处罚的实施情况和必要性，对不适当的行政处罚事项及种类、罚款数额等，应当提出修改或者废止的建议？

答： 省、自治区、直辖市人民政府及其有关部门。

24. 依据《行政处罚法》，行政处罚由具有什么的行政机关在法定职权范围内实施？

答： 行政处罚权。

25. 依据《行政处罚法》，国家在哪些领域推行建立综合行政执法制度，相对集中行政处罚权？

答： 城市管理、市场监管、生态环境、文化市场、交通运输、应急管理、农业等。

26. 依据《行政处罚法》，国务院或者谁可以决定一个行政机关行使有关行政机关的行政处罚权？

答： 省、自治区、直辖市人民政府。

27. 依据《行政处罚法》，限制人身自由的行政处罚权只能由谁行使？

答： 公安机关和法律规定的其他机关。

28. 依据《行政处罚法》______授权的具有管理公共事务职能的组织可以在法定授权范围内实施行政处罚。

答： 法律、法规。

29. 依据《行政处罚法》，行政处罚受委托组织必须符合哪些条件？

答：（1）依法成立并具有管理公共事务职能；（2）有熟悉有关法律、法规、规章和业务并取得行政执法资格的工作人员；（3）需要进行技术检查或者技术鉴定的，应当有条件组织进行相应的技术检查或者技术鉴定。

30. 依据《行政处罚法》，行政处罚由哪里的行政机关管辖？法律、行政法规、部门规章另有规定的，是否从其规定？

答：违法行为发生地；是。

31. 依据《行政处罚法》，行政处罚由县级以上地方人民政府具有行政处罚权的谁管辖？法律、行政法规另有规定的，是否从其规定？

答：行政机关；是。

32. 依据《行政处罚法》，承接行政处罚权的乡镇人民政府、街道办事处应当加强______。按照规定范围、依照法定程序实施行政处罚。

答：执法能力建设。

33. 依据《行政处罚法》，谁应当加强组织协调、业务指导、执法监督，建立健全行政处罚协调配合机制，完善评议、考核制度？

答：有关地方人民政府及其部门。

34. 依据《行政处罚法》，两个以上行政机关都有行政处罚管辖权的，由哪个行政机关管辖？

答：最先立案的行政机关管辖。

35. 依据《行政处罚法》，违法行为涉嫌犯罪的，行政机关应当及时将案件移送______，依法追究刑事责任。对依法不需要追究刑事责任或者免予刑事处罚，但应当给予行政处罚的，司法机关应当及时将案件移送______。

答：司法机关；有关行政机关。

36. 依据《行政处罚法》，行政机关实施行政处罚时，应当责令当事人如何？

答：改正或者限期改正违法行为。

37. 依据《行政处罚法》，不满______周岁的未成年人有违法行为的，不予行政处罚，责令监护人加以管教；已满______周岁不满______周岁的未成年人有违法行为的，应当从轻或者减轻行政处罚。

答：十四；十四；十八。

38. 依据《行政处罚法》，精神病人、智力残疾人在何时有违法行为的，不予行政处罚，但应当责令其监护人严加看管和治疗？间歇性精神病人在何时有违法行为的，应当给予行政处罚？何种精神病人、智力残疾人有违法行为的，可以从轻或者减轻行政处罚？

答：不能辨认或者不能控制自己行为；精神正常；尚未完全丧失辨认或者控制自己行为能力的。

39. 依据《行政处罚法》，主动消除或者减轻违法行为______的，应当从轻或者减轻行政处罚。

答：危害后果。

40. 依据《行政处罚法》，受他人胁迫或者______实施违法行为的，应当从轻或者减轻行政处罚。

答：诱骗。

41. 依据《行政处罚法》，主动供述行政机关尚未掌握的______的，应当从轻或者减轻行政处罚。

答：违法行为。

42. 依据《行政处罚法》，配合行政机关查处违法行为有______的，应当从轻或者减轻行政处罚。

答：立功表现。

43. 依据《行政处罚法》，______规定应当从轻或者减轻行政处罚的，应当从轻或者减轻行政处罚。

答：法律、法规、规章。

44. 依据《行政处罚法》，违法行为轻微并及时改正，没有造成______的，不予行政处罚。

答：危害后果。

45. 依据《行政处罚法》，______且危害后果轻微并及时改正的，可以不予行政处罚。

答：初次违法。

46. 依据《行政处罚法》，当事人有证据足以证明______的，不予行政处罚？______另有规定的，从其规定。

答： 没有主观过错；法律、行政法规。

47. 依据《行政处罚法》，对当事人的违法行为依法不予行政处罚的，行政机关应当对当事人进行______。

答： 教育。

48. 依据《行政处罚法》，行政机关可以依法制定行政处罚裁量基准，规范行使行政处罚裁量权。行政处罚裁量基准应当向社会______。

答： 公布。

49. 依据《行政处罚法》，违法行为构成犯罪，人民法院判处______时，行政机关尚未给予当事人罚款的，不再给予罚款。

答： 罚金。

50. 依据《行政处罚法》，违法行为在几年内未被发现的，不再给予行政处罚？涉及公民生命健康安全、金融安全且有______的，上述期限延长至几年？______另有规定的除外。

答： 二年；危害后果；五年；法律。

51. 依据《行政处罚法》，行政处罚的期限，从何日起计算？违法行为有连续或者继续状态的，从何日起计算？

答： 违法行为发生之日；行为终了之日。

52. 依据《行政处罚法》，实施行政处罚，适用何时的法律、法规、规章的规定？但是，作出行政处罚决定时，法律、法规、规章已被修改或者废止，且新的规定如何的，适用新的规定？

答： 违法行为发生时；处罚较轻或者不认为是违法。

53. 依据《行政处罚法》，行政处罚违反法定程序构成______的，行政处罚无效？

答： 重大且明显违法。

54. 依据《行政处罚法》，行政处罚的什么等信息应当公示？

答：实施机关、立案依据、实施程序和救济渠道。

55. 依据《行政处罚法》，公民、法人或者其他组织违反行政管理秩序的行为，依法应当给予行政处罚的，行政机关必须查明______；违法事实不清、______的，不得给予行政处罚。

答：事实；证据不足。

56. 依据《行政处罚法》，执法人员与行政处罚案件有直接利害关系或者有其他关系可能影响公正执法的，应当如何？

答：回避。

57. 依据《行政处罚法》，当事人认为执法人员与行政处罚案件有什么的，有权申请回避？

答：直接利害关系或者有其他关系可能影响公正执法。

58. 依据《行政处罚法》，当事人就实施行政处罚的执法人员提出回避申请的，行政机关应当如何，由谁决定？决定作出之前，不停止什么？

答：依法审查；行政机关负责人；调查。

59. 依据《行政处罚法》，行政机关在作出行政处罚决定之前，应当告知当事人______，并告知当事人依法享有的______等权利。

答：拟作出的行政处罚内容及事实、理由、依据；陈述、申辩、要求听证。

60. 依据《行政处罚法》，当事人有权就行政处罚进行陈述和申辩。行政机关必须充分听取什么？对当事人提出的事实、理由和证据，应当进行什么？当事人提出的事实、理由或者证据成立的，行政机关应当如何？

答：当事人的意见；复核；采纳。

61. 依据《行政处罚法》，行政机关不得因当事人______而给予更重的处罚。

答：陈述、申辩。

62. 依据《行政处罚法》，行政处罚证据包括哪些？

答：（1）书证；（2）物证；（3）视听资料；（4）电子数据；（5）证人证言；（6）当事人的陈述；（7）鉴定意见；（8）勘验笔录、现场笔录。

63. 依据《行政处罚法》，行政处罚证据必须经什么，方可作为认定案件事实的根据？

答：查证属实。

64. 依据《行政处罚法》，以非法手段取得的证据，是否可以作为认定行政处罚案件事实的根据？

答：不得作为认定案件事实的根据。

65. 依据《行政处罚法》，行政机关应当依法以文字、音像等形式，对行政处罚的什么等进行全过程记录，归档保存？

答：启动、调查取证、审核、决定、送达、执行。

66. 依据《行政处罚法》，什么样的行政处罚决定应当依法公开？

答：具有一定社会影响。

67. 依据《行政处罚法》，公开的行政处罚决定被依法变更、撤销、确认违法或者确认无效的，行政机关应当在几日内撤回行政处罚决定信息并如何？

答：三日；公开说明理由。

68. 依据《行政处罚法》，发生重大传染病疫情等突发事件，为了______，行政机关对违反突发事件应对措施的行为______。

答：控制、减轻和消除突发事件引起的社会危害；依法快速、从重处罚。

69. 依据《行政处罚法》，行政机关及其工作人员对实施行政处罚过程中知悉的国家秘密、商业秘密或者个人隐私，应当如何？

答：依法予以保密。

70. 依据《行政处罚法》，执法人员当场作出的行政处罚决定，应当报所属行政机关如何？

答：备案。

71. 对当场作出的行政处罚决定，当事人应当依照《行政处罚法》第六十七条至第六十九条的规定______。

答：履行。

72. 除《行政处罚法》第五十一条规定的可以当场作出的行政处罚外，行政机关发现公民、法人或者其他组织有依法应当给予行政处罚的行为的，必须______调查，收集有关______。必要时，依照______的规定，可以进行检查。

答：全面、客观、公正地；证据；法律、法规。

73. 依据《行政处罚法》，符合行政处罚立案标准的，行政机关应当如何？

答：及时立案。

74. 依据《行政处罚法》，执法人员在调查或者进行检查时，应当主动向当事人或者有关人员出示什么？当事人或者有关人员是否有权要求执法人员出示执法证件？执法人员不出示执法证件的，当事人或者有关人员有权如何？

答：执法证件；有权；拒绝接受调查或者检查。

75. 依据《行政处罚法》，当事人或者有关人员应当如实回答行政处罚执法人员询问，并如何，不得如何？询问或者检查应当如何？

答：协助调查或者检查；拒绝或者阻挠；制作笔录。

76. 依据《行政处罚法》，行政机关在收集证据时，可以采取什么的方法？在什么情况下，经谁批准，可以先行登记保存，并应当在几日内及时作出处理决定？在此期间，当事人或者有关人员不得如何？

答：抽样取证；证据可能灭失或者以后难以取得；行政机关负责人；七日；销毁或者转移证据。

77. 依据《行政处罚法》，行政处罚案件调查终结，谁应当对调查结果进行审查，根据不同情况，分别作出何种决定？

答：行政机关负责人。（1）确有应受行政处罚的违法行为的，根据情节轻重及具体情况，作出行政处罚决定；（2）违法行为轻微，依法可以不予行政处罚的，不予行政处罚；（3）违法事实不能成立的，不予行政处罚；（4）违法行为涉嫌犯罪的，移送司法机关。

78. 依据《行政处罚法》，行政机关中初次从事行政处罚决定法制审核的人员，应当通过什么考试取得什么资格？

答： 国家统一法律职业资格；法律职业。

79. 行政机关依照《行政处罚法》第五十七条的规定给予行政处罚，应当制作行政处罚决定书。行政处罚决定书应当载明哪些事项？

答：（1）当事人的姓名或者名称、地址；（2）违反法律、法规、规章的事实和证据；（3）行政处罚的种类和依据；（4）行政处罚的履行方式和期限；（5）申请行政复议、提起行政诉讼的途径和期限；（6）作出行政处罚决定的行政机关名称和作出决定的日期。

80. 依据《行政处罚法》，行政处罚决定书必须盖有谁的印章？

答： 作出行政处罚决定的行政机关。

81. 依据《行政处罚法》，行政机关应当自行政处罚案件立案之日起多少日内作出行政处罚决定？什么另有规定的，从其规定？

答： 九十日；法律、法规、规章。

82. 依据《行政处罚法》，适用普通程序作出的行政处罚决定书应当如何交付当事人？当事人不在场的，行政机关应当在几日内依照什么的有关规定，将行政处罚决定书送达当事人？

答： 在宣告后当场；七日；《中华人民共和国民事诉讼法》。

83. 依据《行政处罚法》，当事人同意并签订什么的，行政机关可以采用传真、电子邮件等方式，将行政处罚决定书等送达当事人？

答： 确认书。

84. 行政机关及其执法人员在作出行政处罚决定之前，未依照《行政处罚法》第四十四条、第四十五条的规定向当事人告知拟作出的行政处罚______，或者______，不得作出行政处罚决定，何种情况除外。

答： 内容及事实、理由、依据；拒绝听取当事人的陈述、申辩；当事人明确放弃陈述或者申辩权利的除外。

85. 依据《行政处罚法》，当事人是否承担行政机关组织听证的费用?

答： 不承担。

86. 依据《行政处罚法》，当事人要求行政处罚听证的，应当在行政机关告知后几日内提出?

答： 五日。

87. 依据《行政处罚法》，除什么外，行政处罚听证公开举行?

答： 涉及国家秘密、商业秘密或者个人隐私依法予以保密。

88. 依据《行政处罚法》，行政处罚听证由行政机关指定的谁主持? 当事人认为主持人与本案有直接利害关系的，有权如何?

答： 非本案调查人员；申请回避。

89. 依据《行政处罚法》，当事人是否必须亲自参加行政处罚听证，是否可以委托人员代理?

答： 当事人可以亲自参加听证，也可以委托一至二人代理。

90. 依据《行政处罚法》，当事人及其代理人无正当理由拒不出席行政处罚听证或者未经许可中途退出听证的，视为什么，行政机关如何?

答： 放弃听证权利；终止听证。

91. 依据《行政处罚法》，举行行政处罚听证时，调查人员提出当事人违法的什么，当事人进行什么?

答： 事实、证据和行政处罚建议；申辩和质证。

92. 依据《行政处罚法》，行政处罚听证应当制作什么? 笔录应当交当事人或者其代理人核对无误后如何? 当事人或者其代理人拒绝签字或者盖章的，由谁在笔录中如何?

答： 笔录；签字或者盖章；听证主持人；注明。

93. 行政处罚听证结束后，行政机关应当根据什么，依照《行政处罚法》第五十七条的规定，作出决定?

答：听证笔录。

94. 依据《行政处罚法》，当事人确有______，需要延期或者分期缴纳罚款的，经______和______，可以______或者______。

答：经济困难；当事人申请；行政机关批准；暂缓；分期缴纳。

95. 依据《行政处罚法》，作出罚款决定的行政机关应当与什么的机构分离?

答：收缴罚款。

96. 除依照《行政处罚法》第六十八条、第六十九条的规定当场收缴的罚款外，作出行政处罚决定的行政机关及其执法人员不得如何?

答：自行收缴罚款。

97. 依据《行政处罚法》，当事人应当自收到行政处罚决定书之日起多少日内，到指定的银行或者通过什么缴纳罚款? 银行应当收受罚款，并将罚款如何?

答：十五日；电子支付系统；直接上缴国库。

98. 依照《行政处罚法》第五十一条的规定当场作出行政处罚决定，哪些情形之一，执法人员可以当场收缴罚款?

答：（1）依法给予一百元以下罚款的；（2）不当场收缴事后难以执行的。

99. 依据《行政处罚法》，行政机关及其执法人员当场收缴罚款的，必须向当事人出具什么? 不出具财政部门统一制发的专用票据的，当事人有权如何?

答：国务院财政部门或者省、自治区、直辖市人民政府财政部门统一制发的专用票据；拒绝缴纳罚款。

100. 依据《行政处罚法》，执法人员当场收缴的罚款，应当自何日起几日内，交至行政机关? 在水上当场收缴的罚款，应当自何日起几日内交至行政机关？行政机关应当在几日内将罚款缴付指定的银行？

答：收缴罚款之日；二日；抵岸之日；二日；二日。

101. 依据《行政处罚法》，当事人逾期不履行行政处罚决定的，作出行政处罚决定的行政机关可以采取哪些措施？

答：（1）到期不缴纳罚款的，每日按罚款数额的百分之三加处罚款，加处罚款的数额不得超出罚款的数额；（2）根据法律规定，将查封、扣押的财物拍卖、依法处理或者将冻结的存款、汇款划拨抵缴罚款；（3）根据法律规定，采取其他行政强制执行方式；（4）依照《中华人民共和国行政强制法》的规定申请人民法院强制执行。

102. 依据《行政处罚法》，行政机关批准延期、分期缴纳罚款的，申请人民法院强制执行的期限，自何日起计算？

答：暂缓或者分期缴纳罚款期限结束之日。

103. 依据《行政处罚法》，当事人对行政处罚决定不服，申请行政复议或者提起行政诉讼的，行政处罚是否停止执行，什么另有规定的除外？

答：不停止执行；法律。

104. 依据《行政处罚法》，当事人对限制人身自由的行政处罚决定不服，申请行政复议或者提起行政诉讼的，可以向作出决定的机关提出什么？符合法律规定情形的，应当如何？

答：暂缓执行申请；暂缓执行。

105. 依据《行政处罚法》，当事人申请行政复议或者提起行政诉讼的，加处罚款的数额在行政复议或者行政诉讼期间是否计算？

答：不予计算。

106. 依据《行政处罚法》，罚款、没收的违法所得或者没收非法财物拍卖的款项，不得同作出行政处罚决定的行政机关及其工作人员的什么直接或者变相挂钩？除依法什么的外，财政部门不得以任何形式向作出行政处罚决定的行政机关如何？

答：考核、考评；应当退还、退赔；返还罚款、没收的违法所得或者没收非法财物拍卖的款项。

107. 依据《行政处罚法》，行政机关应当建立健全对行政处罚的什么制度？县级以上人民政府应当定期组织开展行政执法什么，加强对行政处罚的什么，规范和保障行政处罚的实施？

答：监督；评议、考核；监督检查。

108. 依据《行政处罚法》，行政机关实施行政处罚应当接受什么监督？公民、法人或者其他组织对行政机关实施行政处罚的行为，有权如何？行政机关应当如何，发现有错误的，应当如何？

答：社会；申诉或者检举；认真审查；主动改正。

109. 依据《行政处罚法》，行政机关实施行政处罚，有哪些情形之一，由上级行政机关或者有关机关责令改正，对直接负责的主管人员和其他直接责任人员依法给予处分？

答：（1）没有法定的行政处罚依据的；（2）擅自改变行政处罚种类、幅度的；（3）违反法定的行政处罚程序的；（4）违反本法第二十条关于委托处罚的规定的；（5）执法人员未取得执法证件的。

110. 依据《行政处罚法》，行政机关对符合行政处罚立案标准的案件不及时立案的，如何承担法律责任？

答：由上级行政机关或者有关机关责令改正，对直接负责的主管人员和其他直接责任人员依法给予处分。

111. 行政机关违反《行政处罚法》第六十七条的规定自行收缴罚款的，财政部门违反《行政处罚法》第七十四条的规定向行政机关返还罚款、没收的违法所得或者拍卖款项的，由上级行政机关或者有关机关______，对直接负责的主管人员和其他直接责任人员依法______。

答：责令改正；给予处分。

112. 依据《行政处罚法》，行政机关截留、私分或者变相私分罚款、没收的违法所得或者财物的，由财政部门或者有关机关予以______，对直接负责的主管人员和其他直接责任人员依法______，情节严重构成犯罪的，依法______。

答：追缴；给予处分；追究刑事责任。

113. 依据《行政处罚法》，行政机关违法实施______或者______，给公民人身或者财产造成损害、给法人或者其他组织造成损失的，应当依法予以赔偿，对直接负责的主管人员和其他直接责任人员依法______；情节严重构成犯罪的，依法______。

答：检查措施；执行措施；给予处分；追究刑事责任。

114. 依据《行政处罚法》，行政机关对应当予以制止和处罚的违法行为不予______，致使公民、法人或者其他组织的合法权益、公共利益和社会秩序遭受______的，对直接负责的主管人员和其他直接责任人员依法给予处分？情节严重构成犯罪的，依法追究刑事责任。

答：制止、处罚；损害。

115. 外国人、无国籍人、外国组织在哪里有违法行为，应当给予行政处罚的，适用《行政处罚法》，什么另有规定的除外？

答：中华人民共和国领域内；法律。

116.《行政处罚法》中“二日”“三日”“五日”“七日”的规定是指______，不含______。

答：工作日；法定节假日。

117. 中华人民共和国第十三届全国人民代表大会常务委员会第二十五次会议于 2021 年 1 月 22 日修订通过的《行政处罚法》自何日起施行？

答：2021 年 7 月 15 日。

第四节　中华人民共和国行政强制法

1. 现行《中华人民共和国行政强制法》(以下简称《行政强制法》)是什么时间通过的?

答: 2011 年 6 月 30 日第十一届全国人民代表大会常务委员会第二十一次会议通过。

2. 《行政强制法》的立法目的和制定根据是什么?

答: 为了规范行政强制的设定和实施，保障和监督行政机关依法履行职责，维护公共利益和社会秩序，保护公民、法人和其他组织的合法权益，根据宪法，制定本法。

3. 依据《行政强制法》，行政强制措施的定义是什么?

答: 行政强制措施，是指行政机关在行政管理过程中，为制止违法行为、防止证据损毁、避免危害发生、控制危险扩大等情形，依法对公民的人身自由实施暂时性限制，或者对公民、法人或者其他组织的财物实施暂时性控制的行为。

4. 依据《行政强制法》，行政强制执行的定义是什么?

答: 行政强制执行，是指行政机关或者行政机关申请人民法院，对不履行行政决定的公民、法人或者其他组织，依法强制履行义务的行为。

5. 依据《行政强制法》，行政强制的设定和实施，适用何法?

答:《行政强制法》。

6. 依据《行政强制法》，行政机关采取什么审慎监管措施、什么强制性技术监控措施，依照有关什么的规定执行?

答: 金融业；进出境货物；法律、行政法规。

7. 依据《行政强制法》，行政强制的设定和实施，应当依照什么?

答: 法定的权限、范围、条件和程序。

8. 依据《行政强制法》，行政强制的设定和实施，应当如何? 采用什么手段可以达到行政管理目的的，不得设定和实施行政强制?

答: 适当；非强制。

9. 依据《行政强制法》，实施行政强制，应当坚持什么与强制相结合?

答: 教育。

10. 依据《行政强制法》，行政机关及其工作人员不得利用什么为单位或者个人谋取利益?

答: 行政强制权。

11. 依据《行政强制法》，公民、法人或者其他组织对行政机关实施行政强制，享有什么? 有权依法申请行政复议或者提起行政诉讼；因行政机关违法实施行政强制受到什么的，有权依法要求什么?

答: 陈述权、申辩权；损害；赔偿。

12. 依据《行政强制法》，行政强制措施包括哪些种类?

答:（1）限制公民人身自由；（2）查封场所、设施或者财物；（3）扣押财物；（4）冻结存款、汇款；（5）其他行政强制措施。

13. 依据《行政强制法》，行政强制措施由什么设定?

答: 法律。

14. 尚未制定______，且属于______的，行政法规可以设定除《行政强制法》第九条第一项、第四项和应当由______规定的行政强制措施以外的其他行政强制措施。

答: 法律；国务院行政管理职权事项；法律。

15. 尚未制定______，且属于______的，地方性法规可以设定《行政强制法》第九条第二项、第三项的行政强制措施。

答: 法律、行政法规；地方性事务。

16. 依据《行政强制法》，法律、法规以外的其他规范性文件可否设定行政强制措施?

答: 法律、法规以外的其他规范性文件不得设定行政强制措施。

17. 依据《行政强制法》，法律对行政强制措施的对象、条件、种类作了规定的，行政法规、地方性法规不得作出______规定。

答： 扩大。

18. 依据《行政强制法》，行政强制执行的方式有哪些？

答：（1）加处罚款或者滞纳金；（2）划拨存款、汇款；（3）拍卖或者依法处理查封、扣押的场所、设施或者财物；（4）排除妨碍、恢复原状；（5）代履行；（6）其他强制执行方式。

19. 依据《行政强制法》，行政强制执行由什么设定？

答： 法律。

20. 依据《行政强制法》，法律没有规定行政机关强制执行的，作出行政决定的行政机关应当如何？

答： 申请人民法院强制执行。

21. 依据《行政强制法》，谁可以对已设定的行政强制的实施情况及存在的必要性适时进行评价，并将意见报告该行政强制的设定机关？

答： 行政强制的实施机关。

22. 依据《行政强制法》，谁可以向行政强制的设定机关和实施机关就行政强制的设定和实施提出意见和建议。有关机关应当如何，并以适当方式予以反馈？

答： 公民、法人或者其他组织；认真研究论证。

23. 依据《行政强制法》，行政机关履行行政管理职责，依照什么的规定，实施行政强制措施？

答： 法律、法规。

24. 依据《行政强制法》，违法行为什么或者什么的，可以不采取行政强制措施？

答： 情节显著轻微；没有明显社会危害。

25. 依据《行政强制法》，行政强制措施由______规定的______在法定职权范围内实施。行政强制措施权可否委托?

答:法律、法规;行政机关;行政强制措施权不得委托。

26. 依据《中华人民共和国行政处罚法》的规定行使什么的行政机关,可以实施法律、法规规定的与什么有关的行政强制措施?

答:相对集中行政处罚权;行政处罚权。

27. 依据《行政强制法》,行政强制措施应当由行政机关______的行政执法人员实施,其他人员不得实施。

答:具备资格。

28. 依据《行政强制法》,行政机关实施行政强制措施前是否须向行政机关负责人报告并经批准?

答:是。

29. 依据《行政强制法》,行政机关实施行政强制措施由几名以上行政执法人员实施?

答:两名。

30. 依据《行政强制法》,行政机关实施行政强制措施是否需要出示执法身份证件?

答:是。

31. 依据《行政强制法》,行政机关实施行政强制措施是否需要通知当事人到场?

答:是。

32. 依据《行政强制法》,行政机关实施行政强制措施,须制作什么?

答:现场笔录。

33. 依据《行政强制法》,行政机关实施行政强制措施通知当事人到场,当事人不到场的,邀请______到场,由______和行政执法人员在现场笔录上签名或者盖章。

答:见证人;见证人。

34. 依据《行政强制法》，何种情况，需要当场实施行政强制措施的，行政执法人员应当在多长时间内向行政机关负责人报告，并补办什么？行政机关负责人认为不应当采取行政强制措施的，应当如何？

答：情况紧急；二十四小时；批准手续；立即解除。

35. 依照什么规定实施限制公民人身自由的行政强制措施，除应当履行《行政强制法》第十八条规定的程序外，还应当遵守哪些规定？

答：法律。（1）当场告知或者实施行政强制措施后立即通知当事人家属实施行政强制措施的行政机关、地点和期限；（2）在紧急情况下当场实施行政强制措施的，在返回行政机关后，立即向行政机关负责人报告并补办批准手续；（3）法律规定的其他程序。

36. 依据《行政强制法》，实施限制人身自由的行政强制措施不得超过什么？实施行政强制措施的目的已经达到或者条件已经消失，应当如何？

答：法定期限；立即解除。

37. 依据《行政强制法》，违法行为涉嫌犯罪应当移送司法机关的，行政机关应当将什么一并移送，并书面告知谁？

答：查封、扣押、冻结的财物；当事人。

38. 依据《行政强制法》，查封、扣押应当由______规定的行政机关实施，其他任何行政机关或者组织不得实施。

答：法律、法规。

39. 依据《行政强制法》，查封、扣押限于______场所、设施或者财物，不得查封、扣押与______无关的场所、设施或者财物；不得查封、扣押公民个人及其所扶养家属的______。

答：涉案的；违法行为；生活必需品。

40. 依据《行政强制法》，当事人的场所、设施或者财物已被其他国家机关依法查封的，不得______。

答：重复查封。

41. 行政机关决定实施查封、扣押的，应当履行《行政强制法》第十八条规定的程序，制作并当场交付______。

答：查封、扣押决定书和清单。

42. 依据《行政强制法》，查封、扣押决定书应当载明哪些事项？

答：（1）当事人的姓名或者名称、地址；（2）查封、扣押的理由、依据和期限；（3）查封、扣押场所、设施或者财物的名称、数量等；（4）申请行政复议或者提起行政诉讼的途径和期限；（5）行政机关的名称、印章和日期。

43. 依据《行政强制法》，查封、扣押清单一式______份，由当事人和______分别保存。

答：二份；行政机关。

44. 依据《行政强制法》，查封、扣押的期限不得超过______。情况复杂的，经行政机关负责人批准，可以延长，但是延长期限不得超过______。______另有规定的除外。

答：三十日；三十日；法律、行政法规。

45. 依据《行政强制法》，延长查封、扣押的决定应当及时书面告知______，并______。

答：当事人；说明理由。

46. 依据《行政强制法》，对物品需要进行检测、检验、检疫或者技术鉴定的，查封、扣押的期间是否包括检测、检验、检疫或者技术鉴定的期间？检测、检验、检疫或者技术鉴定的期间应当明确，并书面告知______。检测、检验、检疫或者技术鉴定的费用由______承担。

答：不包括；当事人；行政机关。

47. 依据《行政强制法》，对查封、扣押的场所、设施或者财物，行政机关应当______，不得______。造成损失的，应当______。

答：妥善保管；使用或者损毁；承担赔偿责任。

48. 依据《行政强制法》，对查封的场所、设施或者财物，行政机关可以委托______保管，第三人不得______。因第三人的原因造成的损失，______先行赔付后，有权向第三人追偿。

答：第三人；损毁或者擅自转移、处置；行政机关。

49. 依据《行政强制法》，因查封、扣押发生的保管费用由______承担。

答：行政机关。

50. 行政机关采取查封、扣押措施后，应当及时______，在《行政强制法》第二十五条规定的期限内作出处理决定。对违法事实______，依法应当没收的非法财物予以没收。______规定应当销毁的，依法销毁。应当______的，作出解除查封、扣押的决定。

答：查清事实；清楚；法律、行政法规；解除查封、扣押。

51. 依据《行政强制法》，何种情形之一，行政机关应当及时作出解除查封、扣押决定？

答：（1）当事人没有违法行为；（2）查封、扣押的场所、设施或者财物与违法行为无关；（3）行政机关对违法行为已经作出处理决定，不再需要查封、扣押；（4）查封、扣押期限已经届满；（5）其他不再需要采取查封、扣押措施的情形。

52. 依据《行政强制法》，解除查封、扣押应当立即______。已将鲜活物品或者其他不易保管的财物拍卖或者变卖的，退还拍卖或者变卖所得的______。变卖价格明显低于市场价格，给当事人造成损失的，应当______。

答：退还财物；款项；给予补偿。

53. 依据《行政强制法》，冻结存款、汇款应当由______规定的行政机关实施，不得委托给其他行政机关或者组织。其他______不得冻结存款、汇款。

答：法律；任何行政机关或者组织。

54. 依据《行政强制法》，冻结存款、汇款的数额应当与______涉及的金额相当。已被其他国家机关依法冻结的，不得______。

答：违法行为；重复冻结。

55. 行政机关依照法律规定决定实施冻结存款、汇款的，应当履行

《行政强制法》第十八条第一项、第二项、第三项、第七项规定的程序，并向金融机构交付______。

答：冻结通知书。

56. 依据《行政强制法》，金融机构接到行政机关依法作出的冻结通知书后，应当______，不得拖延，不得在冻结前向当事人______。

答：立即予以冻结；泄露信息。

57. 依据《行政强制法》，______规定以外的行政机关或者组织要求冻结当事人存款、汇款的，金融机构应当拒绝。

答：法律。

58. 依据《行政强制法》，依照法律规定冻结存款、汇款的，作出决定的行政机关应当在______内向当事人交付冻结决定书。

答：三日。

59. 依据《行政强制法》，冻结决定书应当载明哪些事项？

答：（1）当事人的姓名或者名称、地址；（2）冻结的理由、依据和期限；（3）冻结的账号和数额；（4）申请行政复议或者提起行政诉讼的途径和期限；（5）行政机关的名称、印章和日期。

60. 依据《行政强制法》，自冻结存款、汇款之日起______内，行政机关应当作出处理决定或者作出解除冻结决定。情况复杂的，经行政机关负责人批准，可以延长，但是延长期限不得超过______，法律另有规定的除外。

答：三十日；三十日。

61. 依据《行政强制法》，延长冻结的决定应当及时书面告知______，并______。

答：当事人；说明理由。

62. 依据《行政强制法》，何种情形之一，行政机关应当及时作出解除冻结决定？

答：（1）当事人没有违法行为；（2）冻结的存款、汇款与违法行为无关；（3）行政机关对违法行为已经作出处理决定，不再需要冻结；（4）冻结期限已经届满;(5)其他不再需要采取冻结措施的情形。

63. 依据《行政强制法》，行政机关作出解除冻结决定的，应当及时通知______。

答:金融机构和当事人。

64. 依据《行政强制法》，行政机关依法作出行政决定后，当事人在行政机关决定的期限内不履行义务的，具有______的行政机关依照《行政强制法》第四章规定强制执行。

答:行政强制执行权。

65. 依据《行政强制法》，行政机关作出强制执行决定前，应当事先催告当事人______。

答:履行义务。

66. 依据《行政强制法》，行政强制执行催告应当以书面形式作出，并载明哪些事项?

答:(1)履行义务的期限;(2)履行义务的方式;(3)涉及金钱给付的，应当有明确的金额和给付方式;(4)当事人依法享有的陈述权和申辩权。

67. 依据《行政强制法》，当事人收到行政强制执行催告书后有权进行______。行政机关应当______，对当事人提出的事实、理由和证据，应当进行______。当事人提出的事实、理由或者证据成立的，行政机关应当______。

答:陈述和申辩;充分听取当事人的意见;记录、复核;采纳。

68. 依据《行政强制法》，经催告，当事人逾期仍不履行行政决定，且______的，行政机关可以作出强制执行决定。

答:无正当理由。

69. 依据《行政强制法》，强制执行决定应当以书面形式作出，并载明哪些事项?

答:(1)当事人的姓名或者名称、地址;(2)强制执行的理由和依据;(3)强制执行的方式和时间;(4)申请行政复议或者提起行政诉讼的途径和期限;(5)行政机关的名称、印章和日期。

70. 依据《行政强制法》，在催告期间，对有______证明有转移或者隐匿财物迹象的，行政机关可以作出立即强制执行决定。

答： 证据。

71. 依据《行政强制法》，催告书、行政强制执行决定书应当______送达当事人。当事人拒绝接收或者无法______送达当事人的，应当依照______的有关规定送达。

答： 直接；直接；《中华人民共和国民事诉讼法》。

72. 依据《行政强制法》，有何种情形之一的，中止执行？

答：（1）当事人履行行政决定确有困难或者暂无履行能力的；（2）第三人对执行标的主张权利，确有理由的；（3）执行可能造成难以弥补的损失，且中止执行不损害公共利益的；（4）行政机关认为需要中止执行的其他情形。

73. 依据《行政强制法》，行政强制中止执行的情形消失后，行政机关应当______。对没有明显社会危害，当事人______，中止执行满三年未______的，行政机关不再执行。

答： 恢复执行；确无能力履行；恢复执行。

74. 依据《行政强制法》，有何种情形之一的，终结执行？

答：（1）公民死亡，无遗产可供执行，又无义务承受人的；（2）法人或者其他组织终止，无财产可供执行，又无义务承受人的；（3）执行标的灭失的；（4）据以执行的行政决定被撤销的；（5）行政机关认为需要终结执行的其他情形。

75. 依据《行政强制法》，在行政强制执行中或者执行完毕后，据以执行的行政决定被______，或者______的，应当恢复原状或者退还财物。不能恢复原状或者退还财物的，依法______。

答： 撤销、变更；执行错误；给予赔偿。

76. 依据《行政强制法》，实施行政强制执行，行政机关可以在______情况下，与当事人达成执行协议。执行协议可以约定______。当事人______的，可以减免加处的罚款或者滞纳金。

答： 不损害公共利益和他人合法权益的；分阶段履行；采取补救措施。

77. 依据《行政强制法》，行政强制执行协议应当______。当事人不履行执行协议的，行政机关应当______。

答：履行；恢复强制执行。

78. 依据《行政强制法》，行政机关不得在______实施行政强制执行。但是，______的除外。

答：夜间或者法定节假日；情况紧急。

79. 依据《行政强制法》，行政机关不得对______采取______等方式迫使当事人履行相关行政决定。

答：居民生活；停止供水、供电、供热、供燃气。

80. 依据《行政强制法》，对违法的建筑物、构筑物、设施等需要强制拆除的，应当由行政机关予以______，限期当事人______。当事人在法定期限内不______或者______，又不拆除的，行政机关可以依法强制拆除。

答：公告；自行拆除；申请行政复议；提起行政诉讼。

81. 依据《行政强制法》，行政机关依法作出金钱给付义务的行政决定，当事人逾期不履行的，行政机关可以依法加处______或者______。加处罚款或者滞纳金的______应当告知当事人。

答：罚款；滞纳金；标准。

82. 依据《行政强制法》，加处罚款或者滞纳金的数额不得超出______的数额。

答：金钱给付义务。

83. 行政机关依照《行政强制法》第四十五条规定实施加处罚款或者滞纳金超过______，经催告当事人仍不履行的，具有行政强制执行权的行政机关可以______。

答：三十日；强制执行。

84. 依据《行政强制法》，没有______的行政机关应当申请人民法院强制执行。但是，当事人在法定期限内不申请行政复议或者提起行政诉讼，经催告仍不履行的，在实施行政管理过程中已经采取查封、扣押措施的行政机关，可以______。

答：行政强制执行权；将查封、扣押的财物依法拍卖抵缴罚款。

85. 依据《行政强制法》，划拨存款、汇款应当由______规定的行政机关决定，并书面通知______。金融机构接到行政机关______作出划拨存款、汇款的决定后，应当______。

答：法律；金融机构；依法；立即划拨。

86. 依据《行政强制法》，______规定以外的行政机关或者组织要求划拨当事人存款、汇款的，金融机构应当拒绝。

答：法律。

87. 依据《行政强制法》，依法拍卖财物，由行政机关委托______依照《中华人民共和国拍卖法》的规定办理。

答：拍卖机构。

88. 依据《行政强制法》，行政机关依法作出要求当事人履行排除妨碍、恢复原状等义务的行政决定，当事人逾期不履行，经催告仍不履行，其后果已经或者将危害______、造成______或者破坏______的，行政机关可以代履行，或者委托______的第三人代履行。

答：交通安全；环境污染；自然资源；没有利害关系。

89. 依据《行政强制法》，代履行前送达______，代履行决定书应当载明当事人的姓名或者名称、地址，代履行的______和______、方式和时间、标的、费用预算以及______。

答：决定书；理由；依据；代履行人。

90. 依据《行政强制法》，代履行______前，催告当事人履行，当事人______的，停止代履行。

答：三日；履行。

91. 依据《行政强制法》，代履行时，______应当派员到场监督。

答：作出决定的行政机关。

92. 依据《行政强制法》，代履行完毕，行政机关到场监督的工作人员、代履行人和当事人或者见证人应当在______上______。

答：执行文书；签名或者盖章。

93. 依据《行政强制法》，代履行的费用按照成本合理确定，由______承担。但是，法律另有规定的除外。

答：当事人。

94. 依据《行政强制法》，代履行不得采用______以及其他非法方式。

答：暴力、胁迫。

95. 依据《行政强制法》，需要立即清除______的遗洒物、障碍物或者污染物，当事人不能清除的，行政机关可以决定立即实施代履行。当事人不在场的，行政机关应当在事后______，并依法作出处理。

答：道路、河道、航道或者公共场所；立即通知当事人。

96. 当事人在法定期限内不申请行政复议或者提起行政诉讼，又不履行行政决定的，没有______的行政机关可以自期限届满之日起______内，依照《行政强制法》第五章规定申请人民法院强制执行。

答：行政强制执行权；三个月。

97. 依据《行政强制法》，行政机关申请人民法院强制执行前，应当催告当事人______。催告书送达十日后当事人仍未履行义务的，行政机关可以向______有管辖权的人民法院申请强制执行。执行对象是不动产的，向______有管辖权的人民法院申请强制执行。

答：履行义务；所在地；不动产所在地。

98. 依据《行政强制法》，行政机关向人民法院申请强制执行，应当提供哪些材料？

答：（1）强制执行申请书；（2）行政决定书及作出决定的事实、理由和依据；

（3）当事人的意见及行政机关催告情况；（4）申请强制执行标的情况；（5）法律、行政法规规定的其他材料。

99. 依据《行政强制法》，行政强制执行申请书应当由谁签名，加盖行政机关的印章，并注明日期。

答： 行政机关负责人。

100. 依据《行政强制法》，人民法院接到行政机关强制执行的申请，应当在______内受理。

答： 五日。

101. 依据《行政强制法》，行政机关对人民法院不予受理行政机关强制执行申请的裁定有异议的，可以在______内向______申请复议，上一级人民法院应当自收到复议申请之日起十五日内作出是否受理的裁定。

答： 十五日；上一级人民法院。

102. 依据《行政强制法》，人民法院发现有何种情形之一的，在作出行政机关强制执行申请裁定前可以听取被执行人和行政机关的意见？

答：（1）明显缺乏事实根据的；（2）明显缺乏法律、法规依据的；（3）其他明显违法并损害被执行人合法权益的。

103. 依据《行政强制法》，行政机关对人民法院不予执行行政机关强制执行申请的裁定有异议的，可以自收到裁定之日起______内向______申请复议，上一级人民法院应当自收到复议申请之日起______内作出是否执行的裁定。

答： 十五日；上一级人民法院；三十日。

104. 依据《行政强制法》，因情况紧急，为______，行政机关可以申请人民法院立即执行。经人民法院院长批准，______应当自作出执行裁定之日起五日内执行。

答： 保障公共安全；人民法院。

105. 依据《行政强制法》，行政机关申请人民法院强制执行，是否缴纳申请费？强制执行的费用由______承担。

答： 不缴纳申请费；被执行人。

106. 依据《行政强制法》，行政机关实施行政强制，有何种情形之一的，由上级行政机关或者有关部门责令改正，对直接负责的主管人员和其他直接责任人员依法给予处分？

答：（1）没有法律、法规依据的；（2）改变行政强制对象、条件、方式的；（3）违反法定程序实施行政强制的；（4）违反本法规定，在夜间或者法定节假日实施行政强制执行的；（5）对居民生活采取停止供水、供电、供热、供燃气等方式迫使当事人履行相关行政决定的；（6）有其他违法实施行政强制情形的。

107. 违反《行政强制法》规定，行政机关有何种情形之一的，由上级行政机关或者有关部门责令改正，对直接负责的主管人员和其他直接责任人员依法给予处分？

答：（1）扩大查封、扣押、冻结范围的；（2）使用或者损毁查封、扣押场所、设施或者财物的；（3）在查封、扣押法定期间不作出处理决定或者未依法及时解除查封、扣押的；（4）在冻结存款、汇款法定期间不作出处理决定或者未依法及时解除冻结的。

108. 依据《行政强制法》，行政机关将查封、扣押的财物或者划拨的存款、汇款以及拍卖和依法处理所得的款项，______或者______的，由财政部门或者有关部门予以追缴。对______和其他直接责任人员依法给予记大过、降级、撤职或者开除的处分。

答：截留、私分；变相私分；直接负责的主管人员。

109. 依据《行政强制法》，行政机关工作人员利用职务上的便利，将查封、扣押的场所、设施或者财物______的，由上级行政机关或者有关部门责令改正，依法给予记大过、降级、撤职或者开除的处分。

答：据为己有。

110. 依据《行政强制法》，行政机关及其工作人员利用行政强制权为单位或者个人______的，由上级行政机关或者有关部门责令改正，对直接负责的主管人员和其他直接责任人员依法给予处分。

答：谋取利益。

111. 违反《行政强制法》规定，金融机构有何种行为之一的，由金融业监督管理机构责令改正，对直接负责的主管人员和其他直接责任人员依法给予处分？

答：（1）在冻结前向当事人泄露信息的；（2）对应当立即冻结、划拨的存款、汇款不冻结或者不划拨，致使存款、汇款转移的；（3）将不应当冻结、划拨的存款、汇款予以冻结或者划拨的；（4）未及时解除冻结存款、汇款的。

112. 违反《行政强制法》规定，金融机构将款项划入国库或者财政专户以外的其他账户的，由______责令改正，并处以违法划拨款项二倍的罚款。对直接负责的主管人员和其他直接责任人员依法给予______。

答：金融业监督管理机构；处分。

113. 违反《行政强制法》规定，行政机关、人民法院指令金融机构将款项划入国库或者财政专户以外的其他账户的，对直接负责的主管人员和______依法给予处分。

答：其他直接责任人员。

114. 违反《行政强制法》规定，给公民、法人或者其他组织造成损失的，依法给予______。违反《行政强制法》规定，构成犯罪的，依法追究______。

答：赔偿；刑事责任。

115.《行政强制法》中十日以内期限的规定是指______，不含法定节假日。

答：工作日。

116. 依据《行政强制法》，法律、______授权的具有______的组织在法定授权范围内，以自己的名义实施行政强制，适用《行政强制法》有关行政机关的规定。

答：行政法规；管理公共事务职能。

117.《行政强制法》自何日起施行？

答：2012 年 1 月 1 日。

第五节 中华人民共和国行政许可法

1. 现行《中华人民共和国行政许可法》(以下简称《行政许可法》)是什么时间通过的?

答: 2003年8月27日第十届全国人民代表大会常务委员会第四次会议通过。

2.《行政许可法》的立法目的和制定依据是什么?

答: 为了规范行政许可的设定和实施，保护公民、法人和其他组织的合法权益，维护公共利益和社会秩序，保障和监督行政机关有效实施行政管理，根据宪法，制定本法。

3. 依据《行政许可法》，行政许可的定义是什么?

答: 行政许可，是指行政机关根据公民、法人或者其他组织的申请，经依法审查，准予其从事特定活动的行为。

4. 依据《行政许可法》，行政许可的设定和实施，适用哪部法律?

答:《行政许可法》。

5. 依据《行政许可法》，有关行政机关对其他机关或者对其直接管理的事业单位的人事、财务、外事等事项的审批，是否适用《行政许可法》?

答: 不适用。

6. 依据《行政许可法》，设定和实施行政许可，应当依照法定的______。

答: 权限、范围、条件和程序。

7. 依据《行政许可法》，设定和实施行政许可，应当遵循______原则。

答: 公开、公平、公正、非歧视。

8. 依据《行政许可法》，有关行政许可的______应当公布。未经公布的，不得作为实施行政许可的______。行政许可的______，除涉及国家秘密、商业秘密或者个人隐私的外，应当公开。未经______同意，______及其工作人员、参与专家评审等的人员不得披露申请人提交的商业秘密、______或者保密商务信息，法律另有规定或者涉及______的除外。行政机关依法公开申请人前述信息的，允许申请人在合理期限内______。

答：规定；依据；实施和结果；申请人；行政机关；未披露信息；国家安全、重大社会公共利益；提出异议。

9. 依据《行政许可法》，符合法定条件、标准的，申请人有依法取得行政许可的平等权利，行政机关不得______。

答：歧视任何人。

10. 依据《行政许可法》，实施行政许可，应当遵循便民的原则，提高______，提供______。

答：办事效率；优质服务。

11. 依据《行政许可法》，公民、法人或者其他组织对行政机关实施行政许可，享有______。有权依法申请行政复议或者提起______。其合法权益因行政机关违法实施行政许可受到损害的，有权依法要求______。

答：陈述权、申辩权；行政诉讼；赔偿。

12. 依据《行政许可法》，公民、法人或者其他组织依法取得的行政许可受______保护，行政机关不得______改变已经生效的行政许可。

答：法律；擅自。

13. 依据《行政许可法》，行政许可所依据的法律、法规、规章______或者______，或者准予行政许可所依据的______发生重大变化的，为了______的需要，行政机关可以依法变更或者撤回已经生效的行政许可。由此给公民、法人或者其他组织造成______的，行政机关应当依法给予补偿。

答：修改；废止；客观情况；公共利益；财产损失。

14. 依据《行政许可法》，依法取得的行政许可，除______规定依照法定条件和程序可以转让的外，不得转让。

答：法律、法规。

15. 依据《行政许可法》，______应当建立健全对行政机关实施行政许可的监督制度，加强对行政机关实施行政许可的______。

答： 县级以上人民政府；监督检查。

16. 依据《行政许可法》，行政机关应当对公民、法人或者其他组织从事行政许可事项的活动实施______监督。

答： 有效。

17. 依据《行政许可法》，设定行政许可，应当遵循经济和社会发展规律，有利于发挥公民、法人或者其他组织的______，维护公共利益和社会秩序，促进经济、社会和生态环境协调发展。

答： 积极性、主动性。

18. 依据《行政许可法》，哪些事项可以设定行政许可？

答：（1）直接涉及国家安全、公共安全、经济宏观调控、生态环境保护以及直接关系人身健康、生命财产安全等特定活动，需要按照法定条件予以批准的事项；（2）有限自然资源开发利用、公共资源配置以及直接关系公共利益的特定行业的市场准入等，需要赋予特定权利的事项；（3）提供公众服务并且直接关系公共利益的职业、行业，需要确定具备特殊信誉、特殊条件或者特殊技能等资格、资质的事项；（4）直接关系公共安全、人身健康、生命财产安全的重要设备、设施、产品、物品，需要按照技术标准、技术规范，通过检验、检测、检疫等方式进行审定的事项；（5）企业或者其他组织的设立等，需要确定主体资格的事项；（6）法律、行政法规规定可以设定行政许可的其他事项。

19.《行政许可法》第十二条所列事项，通过哪些方式能够予以规范的，可以不设行政许可？

答：（1）公民、法人或者其他组织能够自主决定的；（2）市场竞争机制能够有效调节的；（3）行业组织或者中介机构能够自律管理的；（4）行政机关采用事后监督等其他行政管理方式能够解决的。

20.《行政许可法》第十二条所列事项，______可以设定行政许可。尚未制定法律的，______可以设定行政许可。

答： 法律；行政法规。

21. 依据《行政许可法》，必要时，______可以采用发布决定的方式设定行政许可。实施后，除临时性行政许可事项外，国务院应当及时提请全国人民代表大会及其常务委员会制定法律，或者自行制定______。

答： 国务院；行政法规。

22.《行政许可法》第十二条所列事项，尚未制定法律、行政法规的，______可以设定行政许可。尚未制定法律、行政法规和地方性法规的，因行政管理的需要，确需立即实施行政许可的，______可以设定临时性的行政许可。临时性的行政许可实施满______需要继续实施的，应当提请本级人民代表大会及其常务委员会制定地方性法规。

答： 地方性法规；省、自治区、直辖市人民政府规章；一年。

23. 依据《行政许可法》，地方性法规和省、自治区、直辖市人民政府规章，不得设定应当由国家统一确定的公民、法人或者其他组织的______的行政许可。不得设定企业或者其他组织的______行政许可。其设定的行政许可，不得限制______的个人或者企业到本地区从事生产经营和提供服务，不得限制______的商品进入本地区市场。

答： 资格、资质；设立登记及其前置性；其他地区；其他地区。

24. 依据《行政许可法》，行政法规可以在法律设定的行政许可事项范围内，对实施该行政许可作出______规定。

答： 具体。

25. 依据《行政许可法》，地方性法规可以在法律、行政法规设定的行政许可事项范围内，对实施该行政许可作出______规定。

答： 具体。

26. 依据《行政许可法》，规章可以在上位法设定的行政许可事项范围内，对实施该行政许可作出______规定。

答： 具体。

27. 依据《行政许可法》，法规、规章对实施上位法设定的行政许可作出的具体规定，不得增设______。对行政许可条件作出的具体规定，不得增设违反上位法的______。

答：行政许可；其他条件。

28. 依据《行政许可法》，除《行政许可法》第十四条、第十五条规定的外，______一律不得设定行政许可。

答：其他规范性文件。

29. 依据《行政许可法》，设定行政许可，应当规定行政许可的实施机关、______、______、______。

答：条件；程序；期限。

30. 依据《行政许可法》，起草法律草案、法规草案和省、自治区、直辖市人民政府规章草案，拟设定行政许可的，起草单位应当采取______等形式听取意见，并向制定机关说明设定该行政许可的必要性、对经济和社会______以及听取和采纳意见的情况。

答：听证会、论证会；可能产生的影响。

31. 依据《行政许可法》，行政许可的设定机关应当定期对其设定的行政许可进行______。对已设定的行政许可，认为通过《行政许可法》第十三条所列方式能够解决的，应当对设定该行政许可的规定及时予以______或者______。

答：评价；修改；废止。

32. 依据《行政许可法》，行政许可的实施机关可以对已设定的行政许可的实施情况及______适时进行评价，并将意见报告______。

答：存在的必要性；该行政许可的设定机关。

33. 依据《行政许可法》，公民、法人或者其他组织可以向行政许可的设定机关和______就行政许可的设定和实施提出意见和建议。

答：实施机关。

34. 依据《行政许可法》，省、自治区、直辖市人民政府对______设定的有关______的行政许可，根据本行政区域经济和社会发展情况，认为通过

《行政许可法》第十三条所列方式能够解决的，报国务院批准后，可以在本行政区域内停止实施该行政许可。

答：行政法规；经济事务。

35. 依据《行政许可法》，行政许可由具有______的行政机关在其法定职权范围内实施。

答：行政许可权。

36. 依据《行政许可法》，______授权的具有管理公共事务职能的组织，在法定授权范围内，以______的名义实施行政许可。被授权的组织适用《行政许可法》有关______的规定。

答：法律、法规；自己；行政机关。

37. 依据《行政许可法》，行政机关在其法定职权范围内，依照______的规定，可以委托______实施行政许可。______应当将受委托行政机关和受委托实施行政许可的______予以公告。

答：法律、法规、规章；其他行政机关；委托机关；内容。

38. 依据《行政许可法》，委托行政机关对受委托行政机关实施行政许可的行为应当负责______，并对该行为的后果承担______。

答：监督；法律责任。

39. 依据《行政许可法》，受委托行政机关在委托范围内，以______名义实施行政许可。不得______其他组织或者个人实施行政许可。

答：委托行政机关；再委托。

40. 依据《行政许可法》，经______批准，______根据精简、统一、效能的原则，可以决定一个行政机关行使有关行政机关的行政许可权。

答：国务院；省、自治区、直辖市人民政府。

41. 依据《行政许可法》，行政许可需要行政机关内设的多个机构办理的，该行政机关应当确定一个机构统一受理______，统一送达______。

答：行政许可申请；行政许可决定。

42. 依据《行政许可法》，行政许可依法由地方人民政府两个以上部门分别实施的，本级人民政府可以确定一个部门受理行政许可申请并转告有关部门分别提出意见后______。或者组织有关部门______。

答：统一办理；联合办理、集中办理。

43. 依据《行政许可法》，行政机关实施行政许可，不得向申请人提出购买指定商品、接受有偿服务等______要求。

答：不正当。

44. 依据《行政许可法》，行政机关工作人员办理行政许可，不得索取或者收受申请人的______，不得谋取______。

答：财物；其他利益。

45. 依据《行政许可法》，对直接关系公共安全、人身健康、生命财产安全的设备、设施、产品、物品的检验、检测、检疫，除______规定由行政机关实施的外，应当逐步由______实施。专业技术组织及其有关人员对所实施的检验、检测、检疫结论承担______。

答：法律、行政法规；符合法定条件的专业技术组织；法律责任。

46. 依据《行政许可法》，公民、法人或者其他组织从事特定活动，______需要取得行政许可的，应当向行政机关提出申请。申请书需要采用格式文本的，行政机关应当向申请人______。申请书格式文本中不得包含与申请行政许可事项______的内容。

答：依法；提供行政许可申请书格式文本；没有直接关系。

47. 依据《行政许可法》，申请人可以委托______提出行政许可申请。但是，依法应当由申请人到______提出行政许可申请的除外。

答：代理人；行政机关办公场所。

48. 依据《行政许可法》，行政许可申请可以通过信函、电报、电传、传真、______和电子邮件等方式提出。

答：电子数据交换。

49. 依据《行政许可法》，行政机关应当将法律、法规、规章规定的有关行政许可的事项、依据、______、______、程序、期限以及需要提交的______的目录和______等在办公场所公示。

答： 条件；数量；全部材料；申请书示范文本。

50. 依据《行政许可法》，申请人要求行政机关对行政许可公示内容予以说明、解释的，行政机关应当______，提供______的信息。

答： 说明、解释；准确、可靠。

51. 依据《行政许可法》，申请人申请行政许可，应当如实向行政机关提交有关材料和反映真实情况，并对其申请材料实质内容的______负责。行政机关不得要求申请人提交与其申请的行政许可事项无关的______和______。

答： 真实性；技术资料；其他材料。

52. 依据《行政许可法》，行政机关及其工作人员不得以转让技术作为______的条件。不得在实施行政许可的过程中，直接或者间接地要求______。

答： 取得行政许可；转让技术。

53. 依据《行政许可法》，行政机关对申请人提出的行政许可申请，申请事项依法不需要取得行政许可的，应当______。

答： 即时告知申请人不受理。

54. 依据《行政许可法》，行政机关对申请人提出的行政许可申请，申请事项依法不属于本行政机关职权范围的，应当即时作出______的决定，并告知申请人______。

答： 不予受理；向有关行政机关申请。

55. 依据《行政许可法》，行政机关对申请人提出的行政许可申请，申请材料存在可以当场更正的错误的，应当允许申请人______。

答： 当场更正。

56. 依据《行政许可法》，行政机关对申请人提出的行政许可申请，申请材料不齐全或者不符合法定形式的，应当当场或者在五日内______告知申请人需要补正的______内容，逾期不告知的，自收到申请材料之日起即为______。

答：一次；全部；受理。

57. 依据《行政许可法》，行政机关对申请人提出的行政许可申请，申请事项属于本行政机关职权范围，申请材料齐全、符合法定形式，或者申请人按照本行政机关的要求提交全部补正申请材料的，应当______。

答：受理行政许可申请。

58. 依据《行政许可法》，行政机关受理或者不予受理行政许可申请，应当出具加盖本行政机关专用印章和注明日期的______。

答：书面凭证。

59. 依据《行政许可法》，行政机关应当建立和完善有关制度，推行电子政务，在行政机关的______上公布行政许可事项，方便申请人采取______等方式提出行政许可申请。应当与其他行政机关共享有关______，提高办事效率。

答：网站；数据电文；行政许可信息。

60. 依据《行政许可法》，行政机关应当对行政许可申请人提交的______进行审查。

答：申请材料。

61. 依据《行政许可法》，申请人提交的行政许可申请材料齐全、符合法定形式，行政机关能够当场作出决定的，应当______。

答：当场作出书面的行政许可决定。

62. 依据《行政许可法》，根据法定条件和程序，需要对行政许可申请材料的实质内容进行核实的，行政机关应当指派______以上工作人员进行核查。

答：两名。

63. 依据《行政许可法》，依法应当先经下级行政机关审查后报上级行政机关决定的行政许可，下级行政机关应当在______期限内将______和全部申请材料______报送上级行政机关。上级行政机关不得要求申请人______。

答： 法定；初步审查意见；直接；重复提供申请材料。

64. 依据《行政许可法》，行政机关对行政许可申请进行审查时，发现行政许可事项直接关系他人重大利益的，应当______。申请人、利害关系人有权进行______。行政机关应当听取申请人、利害关系人的______。

答： 告知该利害关系人；陈述和申辩；意见。

65. 依据《行政许可法》，行政机关对行政许可申请进行审查后，除当场作出行政许可决定的外，应当在______期限内按照______作出行政许可决定。

答： 法定；规定程序。

66. 依据《行政许可法》，申请人的申请符合法定条件、标准的，行政机关应当依法作出______的书面决定。

答： 准予行政许可。

67. 依据《行政许可法》，行政机关依法作出不予行政许可的书面决定的，应当______，并告知申请人享有依法______权利。

答： 说明理由；申请行政复议或者提起行政诉讼的。

68. 依据《行政许可法》，行政机关作出准予行政许可的决定，需要颁发行政许可证件的，应当向申请人颁发加盖本行政机关印章的哪些行政许可证件？

答：（1）许可证、执照或者其他许可证书；（2）资格证、资质证或者其他合格证书；（3）行政机关的批准文件或者证明文件；（4）法律、法规规定的其他行政许可证件。

69. 依据《行政许可法》，行政机关实施检验、检测、检疫的，可以在检验、检测、检疫合格的设备、设施、产品、物品上加贴______或者加盖检验、检测、检疫______。

答： 标签；印章。

70. 依据《行政许可法》，行政机关作出的准予行政许可决定，应当予以公开，公众有权______。

答：查阅。

71. 依据《行政许可法》，法律、行政法规设定的行政许可，其适用范围没有地域限制的，申请人取得的行政许可在______范围内有效。

答：全国。

72. 依据《行政许可法》，除可以当场作出行政许可决定的外，行政机关应当自受理行政许可申请之日起______内作出行政许可决定。二十日内不能作出决定的，经______批准，可以延长十日，并应当将延长期限的______告知申请人。但是，______另有规定的，依照其规定。

答：二十日；本行政机关负责人；理由；法律、法规。

73. 依照《行政许可法》第二十六条的规定，行政许可采取统一办理或者联合办理、集中办理的，办理的时间不得超过______。四十五日内不能办结的，经______批准，可以延长十五日，并应当将延长期限的______告知申请人。

答：四十五日；本级人民政府负责人；理由。

74. 依据《行政许可法》，依法应当先经下级行政机关审查后报上级行政机关决定的行政许可，下级行政机关应当自其受理行政许可申请之日起______内审查完毕。但是，______另有规定的，依照其规定。

答：二十日；法律、法规。

75. 依据《行政许可法》，行政机关作出准予行政许可的决定，应当自作出决定之日起______内向申请人颁发、送达行政许可证件，或者加贴标签、加盖检验、检测、检疫印章。

答：十日。

76. 依据《行政许可法》，行政机关作出行政许可决定，依法需要听证、招标、拍卖、检验、检测、检疫、鉴定和专家评审的，所需时间是否计算在《行政许可法》第四章第三节规定的期限内？行政机关应当将所需时间______告知申请人。

答：不计算；书面。

77. 依据《行政许可法》，______规定实施行政许可应当听证的事项，或者行政机关认为需要听证的其他涉及______的重大行政许可事项，行政机关应当向社会______，并举行听证。

答：法律、法规、规章；公共利益；公告。

78. 依据《行政许可法》，申请人、利害关系人是否承担行政机关组织行政许可听证的费用？

答：不承担。

79. 依据《行政许可法》，行政机关应当于举行行政许可听证的______前将举行听证的时间、地点通知申请人、利害关系人，必要时______。

答：七日；予以公告。

80. 依据《行政许可法》，行政许可听证是否应当公开举行？

答：听证应当公开举行。

81. 依据《行政许可法》，行政机关应当指定审查该行政许可申请的工作人员______的人员为听证主持人，申请人、利害关系人认为主持人与该行政许可事项有______的，有权申请回避。

答：以外；直接利害关系。

82. 依据《行政许可法》，举行听证时，审查该行政许可申请的工作人员应当提供审查意见的______，申请人、利害关系人可以提出证据，并进行______。

答：证据、理由；申辩和质证。

83. 依据《行政许可法》，行政许可听证应当制作______，听证笔录应当交听证参加人确认无误后______。

答：笔录；签字或者盖章。

84. 依据《行政许可法》，行政机关是否应当根据听证笔录，作出行政许可决定?

答：应当。

85. 依据《行政许可法》，被许可人要求变更行政许可事项的，应当向______提出申请。符合法定条件、标准的，行政机关应当______。

答：作出行政许可决定的行政机关；依法办理变更手续。

86. 依据《行政许可法》，被许可人需要延续依法取得的行政许可的有效期的，应当在该行政许可有效期届满______前向作出行政许可决定的行政机关提出申请。但是，______另有规定的，依照其规定。

答：三十日；法律、法规、规章。

87. 依据《行政许可法》，行政机关应当根据被许可人的申请，在该行政许可______届满前作出是否准予延续的决定。逾期未作决定的，视为______。

答：有效期；准予延续。

88. 依据《行政许可法》，实施行政许可的程序，《行政许可法》第四章第六节有规定的，适用______规定。第六节没有规定的，适用______规定。

答：第六节；第四章其他有关。

89. 依据《行政许可法》，国务院实施行政许可的程序，适用有关______的规定。

答：法律、行政法规。

90. 实施《行政许可法》第十二条第二项所列事项的行政许可的，行政机关应当通过招标、拍卖等______的方式作出决定。但是，______另有规定的，依照其规定。

答：公平竞争；法律、行政法规。

91. 依据《行政许可法》，行政机关通过招标、拍卖等方式作出行政许可决定的具体程序，依照有关______的规定。

答：法律、行政法规。

92. 依据《行政许可法》，行政机关按照招标、拍卖程序确定中标人、买受人后，应当作出______行政许可的决定，并依法向中标人、买受人颁发______。

答：准予；行政许可证件。

93. 行政机关违反《行政许可法》第五十三条规定，不采用招标、拍卖方式，或者违反招标、拍卖程序，损害申请人合法权益的，申请人可以依法______。

答：申请行政复议或者提起行政诉讼。

94. 实施《行政许可法》第十二条第三项所列事项的行政许可，赋予公民特定资格，依法应当举行国家考试的，行政机关根据______和其他法定条件作出行政许可决定。赋予法人或者其他组织特定的资格、资质的，行政机关根据申请人的______、技术条件、经营业绩和管理水平等的______作出行政许可决定。但是，______另有规定的，依照其规定。

答：考试成绩；专业人员构成；考核结果；法律、行政法规。

95. 依据《行政许可法》，实施行政许可举行公民特定资格的考试依法由行政机关或者行业组织实施，______举行。行政机关或者行业组织应当事先公布资格考试的______、报考办法、考试科目以及______。但是，不得组织强制性的资格考试的______，不得指定教材或者______。

答：公开；报名条件；考试大纲；考前培训；其他助考材料。

96. 实施《行政许可法》第十二条第四项所列事项的行政许可的，应当按照______、技术规范依法进行检验、检测、检疫，行政机关根据检验、检测、检疫的______作出行政许可决定。

答：技术标准；结果。

97. 依据《行政许可法》，行政机关实施检验、检测、检疫，应当自受理申请之日起______内指派两名以上工作人员按照技术标准、技术规范进行检验、检测、检疫。不需要对检验、检测、检疫结果作进一步技术分析即可认定设备、设施、产品、物品是否符合技术标准、技术规范的，行政机关应当______。

答：五日；当场作出行政许可决定。

98. 依据《行政许可法》，行政机关根据检验、检测、检疫结果，作出不予行政许可决定的，应当______说明不予行政许可所依据的技术标准、______。

答：书面；技术规范。

99. 实施《行政许可法》第十二条第五项所列事项的行政许可，申请人提交的申请材料______、符合______的，行政机关应当当场予以登记。需要对申请材料的实质内容进行______的，行政机关依照《行政许可法》第三十四条第三款的规定办理。

答：齐全；法定形式；核实。

100. 依据《行政许可法》，有数量限制的行政许可，两个或者两个以上申请人的申请均符合法定条件、标准的，行政机关应当根据______行政许可申请的______作出准予行政许可的决定。但是，______另有规定的，依照其规定。

答：受理；先后顺序；法律、行政法规。

101. 依据《行政许可法》，行政机关实施行政许可和对行政许可事项进行______，不得收取任何费用。但是，______另有规定的，依照其规定。

答：监督检查；法律、行政法规。

102. 依据《行政许可法》，行政机关提供行政许可申请书格式文本，是否收费？

答：不得收费。

103. 依据《行政许可法》，行政机关实施行政许可所需经费应当列入本行政机关的______，由本级财政予以保障，按照批准的预算予以核拨。

答：预算。

104. 依据《行政许可法》，上级行政机关应当加强对下级行政机关实施行政许可的______，及时纠正行政许可实施中的______。

答：监督检查；违法行为。

105. 依据《行政许可法》，行政机关应当建立健全______，通过核查反映被许可人从事行政许可事项活动情况的有关材料，履行______。

答：监督制度；监督责任。

106. 依据《行政许可法》，______应当创造条件，实现与被许可人、其他有关行政机关的计算机档案系统互联，核查被许可人从事行政许可事项活动情况。

答：行政机关。

107. 依据《行政许可法》，行政机关可以对被许可人生产经营的产品______进行抽样检查、检验、检测，对其生产经营场所依法进行实地检查。检查时，行政机关可以依法查阅或者要求被许可人报送______。被许可人应当如实提供______和材料。

答：依法；有关材料；有关情况。

108. 依据《行政许可法》，行政机关根据______的规定，对直接关系公共安全、人身健康、生命财产安全的重要设备、设施进行______检验。对检验合格的，行政机关应当发给相应的______。

答：法律、行政法规；定期；证明文件。

109. 依据《行政许可法》，行政机关实施监督检查，不得妨碍被许可人正常的______。不得索取或者收受被许可人的财物，不得谋取其他利益。

答：生产经营活动。

110. 依据《行政许可法》，被许可人在作出行政许可决定的行政机关管辖区域外违法从事行政许可事项活动的，违法行为发生地的行政机关应当依法将被许可人的违法事实、处理结果抄告______。

答：作出行政许可决定的行政机关。

111. 依据《行政许可法》，个人和组织发现违法从事行政许可事项的活动，有权向行政机关举报，行政机关应当及时______。

答：核实、处理。

112. 依据《行政许可法》，被许可人未依法履行开发利用自然资源义务或者未依法履行利用公共资源义务的，行政机关应当______。被许可人在规定期限内不改正的，行政机关应当依照有关______规定予以处理。

答：责令限期改正；法律、行政法规。

113. 依据《行政许可法》，取得直接关系公共利益的特定行业的市场准入行政许可的被许可人，应当按照国家规定的服务标准、资费标准和行政机关依法规定的条件，向用户提供安全、方便、稳定和价格合理的服务，并履行______。未经作出行政许可决定的行政机关批准，不得______。

答：普遍服务的义务；擅自停业、歇业。

114. 依据《行政许可法》，对直接关系公共安全、人身健康、生命财产安全的重要设备、设施，行政机关应当督促设计、建造、安装和使用单位建立相应的______。

答：自检制度。

115. 依据《行政许可法》，行政机关在监督检查时，发现直接关系公共安全、人身健康、生命财产安全的重要设备、设施存在安全隐患的，应当______。并责令设计、建造、安装和使用单位______。

答：责令停止建造、安装和使用；立即改正。

116. 依据《行政许可法》，有哪些情形之一，作出行政许可决定的行政机关或者谁，根据利害关系人的请求或者什么，可以撤销行政许可？

答：（1）行政机关工作人员滥用职权、玩忽职守作出准予行政许可决定的；（2）超越法定职权作出准予行政许可决定的；（3）违反法定程序作出准予行政许可决定的；（4）对不具备申请资格或者不符合法定条件的申请人准予行政许可的；（5）依法可以撤销行政许可的其他情形。其上级行政机关。依据职权。

117. 依据《行政许可法》，被许可人以欺骗、贿赂等______手段取得行政许可的，应当予以撤销。

答：不正当。

118. 依照《行政许可法》第六十九条第一款的规定撤销行政许可，被许可人的合法权益受到损害的，行政机关应当______。依照《行政许可法》第六十九条第二款的规定撤销行政许可的，被许可人基于行政许可取得的利益______。

答：依法给予赔偿；不受保护。

119. 依据《行政许可法》，有哪些情形之一，行政机关应当依法办理有关行政许可的注销手续？

答：（1）行政许可有效期届满未延续的；（2）赋予公民特定资格的行政许可，该公民死亡或者丧失行为能力的；（3）法人或者其他组织依法终止的；（4）行政许可依法被撤销、撤回，或者行政许可证件依法被吊销的；（5）因不可抗力导致行政许可事项无法实施的；（6）法律、法规规定的应当注销行政许可的其他情形。

120. 违反《行政许可法》第十七条规定设定的行政许可，有关机关应当责令设定该行政许可的机关改正，或者依法______。

答：予以撤销。

121. 行政机关及其工作人员违反《行政许可法》的规定，有哪些情形之一，由其上级行政机关或者监察机关责令改正？情节严重的，对直接负责的主管人员和其他直接责任人员依法给予行政处分。

答：（1）对符合法定条件的行政许可申请不予受理的；（2）不在办公场所公示依法应当公示的材料的；（3）在受理、审查、决定行政许可过程中，未向申请人、利害关系人履行法定告知义务的；（4）申请人提交的申请材料不齐全、不符合法定形式，不一次告知申请人必须补正的全部内容的；（5）违法披露申请人提交的商业秘密、未披露信息或者保密商务信息的；（6）以转让技术作为取得行政许可的条件，或者在实施行政许可的过程中直接或者间接地要求转让技术的；（7）未依法说明不受理行政许可申请或者不予行政许可的理由的；（8）依法应当举行听证而不举行听证的。

122. 依据《行政许可法》，行政机关工作人员办理行政许可、实施监督检查，______或者______他人财物或者谋取其他利益，构成犯罪的，依法追究刑事责任。尚不构成犯罪的，依法给予______。

答：索取；收受；行政处分。

123. 依据《行政许可法》，行政机关实施行政许可，有哪些情形之一，由谁或者监察机关责令改正，对直接负责的主管人员和其他直接责任人员依法给予行政处分？构成犯罪的，依法追究刑事责任。

答：（1）对不符合法定条件的申请人准予行政许可或者超越法定职权作出准予行政许可决定的；（2）对符合法定条件的申请人不予行政许可或者不在法定期限内作出准予行政许可决定的；（3）依法应当根据招标、拍卖结果或者考试成绩择优作出准予行政许可决定，未经招标、拍卖或者考试，或者不根据招标、拍卖结果或者考试成绩择优作出准予行政许可决定的。其上级行政机关。

124. 依据《行政许可法》，行政机关实施行政许可，擅自收费或者不按照法定项目和标准收费的，由其上级行政机关或者监察机关责令______。对直接负责的主管人员和其他直接责任人员依法给予______。

答：退还非法收取的费用；行政处分。

125. 依据《行政许可法》，截留、挪用、私分或者变相私分实施行政许可依法收取的费用的，予以______。对直接负责的主管人员和其他直接责任人员依法给予______。构成犯罪的，依法追究______。

答：追缴；行政处分；刑事责任。

126. 依据《行政许可法》，行政机关违法实施行政许可，给当事人的合法权益造成损害的，应当依照______的规定给予赔偿。

答：《中华人民共和国国家赔偿法》。

127. 依据《行政许可法》，行政机关不依法履行监督职责或者监督不力，造成______的，由其上级行政机关或者监察机关责令改正，对直接负责的主管人员和其他直接责任人员依法给予行政处分。构成犯罪的，依法追究______。

答：严重后果；刑事责任。

128. 依据《行政许可法》，行政许可申请人隐瞒有关情况或者提供虚假材料申请行政许可的，行政机关______或者______，并给予______。行政许可申请属于直接关系公共安全、人身健康、生命财产安全事项的，申请人在______内不得再次申请该行政许可。

答：不予受理；不予行政许可；警告；一年。

129. 依据《行政许可法》，被许可人以欺骗、贿赂等______手段取得行政许可的，行政机关应当依法给予______。取得的行政许可属于直接关系公共安全、人身健康、生命财产安全事项的，申请人在______内不得再次申请该行政许可。构成犯罪的，依法追究______。

答：不正当；行政处罚；三年；刑事责任。

130. 依据《行政许可法》，被许可人有哪些行为之一，行政机关应当依法给予行政处罚？构成犯罪的，依法追究刑事责任。

答：（1）涂改、倒卖、出租、出借行政许可证件，或者以其他形式非法转让行政许可的；（2）超越行政许可范围进行活动的；（3）向负责监督检查的行政机关隐瞒有关情况、提供虚假材料或者拒绝提供反映其活动情况的真实材料的；（4）法律、法规、规章规定的其他违法行为。

131. 依据《行政许可法》，公民、法人或者其他组织未经行政许可，擅自从事依法应当取得行政许可的活动的，行政机关应当依法采取措施______，并依法给予行政处罚。构成犯罪的，依法追究______。

答：予以制止；刑事责任。

132.《行政许可法》规定的行政机关实施行政许可的期限以工作日计算，不含______。

答：法定节假日。

133. 中华人民共和国第十三届全国人民代表大会常务委员会第十次会议于 2019 年 4 月 23 日修正通过的《行政许可法》自何日起施行？

答：2019 年 4 月 23 日。

第六节　中华人民共和国行政复议法

1. 现行《中华人民共和国行政复议法》(以下简称《行政复议法》)是什么时间通过的？是什么时间修订的？

答： 1999 年 4 月 29 日第九届全国人民代表大会常务委员会第九次会议通过。2023 年 9 月 1 日第十四届全国人民代表大会常务委员会第五次会议修订通过。

2.《行政复议法》的立法目的和制定依据是什么？

答： 为了防止和纠正违法的或者不当的行政行为，保护公民、法人和其他组织的合法权益，监督和保障行政机关依法行使职权，发挥行政复议化解行政争议的主渠道作用，推进法治政府建设，根据宪法，制定本法。

3. 公民、法人或者其他组织认为行政机关的______侵犯其合法权益，向行政复议机关提出行政复议申请，行政复议机关办理行政复议案件，适用《行政复议法》。

答： 行政行为。

4.《行政复议法》所称行政行为，是否包括法律、法规、规章授权的组织的行政行为？

答： 包括法律、法规、规章授权的组织的行政行为。

5. 依据《行政复议法》，行政复议机关履行行政复议职责，应当遵循合法、公正、公开、高效、便民、为民的原则，坚持有错必纠，保障法律、法规的______。

答： 正确实施。

6. 县级以上各级人民政府以及其他依照《行政复议法》履行行政复议职责的行政机关是______。

答： 行政复议机关。

7. 依据《行政复议法》，行政复议机关办理行政复议案件，是否可以进行调解？

答：可以。

8. 依据《行政复议法》，行政复议调解应当遵循合法、自愿的原则，不得损害国家利益、社会公共利益和他人合法权益，不得违反法律、法规的______。

答：强制性规定。

9. 有哪些情形之一，公民、法人或者其他组织可以依照《行政复议法》申请行政复议？

答：（1）对行政机关作出的行政处罚决定不服；（2）对行政机关作出的行政强制措施、行政强制执行决定不服；（3）申请行政许可，行政机关拒绝或者在法定期限内不予答复，或者对行政机关作出的有关行政许可的其他决定不服；（4）对行政机关作出的确认自然资源的所有权或者使用权的决定不服；（5）对行政机关作出的征收征用决定及其补偿决定不服；（6）对行政机关作出的赔偿决定或者不予赔偿决定不服；（7）对行政机关作出的不予受理工伤认定申请的决定或者工伤认定结论不服；（8）认为行政机关侵犯其经营自主权或者农村土地承包经营权、农村土地经营权；（9）认为行政机关滥用行政权力排除或者限制竞争；（10）认为行政机关违法集资、摊派费用或者违法要求履行其他义务；（11）申请行政机关履行保护人身权利、财产权利、受教育权利等合法权益的法定职责，行政机关拒绝履行、未依法履行或者不予答复；（12）申请行政机关依法给付抚恤金、社会保险待遇或者最低生活保障等社会保障，行政机关没有依法给付；（13）认为行政机关不依法订立、不依法履行、未按照约定履行或者违法变更、解除政府特许经营协议、土地房屋征收补偿协议等行政协议；（14）认为行政机关在政府信息公开工作中侵犯其合法权益；（15）认为行政机关的其他行政行为侵犯其合法权益。

10. 依据《行政复议法》，哪些事项不属于行政复议范围？

答：（1）国防、外交等国家行为；（2）行政法规、规章或者行政机关制定、发布的具有普遍约束力的决定、命令等规范性文件；（3）行政机关对行政机关工作人员的奖惩、任免等决定；（4）行政机关对民事纠纷作出的调解。

11. 依据《行政复议法》，公民、法人或者其他组织认为行政机关的行政行为所依据的哪些规范性文件不合法，在对行政行为申请行政复议时，可以一并向行政复议机关提出对该规范性文件的附带审查申请？

答：（1）国务院部门的规范性文件；（2）县级以上地方各级人民政府及其工

作部门的规范性文件；（3）乡、镇人民政府的规范性文件；（4）法律、法规、规章授权的组织的规范性文件。

12. 依据《行政复议法》，公民、法人或者其他组织对行政行为不服申请行政复议的，______或者______是被申请人。

答：作出行政行为的行政机关；法律、法规、规章授权的组织。

13. 依据《行政复议法》，两个以上行政机关以共同的名义作出同一行政行为的，______是被申请人。

答：共同作出行政行为的行政机关。

14. 依据《行政复议法》，行政机关委托的组织作出行政行为的，______是被申请人。

答：委托的行政机关。

15. 依据《行政复议法》，作出行政行为的行政机关被撤销或者职权变更的，______是被申请人。

答：继续行使其职权的行政机关。

16. 依据《行政复议法》，公民、法人或者其他组织认为行政行为侵犯其合法权益的，可以自______或者______该行政行为之日起______内提出行政复议申请。但是______规定的申请期限超过______的除外。

答：知道；应当知道；六十日；法律；六十日。

17. 依据《行政复议法》，因不可抗力或者其他______耽误法定申请期限的，申请期限自障碍消除之日起继续计算。

答：正当理由。

18. 依据《行政复议法》，行政机关作出行政行为时，未告知公民、法人或者其他组织申请行政复议的权利、行政复议机关和申请期限的，申请期限自公民、法人或者其他组织知道或者应当知道______、______和______之日起计算，但是自知道或者应当知道______之日起最长不得超过一年。

答：申请行政复议的权利；行政复议机关；申请期限；行政行为内容。

19. 依据《行政复议法》，因______提出的行政复议申请自______之日起超过二十年，其他行政复议申请自______之日起超过五年的，行政复议机关不予受理。

答：不动产；行政行为作出；行政行为作出。

20. 依据《行政复议法》，行政机关通过互联网渠道送达行政行为决定书的，应当同时提供提交行政复议申请书的______。

答：互联网渠道。

21. 依据《行政复议法》，有哪些情形之一，申请人应当先向行政复议机关申请行政复议，对行政复议决定不服的，可以再依法向人民法院提起行政诉讼?

答：（1）对当场作出的行政处罚决定不服；（2）对行政机关作出的侵犯其已经依法取得的自然资源的所有权或者使用权的决定不服；（3）认为行政机关存在《行政复议法》第十一条规定的未履行法定职责情形；（4）申请政府信息公开，行政机关不予公开；（5）法律、行政法规规定应当先向行政复议机关申请行政复议的其他情形。

22. 依据《行政复议法》，对具有申请人应当先向行政复议机关申请行政复议，对行政复议决定不服的，可以再依法向人民法院提起行政诉讼的法定情形，行政机关在作出行政行为时应当告知公民、法人或者其他组织______。

答：先向行政复议机关申请行政复议。

23. 依据《行政复议法》，县级以上地方各级人民政府管辖哪些行政复议案件?

答：（1）对本级人民政府工作部门作出的行政行为不服的；（2）对下一级人民政府作出的行政行为不服的；（3）对本级人民政府依法设立的派出机关作出的行政行为不服的；（4）对本级人民政府或者其工作部门管理的法律、法规、规章授权的组织作出的行政行为不服的。

24. 依据《行政复议法》，对省、自治区、直辖市人民政府作出的行政行为不服的行政复议案件由______管辖。

答：作出行政行为的省、自治区、直辖市人民政府。

25. 依据《行政复议法》，省、自治区人民政府依法设立的派出机关参照______谁的职责权限，管辖相关行政复议案件。

答：设区的市级人民政府。

26. 依据《行政复议法》，对县级以上地方各级人民政府工作部门依法设立的派出机构依照法律、法规、规章规定，以派出机构的名义作出的行政行为不服的行政复议案件，由______管辖。其中，对直辖市、设区的市人民政府工作部门按照行政区划设立的派出机构作出的行政行为不服的，也可以由______管辖。

答：本级人民政府；其所在地的人民政府。

27. 依据《行政复议法》，国务院部门管辖哪些行政复议案件？

答：（1）对本部门作出的行政行为不服的；（2）对本部门依法设立的派出机构依照法律、行政法规、部门规章规定，以派出机构的名义作出的行政行为不服的；（3）对本部门管理的法律、行政法规、部门规章授权的组织作出的行政行为不服的。

28. 对省、自治区、直辖市人民政府依照《行政复议法》第二十四条第二款的规定、国务院部门依照《行政复议法》第二十五条第一项的规定作出的行政复议决定不服的，可以向人民法院______。也可以向国务院申请裁决，国务院依照《行政复议法》的规定______。

答：提起行政诉讼；作出最终裁决。

29. 依据《行政复议法》，对海关、金融、外汇管理等实行垂直领导的行政机关、税务和国家安全机关的行政行为不服的，向______申请行政复议。

答：上一级主管部门。

30. 依据《行政复议法》，对履行行政复议机构职责的地方人民政府司法行政部门的行政行为不服的，可以向本级人民政府申请行政复议，也可以向______申请行政复议。

答：上一级司法行政部门。

31. 依据《行政复议法》，公民、法人或者其他组织向人民法院提起行政诉讼，人民法院已经依法受理的，不得申请______。

答：行政复议。

32. 依据《行政复议法》，行政复议机关收到行政复议申请后，应当在五日内进行审查。对符合哪些规定的，行政复议机关应当予以受理？

答：（1）有明确的申请人和符合本法规定的被申请人；（2）申请人与被申请行政复议的行政行为有利害关系；（3）有具体的行政复议请求和理由；（4）在法定申请期限内提出；（5）属于本法规定的行政复议范围；（6）属于本机关的管辖范围；（7）行政复议机关未受理过该申请人就同一行政行为提出的行政复议申请，并且人民法院未受理过该申请人就同一行政行为提起的行政诉讼。

33. 依据《行政复议法》，对当场作出或者依据电子技术监控设备记录的违法事实作出的行政处罚决定不服申请行政复议的，可以通过______提交行政复议申请。

答：作出行政处罚决定的行政机关。

34. 依据《行政复议法》，行政机关收到对本机关当场作出或者依据电子技术监控设备记录的违法事实作出的行政处罚决定不服的行政复议申请后，应当______。认为需要______行政处罚决定的，应当自收到行政复议申请之日起五日内转送______。

答：及时处理；维持；行政复议机关。

35. 依据《行政复议法》，行政复议期间行政行为是否不停止执行？但是有哪些情形之一，应当停止执行？

答：不停止执行。（1）被申请人认为需要停止执行；（2）行政复议机关认为需要停止执行；（3）申请人、第三人申请停止执行，行政复议机关认为其要求合理，决定停止执行；（4）法律、法规、规章规定停止执行的其他情形。

36. 依据《行政复议法》，行政复议证据包括哪些？

答：（1）书证；（2）物证；（3）视听资料；（4）电子数据；（5）证人证言；（6）当事人的陈述；（7）鉴定意见；（8）勘验笔录、现场笔录。

37. 依据《行政复议法》，被申请人对其作出的行政行为的合法性、适当性负有______。

答：举证责任。

38. 依据《行政复议法》，有哪些情形之一的，申请人应当提供证据？

答：（1）认为被申请人不履行法定职责的，提供曾经要求被申请人履行法定职责的证据，但是被申请人应当依职权主动履行法定职责或者申请人因正当理由不能提供的除外；（2）提出行政赔偿请求的，提供受行政行为侵害而造成损害的证据，但是因被申请人原因导致申请人无法举证的，由被申请人承担举证责任；（3）法律、法规规定需要申请人提供证据的其他情形。

39. 依据《行政复议法》，行政复议机关有权向有关______和个人调查取证，查阅、复制、调取有关文件和资料，向有关______进行询问。

答：单位；人员。

40. 依据《行政复议法》，调查取证时，行政复议人员不得少于______，并应当出示______。

答：两人；行政复议工作证件。

41. 依据《行政复议法》，被调查取证的单位和个人应当积极配合行政复议人员的工作，不得______。

答：拒绝或者阻挠。

42. 依据《行政复议法》，行政复议期间，申请人或者第三人提出被申请行政复议的行政行为作出时没有提出______或者______的，经______同意，被申请人可以补充证据。

答：理由；证据；行政复议机构。

43. 依据《行政复议法》，行政复议期间，申请人、第三人及其委托代理人可以按照规定查阅、复制被申请人提出的______、______、______和其他有关材料，除涉及国家秘密、商业秘密、______或者可能危及国家安全、公共安全、______的情形外，行政复议机构应当同意。

答：书面答复；作出行政行为的证据；依据；个人隐私；社会稳定。

44. 依据《行政复议法》，被申请人应当自收到行政复议申请书副本或者行政复议申请笔录复印件之日起______内，提出书面答复，并提交作出行政行为的______、______和其他有关材料。

答：十日；证据；依据。

45. 依据《行政复议法》，适用普通程序审理的行政复议案件，行政复议机构应当当面或者通过互联网、电话等方式听取______的意见，并将听取的意见记录在案。因______原因不能听取意见的，可以书面审理。

答：当事人；当事人。

46. 依据《行政复议法》，行政复议机构组织听证的，应当于举行听证的五日前将听证的时间、地点和拟听证事项书面通知______。

答：当事人。

47. 依据《行政复议法》，被申请人的______应当参加听证。不能参加的，应当说明理由并委托相应的______参加听证。

答：负责人；工作人员。

48. 除《行政复议法》第五十三条第一款规定以外的行政复议案件，______同意适用简易程序的，可以适用简易程序。

答：当事人各方。

49. 依据《行政复议法》，适用简易程序审理的行政复议案件，被申请人应当自收到行政复议申请书副本或者行政复议申请笔录复印件之日起______内，提出书面答复，并提交作出行政行为的______、______和其他有关材料。

答：五日；证据；依据。

50. 行政复议机关依照《行政复议法》第五十六条、第五十七条的规定有权处理有关规范性文件或者依据的，行政复议机构应当自行政复议中止之日起三日内，书面通知规范性文件或者依据的______就相关条款的合法性提出书面答复。制定机关应当自收到书面通知之日起十日内提交______及相关材料。

答：制定机关；书面答复。

51. 行政复议机关依照《行政复议法》第五十六条、第五十七条的规定有权处理有关规范性文件或者依据的，行政复议机构认为必要时，可以要求规范性文件或者依据的制定机关当面说明理由，制定机关应当______。

答：配合。

52. 依照《行政复议法》第五十六条、第五十七条的规定接受有关规范性文件或者依据转送的行政机关、国家机关应当自收到转送之日起______内，将处理意见回复转送的行政复议机关。

答：六十日。

53. 依据《行政复议法》，行政行为有哪些情形之一，行政复议机关决定变更该行政行为?

答：（1）事实清楚，证据确凿，适用依据正确，程序合法，但是内容不适当；（2）事实清楚，证据确凿，程序合法，但是未正确适用依据；（3）事实不清、证据不足，经行政复议机关查清事实和证据。

54. 依据《行政复议法》，行政行为有哪些情形之一，行政复议机关决定撤销或者部分撤销该行政行为，并可以责令被申请人在一定期限内重新作出行政行为?

答：（1）主要事实不清、证据不足；（2）违反法定程序；（3）适用的依据不合法；（4）超越职权或者滥用职权。

55. 依据《行政复议法》，行政复议机关责令被申请人重新作出行政行为的，被申请人不得以______事实和理由作出与被申请行政复议的行政行为相同或者基本相同的行政行为，但是行政复议机关以______为由决定撤销或者部分撤销的除外。

答：同一；违反法定程序。

56. 依据《行政复议法》，行政行为有哪些情形之一，行政复议机关不撤销该行政行为，但是确认该行政行为违法?

答：（1）依法应予撤销，但是撤销会给国家利益、社会公共利益造成重大损害；（2）程序轻微违法，但是对申请人权利不产生实际影响。

57. 依据《行政复议法》，行政行为有哪些情形之一，不需要撤销或者责令履行的，行政复议机关确认该行政行为违法？

答：（1）行政行为违法，但是不具有可撤销内容；（2）被申请人改变原违法行政行为，申请人仍要求撤销或者确认该行政行为违法；（3）被申请人不履行或者拖延履行法定职责，责令履行没有意义。

58. 依据《行政复议法》，被申请人不履行______的，行政复议机关决定被申请人在一定期限内履行。

答：法定职责。

59. 依据《行政复议法》，行政行为有实施主体不具有______或者______等重大且明显违法情形，申请人申请确认行政行为无效的，行政复议机关确认该行政行为无效。

答：行政主体资格；没有依据。

60. 依据《行政复议法》，行政行为______，______，______，______，______的，行政复议机关决定维持该行政行为。

答：认定事实清楚；证据确凿；适用依据正确；程序合法；内容适当。

61. 依据《行政复议法》，行政复议机关受理申请人认为被申请人不履行法定职责的行政复议申请后，发现被申请人没有相应法定职责或者在______已经履行法定职责的，决定驳回申请人的行政复议请求。

答：受理前。

62. 被申请人不按照《行政复议法》第四十八条、第五十四条的规定提出书面答复、提交作出行政行为的证据、依据和其他有关材料的，______该行政行为没有证据、依据，行政复议机关决定撤销、部分撤销该行政行为，确认该行政行为违法、无效或者决定被申请人在一定期限内履行，但是行政行为涉及第三人合法权益，第三人______的除外。

答：视为；提供证据。

63. 依据《行政复议法》，被申请人不依法订立、不依法履行、未按照约定履行或者违法变更、解除行政协议的，行政复议机关决定被申请人承担依法订立、继续履行、采取补救措施或者______等责任。

答：赔偿损失。

64. 依据《行政复议法》，被申请人变更、解除行政协议合法，但是未依法给予补偿或者补偿不合理的，行政复议机关决定被申请人依法给予______。

答：合理补偿。

65. 依据《行政复议法》，申请人在申请行政复议时一并提出行政赔偿请求，行政复议机关对依照《中华人民共和国国家赔偿法》的有关规定应当______的，在作出行政复议决定时，应当同时决定驳回行政赔偿请求。对符合《中华人民共和国国家赔偿法》的有关规定应当______的，在决定撤销或者部分撤销、变更行政行为或者确认行政行为违法、无效时，应当同时决定被申请人依法给予赔偿。确认行政行为违法的，还可以同时责令被申请人采取______。

答：不予赔偿；给予赔偿；补救措施。

66. 依据《行政复议法》，申请人在申请行政复议时没有提出行政赔偿请求的，行政复议机关在依法决定撤销或者部分撤销、变更罚款，撤销或者部分撤销违法集资、没收财物、征收征用、摊派费用以及对财产的查封、扣押、冻结等行政行为时，应当同时责令被申请人______，解除对财产的查封、扣押、冻结措施，或者赔偿相应的______。

答：返还财产；价款。

67. 依据《行政复议法》，当事人经调解达成协议的，行政复议机关应当制作行政复议调解书，经______签字或者签章，并加盖行政复议机关印章，即具有法律效力。

答：各方当事人。

68. 依据《行政复议法》，调解未达成协议或者______前一方反悔的，行政复议机关应当依法审查或者及时作出行政复议决定。

答：调解书生效。

69. 依据《行政复议法》，当事人在行政复议决定作出前可以自愿达成和解，和解内容不得损害国家利益、社会公共利益和他人合法权益，不得违反法律、法规的______规定。

答： 强制性。

70. 依据《行政复议法》，当事人达成______后，由申请人向行政复议机构撤回行政复议申请。行政复议机构准予撤回行政复议申请、行政复议机关决定终止行政复议的，申请人不得再以______事实和理由提出行政复议申请。但是，申请人能够证明撤回行政复议申请违背______的除外。

答： 和解；同一；其真实意愿。

71. 依据《行政复议法》，行政复议机关作出行政复议决定，应当制作行政复议决定书，并加盖______印章。

答： 行政复议机关。

72. 依据《行政复议法》，行政复议决定书一经送达，即发生______。

答： 法律效力。

73. 依据《行政复议法》，行政复议机关在办理行政复议案件过程中，发现被申请人或者其他下级行政机关的有关行政行为______或者______的，可以向其制发行政复议意见书。有关机关应当自收到行政复议意见书之日起______内，将纠正相关违法或者不当行政行为的情况报送行政复议机关。

答： 违法；不当；六十日。

74. 依据《行政复议法》，被申请人应当履行行政复议决定书、调解书、______。

答： 意见书。

75. 依据《行政复议法》，被申请人不履行或者无正当理由拖延履行行政复议决定书、调解书、意见书的，行政复议机关或者有关上级行政机关应当责令其______，并可以约谈被申请人的有关负责人或者予以______。

答： 限期履行；通报批评。

76. 依据《行政复议法》，申请人、第三人逾期不起诉又不履行行政复议决定书、调解书的，或者不履行最终裁决的行政复议决定的，按照哪些规定分别处理?

答:（1）维持行政行为的行政复议决定书，由作出行政行为的行政机关依法强制执行，或者申请人民法院强制执行；（2）变更行政行为的行政复议决定书，由行政复议机关依法强制执行，或者申请人民法院强制执行；（3）行政复议调解书，由行政复议机关依法强制执行，或者申请人民法院强制执行。

77. 依据《行政复议法》，县级以上地方各级人民政府办理以本级人民政府工作部门为被申请人的行政复议案件，应当将发生法律效力的行政复议决定书、意见书同时抄告被申请人的______。

答: 上一级主管部门。

78. 被申请人违反《行政复议法》规定，不提出书面答复或者不提交作出行政行为的证据、依据和其他有关材料，或者阻挠、变相阻挠公民、法人或者其他组织依法申请行政复议的，对负有责任的______和______依法给予警告、记过、记大过的处分。进行______的，依法给予降级、撤职、开除的处分。构成犯罪的，依法追究______。

答: 领导人员；直接责任人员；报复陷害；刑事责任。

79. 依据《行政复议法》，被申请人不履行或者无正当理由拖延履行行政复议决定书、调解书、意见书的，对负有责任的______和______依法给予警告、记过、记大过的处分。经责令履行仍______的，依法给予降级、撤职、开除的处分。

答: 领导人员；直接责任人员；拒不履行。

80. 依据《行政复议法》，拒绝、阻挠行政复议人员调查取证，故意扰乱行政复议工作秩序的，依法给予______、治安管理处罚。构成犯罪的，依法追究______。

答: 处分；刑事责任。

81. 行政机关及其工作人员违反《行政复议法》规定的，行政复议机关可以向监察机关或者公职人员任免机关、单位移送有关人员违法的______，接受移送的监察机关或者公职人员任免机关、单位______依法处理。

答：事实材料；应当。

82. 依据《行政复议法》，行政复议机关在办理行政复议案件过程中，发现公职人员涉嫌贪污贿赂、失职渎职等______或者职务犯罪的问题线索，应当依照有关规定移送监察机关，由监察机关依法调查处置。

答：职务违法。

83. 中华人民共和国第十四届全国人民代表大会常务委员会第五次会议于2023年9月1日修订通过的《行政复议法》自何日起施行？

答：2024年1月1日。

第七节 中华人民共和国行政诉讼法

1. 现行《中华人民共和国行政诉讼法》（以下简称《行政诉讼法》）是什么时间通过的？

答：1989年4月4日第七届全国人民代表大会第二次会议通过。

2. 《行政诉讼法》的立法目的和制定依据是什么？

答：为保证人民法院公正、及时审理行政案件，解决行政争议，保护公民、法人和其他组织的合法权益，监督行政机关依法行使职权，根据宪法，制定本法。

3. 公民、法人或者其他组织认为行政机关和行政机关工作人员的______侵犯其合法权益，有权依照《行政诉讼法》向人民法院提起诉讼。

答：行政行为。

4. 《行政诉讼法》所称行政行为，是否包括法律、法规、规章授权的组织作出的行政行为？

答：包括法律、法规、规章授权的组织作出的行政行为。

5. 依据《行政诉讼法》，______及其工作人员不得干预、阻碍人民法院受理行政案件。

答：行政机关。

6. 依据《行政诉讼法》，被诉行政机关的______应当出庭应诉。不能出庭的，应当委托行政机关相应的______出庭。

答：负责人；工作人员。

7. 依据《行政诉讼法》，人民法院依法对行政案件独立行使审判权，不受______、社会团体和个人的干涉。

答：行政机关。

8. 依据《行政诉讼法》，人民法院审理行政案件，以事实为______，以______为准绳。

答：根据；法律。

9. 依据《行政诉讼法》，人民法院审理行政案件，对行政行为是否______进行审查。

答：合法。

10. 依据《行政诉讼法》，当事人在行政诉讼中的法律地位______。

答：平等。

11. 依据《行政诉讼法》，人民法院受理公民、法人或者其他组织提起的哪些诉讼?

答：（1）对行政拘留、暂扣或者吊销许可证和执照、责令停产停业、没收违法所得、没收非法财物、罚款、警告等行政处罚不服的；（2）对限制人身自由或者对财产的查封、扣押、冻结等行政强制措施和行政强制执行不服的；（3）申请行政许可，行政机关拒绝或者在法定期限内不予答复，或者对行政机关作出的有关行政许可的其他决定不服的；（4）对行政机关作出的关于确认土地、矿藏、水流、森林、山岭、草原、荒地、滩涂、海域等自然资源的所有权或者使用权的决定不服的；（5）对征收、征用决定及其补偿决定不服的；（6）申请行政机关履行保护人身权、财产权等合法权益的法定职责，行政机关拒绝履行或者不予答复的；（7）认为行政机关侵犯其经营自主权或者农村土地承包经营权、农村土地经营权的；（8）认为行政机关滥用行政权力排除或者限制竞争的；（9）认为行政机关违法集资、摊派费用或者违法要求履行其他义务的；（10）认为行政机关没有依法支付抚恤金、最低生活保障待遇或者社会保险待遇的；（11）认为行政机关不依法履行、未按照约定履行或者违法变更、解除政府特许经营协议、土地房屋征收补偿协议等协议的；（12）认为行政机关侵犯其他人身权、财产权等合法权益的。

12. 除《行政诉讼法》第十二条第一款规定外，人民法院受理______规定可以提起诉讼的其他行政案件。

答：法律、法规。

13. 依据《行政诉讼法》，人民法院不受理公民、法人或者其他组织对哪些事项提起的诉讼?

答：（1）国防、外交等国家行为；（2）行政法规、规章或者行政机关制定、发布的具有普遍约束力的决定、命令；（3）行政机关对行政机关工作人员的奖惩、任免等决定；（4）法律规定由行政机关最终裁决的行政行为。

14. 依据《行政诉讼法》，基层人民法院管辖______行政案件。

答：第一审。

15. 依据《行政诉讼法》，中级人民法院管辖哪些第一审行政案件?

答：（1）对国务院部门或者县级以上地方人民政府所作的行政行为提起诉讼的案件；（2）海关处理的案件；（3）本辖区内重大、复杂的案件；（4）其他法律规定由中级人民法院管辖的案件。

16. 依据《行政诉讼法》，高级人民法院管辖本辖区内______的第一审行政案件。

答：重大、复杂。

17. 依据《行政诉讼法》，最高人民法院管辖全国范围内______的第一审行政案件。

答：重大、复杂。

18. 依据《行政诉讼法》，行政案件由______人民法院管辖。经复议的案件，也可以由______人民法院管辖。

答: 最初作出行政行为的行政机关所在地；复议机关所在地。

19. 依据《行政诉讼法》，经最高人民法院批准，高级人民法院可以根据审判工作的实际情况，确定若干人民法院______管辖行政案件。

答: 跨行政区域。

20. 依据《行政诉讼法》，对限制人身自由的行政强制措施不服提起的诉讼，由被告所在地或者______人民法院管辖。

答: 原告所在地。

21. 依据《行政诉讼法》，因不动产提起的行政诉讼，由______人民法院管辖。

答: 不动产所在地。

22. 依据《行政诉讼法》，人民检察院在______中发现生态环境和资源保护、食品药品安全、国有财产保护、国有土地使用权出让等领域负有监督管理职责的行政机关违法行使职权或者不作为，致使国家利益或者社会公共利益受到侵害的，应当向行政机关提出______，督促其依法履行职责。行政机关不依法履行职责的，人民检察院依法向人民法院______。

答: 履行职责；检察建议；提起诉讼。

23. 依据《行政诉讼法》，公民、法人或者其他组织直接向人民法院提起诉讼的，______是被告。

答: 作出行政行为的行政机关。

24. 依据《行政诉讼法》，经复议的案件，复议机关决定维持原行政行为的，______和复议机关是共同被告。复议机关改变______的，复议机关是被告。

答: 作出原行政行为的行政机关；原行政行为。

25. 依据《行政诉讼法》，复议机关在法定期限内未作出复议决定，公民、法人或者其他组织起诉______的，作出原行政行为的行政机关是被告。

起诉复议机关______的，复议机关是被告。

答：原行政行为；不作为。

26. 依据《行政诉讼法》，两个以上行政机关作出______的，共同作出行政行为的行政机关是共同被告。

答：同一行政行为。

27. 依据《行政诉讼法》，行政机关委托的组织所作的行政行为，______是被告。

答：委托的行政机关。

28. 依据《行政诉讼法》，行政机关被撤销或者职权变更的，______是被告。

答：继续行使其职权的行政机关。

29. 依据《行政诉讼法》，当事人一方或者双方为二人以上，因同一行政行为发生的行政案件，或者因同类行政行为发生的行政案件、人民法院认为可以合并审理并经______同意的，为共同诉讼。

答：当事人。

30. 依据《行政诉讼法》，当事人一方人数众多的共同诉讼，可以由当事人推选______进行诉讼。代表人的诉讼行为对其所代表的当事人发生效力，但代表人变更、放弃诉讼请求或者承认对方当事人的诉讼请求，应当经______同意。

答：代表人；被代表的当事人。

31. 依据《行政诉讼法》，当事人和法定代理人，可以委托一至二人作为诉讼代理人。哪些人员可以被委托为诉讼代理人？

答：（1）律师、基层法律服务工作者；（2）当事人的近亲属或者工作人员；（3）当事人所在社区、单位以及有关社会团体推荐的公民。

32. 依据《行政诉讼法》，行政诉讼证据包括哪些？

答：（1）书证；（2）物证；（3）视听资料；（4）电子数据；（5）证人证言；

（6）当事人的陈述；（7）鉴定意见；（8）勘验笔录、现场笔录。

33. 依据《行政诉讼法》，行政诉讼证据经法庭______，才能作为认定案件事实的根据。

答：审查属实。

34. 依据《行政诉讼法》，______对作出的行政行为负有举证责任，应当提供作出该行政行为的证据和所依据的______。

答：被告；规范性文件。

35. 依据《行政诉讼法》，被告不提供或者无正当理由逾期提供证据，______没有相应证据。但是，被诉行政行为涉及第三人合法权益，第三人提供______的除外。

答：视为；证据。

36. 依据《行政诉讼法》，在诉讼过程中，被告及其诉讼代理人不得自行向原告、第三人和证人______。

答：收集证据。

37. 依据《行政诉讼法》，被告在______已经收集了证据，但因不可抗力等______不能提供的，经______准许，可以延期提供。

答：作出行政行为时；正当事由；人民法院。

38. 依据《行政诉讼法》，原告或者第三人提出了其在行政处理程序中没有提出的理由或者证据的，经人民法院准许，被告可以______。

答：补充证据。

39. 依据《行政诉讼法》，原告可以提供证明行政行为违法的______。原告提供的证据不成立的，不免除被告的______。

答：证据；举证责任。

40. 依据《行政诉讼法》，在起诉被告不履行法定职责的案件中，原告应当提供其向被告提出申请的证据。但有哪些情形之一的除外？

答：（1）被告应当依职权主动履行法定职责的；（2）原告因正当理由不能提

供证据的。

41. 依据《行政诉讼法》，在行政赔偿、补偿的案件中，______应当对行政行为造成的损害提供证据。被告的原因导致原告______的，由被告承担______。

答：原告；无法举证；举证责任。

42. 依据《行政诉讼法》，人民法院有权要求______提供或者补充证据。

答：当事人。

43. 依据《行政诉讼法》，人民法院有权向有关______以及其他组织、公民调取证据。但是，不得为证明行政行为的______调取被告作出行政行为时______的证据。

答：行政机关；合法性；未收集。

44. 依据《行政诉讼法》，与本案有关的哪些证据，原告或者第三人不能自行收集的，可以申请人民法院调取？

答：（1）由国家机关保存而须由人民法院调取的证据；（2）涉及国家秘密、商业秘密和个人隐私的证据；（3）确因客观原因不能自行收集的其他证据。

45. 依据《行政诉讼法》，在证据可能灭失或者以后难以取得的情况下，______可以向人民法院申请保全证据，人民法院也可以主动采取保全措施。

答：诉讼参加人。

46. 依据《行政诉讼法》，证据应当在法庭上出示，并由当事人互相______。对涉及国家秘密、商业秘密和个人隐私的证据，不得在______开庭时出示。

答：质证；公开。

47. 依据《行政诉讼法》，人民法院应当按照法定程序，______审查核实证据。对______的证据应当在裁判文书中说明理由。

答：全面、客观地；未采纳。

48. 依据《行政诉讼法》，以______手段取得的证据，不得作为认定案件事实的根据。

答： 非法。

49. 依据《行政诉讼法》，对属于人民法院受案范围的行政案件，公民、法人或者其他组织可以先向______申请复议，对复议决定不服的，再向______提起诉讼。也可以直接向人民法院提起诉讼。

答： 行政机关；人民法院。

50. 依据《行政诉讼法》，法律、法规规定应当先向行政机关申请复议，对复议决定不服再向人民法院提起诉讼的，依照______的规定。

答： 法律、法规。

51. 依据《行政诉讼法》，公民、法人或者其他组织直接向人民法院提起诉讼的，应当自______或者______作出行政行为之日起______内提出。______另有规定的除外。

答： 知道；应当知道；六个月；法律。

52. 依据《行政诉讼法》，因不动产提起诉讼的案件自______起超过二十年，其他案件自行政行为作出之日起超过______提起诉讼的，人民法院不予受理。

答： 行政行为作出之日；五年。

53. 依据《行政诉讼法》，公民、法人或者其他组织申请行政机关履行保护其人身权、财产权等合法权益的法定职责，行政机关在接到申请之日起______内不履行的，公民、法人或者其他组织可以向人民法院提起诉讼。______对行政机关履行职责的期限另有规定的，从其规定。

答： 两个月；法律、法规。

54. 公民、法人或者其他组织在______情况下请求行政机关履行保护其人身权、财产权等合法权益的法定职责，行政机关不履行的，提起诉讼不受《行政诉讼法》第四十七条第一款规定期限的限制。

答： 紧急。

55. 依据《行政诉讼法》，公民、法人或者其他组织因不可抗力或者其他不属于______的原因耽误起诉期限的，被耽误的时间不计算在起诉期限内。

答：其自身。

56. 公民、法人或者其他组织因《行政诉讼法》第四十八条第一款规定以外的其他特殊情况耽误起诉期限的，在障碍消除后______内，可以申请延长期限，是否准许由人民法院决定。

答：十日。

57. 依据《行政诉讼法》，提起诉讼应当符合哪些条件?

答：（1）原告是符合《行政诉讼法》第二十五条规定的公民、法人或者其他组织;（2）有明确的被告;（3）有具体的诉讼请求和事实根据;（4）属于人民法院受案范围和受诉人民法院管辖。

58. 依据《行政诉讼法》，公民、法人或者其他组织认为行政行为所依据的国务院部门和地方人民政府及其部门制定的规范性文件不合法，在对行政行为提起诉讼时，可以一并请求对______进行审查。

答：该规范性文件。

59. 依据《行政诉讼法》，人民法院公开审理行政案件，但涉及国家秘密、个人隐私和______的除外。

答：法律另有规定。

60. 依据《行政诉讼法》，涉及商业秘密的案件，______申请不公开审理的，可以不公开审理。

答：当事人。

61. 依据《行政诉讼法》，______认为审判人员、书记员、翻译人员、鉴定人、勘验人与本案有利害关系或者有其他关系可能影响公正审判，有权申请审判人员、书记员、翻译人员、鉴定人、勘验人回避。

答：当事人。

62. 依据《行政诉讼法》，______对回避决定不服的，可以申请复议一次。

答：当事人。

63. 依据《行政诉讼法》，诉讼期间，是否停止行政行为的执行？但有哪些情形之一的，裁定停止执行？

答：不停止行政行为的执行。（1）被告认为需要停止执行的；（2）原告或者利害关系人申请停止执行，人民法院认为该行政行为的执行会造成难以弥补的损失，并且停止执行不损害国家利益、社会公共利益的；（3）人民法院认为该行政行为的执行会给国家利益、社会公共利益造成重大损害的；（4）法律、法规规定停止执行的。

64. 依据《行政诉讼法》，______对停止行政行为执行或者不停止行政行为执行的裁定不服的，可以申请复议一次。

答：当事人。

65. 依据《行政诉讼法》，人民法院对起诉行政机关没有依法支付抚恤金、最低生活保障金和工伤、医疗社会保险金的案件，______关系明确、不先予执行将______的，可以根据原告的申请，裁定先予执行。

答：权利义务；严重影响原告生活。

66. 依据《行政诉讼法》，______对先予执行裁定不服的，可以申请复议一次。复议期间是否停止裁定的执行？

答：当事人。复议期间不停止裁定的执行。

67. 依据《行政诉讼法》，经人民法院传票传唤，______无正当理由拒不到庭，或者未经法庭许可中途退庭的，可以按照撤诉处理。______无正当理由拒不到庭，或者未经法庭许可中途退庭的，可以缺席判决。

答：原告；被告。

68. 依据《行政诉讼法》，诉讼参与人或者其他人有哪些行为之一的，人民法院可以根据情节轻重，予以训诫、责令具结悔过或者处一万元以下的罚款、十五日以下的拘留？构成犯罪的，依法追究刑事责任。

答：（1）有义务协助调查、执行的人，对人民法院的协助调查决定、协助执行通知书，无故推拖、拒绝或者妨碍调查、执行的；（2）伪造、隐藏、毁灭证据或者提供虚假证明材料，妨碍人民法院审理案件的；（3）指使、贿买、胁迫他人作伪证或者威胁、阻止证人作证的；（4）隐藏、转移、变卖、毁损已被查封、扣押、冻结的财产的；（5）以欺骗、胁迫等非法手段使原告撤诉的；（6）以暴力、威胁或者其他方法阻碍人民法院工作人员执行职务，或者以哄闹、冲击法庭等方法扰乱人民法院工作秩序的；（7）对人民法院审判人员或者其他工作人员、诉讼参与人、协助调查和执行的人员恐吓、侮辱、诽谤、诬陷、殴打、围攻或者打击报复的。

69. 人民法院对有《行政诉讼法》第五十九条第一款规定的行为之一的单位，可以对______或者______依照前款规定予以罚款、拘留。构成犯罪的，依法追究______。

答：其主要负责人；直接责任人员；刑事责任。

70. 依据《行政诉讼法》，罚款、拘留须经______批准。______不服的，可以向上一级人民法院申请复议一次。复议期间是否停止执行？

答：人民法院院长；当事人；复议期间不停止执行。

71. 依据《行政诉讼法》，人民法院审理行政案件，是否适用调解？但是，行政赔偿、补偿以及行政机关行使法律、法规规定的______的案件可以调解。

答：不适用调解；自由裁量权。

72. 依据《行政诉讼法》，行政诉讼调解应当遵循______原则，不得损害国家利益、社会公共利益和他人合法权益。

答：自愿、合法。

73. 依据《行政诉讼法》，在涉及行政许可、登记、征收、征用和行政机关对______所作的裁决的行政诉讼中，当事人申请一并解决相关民事争议的，人民法院可以一并审理。

答：民事争议。

74. 依据《行政诉讼法》，人民法院对行政案件宣告判决或者裁定前，原告申请撤诉的，或者被告______，原告同意并申请撤诉的，是否准许，由人民法院裁定。

答：改变其所作的行政行为。

75. 依据《行政诉讼法》，人民法院审理行政案件，以法律和行政法规、地方性法规为______。______适用于本行政区域内发生的行政案件。

答：依据；地方性法规。

76. 依据《行政诉讼法》，人民法院审理民族自治地方的行政案件，并以该民族自治地方的______和______为依据。

答：自治条例；单行条例。

77. 依据《行政诉讼法》，人民法院审理行政案件，参照______。

答：规章。

78. 人民法院在审理行政案件中，经审查认为《行政诉讼法》第五十三条规定的规范性文件______的，不作为认定行政行为合法的______，并向制定机关提出处理建议。

答：不合法；依据。

79. 依据《行政诉讼法》，人民法院在审理行政案件中，认为行政机关的主管人员、直接责任人员______的，应当将有关材料移送监察机关、该行政机关或者其上一级行政机关。认为有______的，应当将有关材料移送公安、检察机关。

答：违法违纪；犯罪行为。

80. 依据《行政诉讼法》，人民法院对______经传票传唤无正当理由拒不到庭，或者未经法庭许可中途退庭的，可以将被告拒不到庭或者中途退庭的情况予以公告，并可以向监察机关或者被告的上一级行政机关提出依法给予其主要负责人或者直接责任人员处分的司法建议。

答：被告。

81. 依据《行政诉讼法》，被告应当在收到起诉状副本之日起______内向人民法院提交作出行政行为的证据和所依据的规范性文件，并提出______。

答：十五日；答辩状。

82. 依据《行政诉讼法》，行政行为证据确凿，适用法律、法规正确，符合______的，或者原告申请被告履行法定职责或者给付义务理由不成立的，人民法院判决驳回原告的诉讼请求。

答：法定程序。

83. 依据《行政诉讼法》，行政行为有哪些情形之一的，人民法院判决撤销或者部分撤销，并可以判决被告重新作出行政行为？

答：（1）主要证据不足的；（2）适用法律、法规错误的；（3）违反法定程序的；（4）超越职权的；（5）滥用职权的；（6）明显不当的。

84. 依据《行政诉讼法》，人民法院判决被告重新作出行政行为的，被告不得以______的事实和理由作出与原行政行为基本相同的行政行为。

答：同一。

85. 依据《行政诉讼法》，人民法院经过审理，查明被告不履行法定职责的，判决被告______。

答：在一定期限内履行。

86. 依据《行政诉讼法》，人民法院经过审理，查明被告依法负有给付义务的，判决被告______。

答：履行给付义务。

87. 依据《行政诉讼法》，行政行为有哪些情形之一的，人民法院判决确认违法，但不撤销行政行为？

答：（1）行政行为依法应当撤销，但撤销会给国家利益、社会公共利益造成重大损害的；（2）行政行为程序轻微违法，但对原告权利不产生实际影响的。

88. 依据《行政诉讼法》，行政行为有哪些情形之一，不需要撤销或者判决履行的，人民法院判决确认违法？

答：（1）行政行为违法，但不具有可撤销内容的；（2）被告改变原违法行政行为，原告仍要求确认原行政行为违法的；（3）被告不履行或者拖延履行法定职责，判决履行没有意义的。

89. 依据《行政诉讼法》，行政行为有实施主体不具有______或者______等重大且明显违法情形，原告申请确认行政行为无效的，人民法院判决确认无效。

答：行政主体资格；没有依据。

90. 依据《行政诉讼法》，人民法院判决确认违法或者无效的，可以同时判决责令被告采取______。给原告造成损失的，依法判决被告______。

答：补救措施；承担赔偿责任。

91. 依据《行政诉讼法》，______明显不当，或者其他行政行为涉及对款额的确定、认定确有错误的，人民法院可以判决变更。

答：行政处罚。

92. ______不依法履行、未按照约定履行或者违法变更、解除《行政诉讼法》第十二条第一款第十一项规定的协议的，人民法院判决被告承担继续履行、采取补救措施或者赔偿损失等责任。

答：被告。

93. 被告变更、解除《行政诉讼法》第十二条第一款第十一项规定的协议合法，但未依法给予补偿的，人民法院判决______。

答：给予补偿。

94. 依据《行政诉讼法》，人民法院审理哪些第一审行政案件，认为事实清楚、权利义务关系明确、争议不大的，可以适用简易程序?

答：（1）被诉行政行为是依法当场作出的；（2）案件涉及款额二千元以下的；（3）属于政府信息公开案件的。

95. 除《行政诉讼法》第八十二条第一款规定以外的第一审行政案件，______同意适用简易程序的，可以适用简易程序。

答：当事人各方。

96. 依据《行政诉讼法》，______不服人民法院第一审判决的，有权在判决书送达之日起十五日内向上一级人民法院提起上诉。______不服人民法院第一审裁定的，有权在裁定书送达之日起十日内向上一级人民法院提起上诉。逾期不提起上诉的，人民法院的第一审判决或者裁定发生______。

答：当事人；当事人；法律效力。

97. 依据《行政诉讼法》，人民法院审理上诉案件，需要改变原审判决的，应当同时对______作出判决。

答：被诉行政行为。

98. 依据《行政诉讼法》，______对已经发生法律效力的判决、裁定，认为确有错误的，可以向上一级人民法院申请再审，但判决、裁定不停止执行。

答：当事人。

99. 依据《行政诉讼法》，当事人必须履行人民法院发生法律效力的判决、裁定、______。

答：调解书。

100. 依据《行政诉讼法》，公民、法人或者其他组织拒绝履行判决、裁定、调解书的，行政机关或者第三人可以向第一审人民法院申请强制执行，或者由______依法强制执行。

答：行政机关。

101. 依据《行政诉讼法》，行政机关拒绝履行判决、裁定、调解书的，第一审人民法院可以采取哪些措施?

答：（1）对应当归还的罚款或者应当给付的款额，通知银行从该行政机关的账户内划拨。（2）在规定期限内不履行的，从期满之日起，对该行政机关负责人按日处五十元至一百元的罚款。（3）将行政机关拒绝履行的情况予以公告。（4）向监察机关或者该行政机关的上一级行政机关提出司法建议。接受司法建议的机关，根据有关规定进行处理，并将处理情况告知人民法院。（5）拒不履行判决、裁定、调解书，社会影响恶劣的，可以对该行政机关直接负责的主管人员和其他直接责任人员予以拘留；情节严重，构成犯罪的，依法追究刑事责任。

102. 依据《行政诉讼法》，公民、法人或者其他组织对行政行为在法定期限内不提起诉讼又不履行的，行政机关可以申请人民法院强制执行，或者______。

答：依法强制执行。

103. 依据《行政诉讼法》，人民法院审理行政案件，是否应当收取诉讼费用？诉讼费用由______承担，双方都有责任的由双方分担。

答：应当收取诉讼费用；败诉方。

104.《行政诉讼法》自何日起施行？

答：1990 年 10 月 1 日。

第八节　中华人民共和国国家赔偿法

1. 现行《中华人民共和国国家赔偿法》（以下简称《国家赔偿法》）是什么时间通过的？

答：1994 年 5 月 12 日第八届全国人民代表大会常务委员会第七次会议通过。

2.《国家赔偿法》的立法目的和制定依据是什么？

答：为保障公民、法人和其他组织享有依法取得国家赔偿的权利，促进国家机关依法行使职权，根据宪法，制定本法。

3. 国家机关和国家机关工作人员行使职权，有《国家赔偿法》规定的______的情形，造成损害的，受害人有依照《国家赔偿法》取得国家赔偿的权利。

答：侵犯公民、法人和其他组织合法权益。

4.《国家赔偿法》规定的赔偿义务机关，应当依照《国家赔偿法》及时履行______。

答：赔偿义务。

5. 依据《国家赔偿法》，行政机关及其工作人员在行使行政职权时有哪些侵犯人身权情形之一的，受害人有取得赔偿的权利？

答：（1）违法拘留或者违法采取限制公民人身自由的行政强制措施的；（2）非法拘禁或者以其他方法非法剥夺公民人身自由的；（3）以殴打、虐待等行为或者唆使、放纵他人以殴打、虐待等行为造成公民身体伤害或者死亡的；（4）违法使用武器、警械造成公民身体伤害或者死亡的；（5）造成公民身体伤害或者死亡的其他违法行为。

6. 依据《国家赔偿法》，行政机关及其工作人员在行使行政职权时有哪些侵犯财产权情形之一的，受害人有取得赔偿的权利？

答：（1）违法实施罚款、吊销许可证和执照、责令停产停业、没收财物等行政处罚的；（2）违法对财产采取查封、扣押、冻结等行政强制措施的；（3）违法征收、征用财产的；（4）造成财产损害的其他违法行为。

7. 依据《国家赔偿法》，属于哪些情形之一的，国家不承担赔偿责任？

答：（1）行政机关工作人员与行使职权无关的个人行为；（2）因公民、法人和其他组织自己的行为致使损害发生的；（3）法律规定的其他情形。

8. 依据《国家赔偿法》，受害的公民、法人和其他组织有权要求______。受害的公民死亡，______有权要求赔偿。受害的法人或者其他组织终止的，______有权要求赔偿。

答：赔偿；其继承人和其他有扶养关系的亲属；其权利承受人。

9. 依据《国家赔偿法》，行政机关及其工作人员行使行政职权侵犯公民、法人和其他组织的合法权益造成损害的，______为赔偿义务机关。

答：该行政机关。

10. 依据《国家赔偿法》，两个以上行政机关共同行使行政职权时侵犯公民、法人和其他组织的合法权益造成损害的，______为共同赔偿义务机关。

答：共同行使行政职权的行政机关。

11. 依据《国家赔偿法》，法律、法规授权的组织在行使授予的行政权力时侵犯公民、法人和其他组织的合法权益造成损害的，______为赔偿义务机关。

答：被授权的组织。

12. 依据《国家赔偿法》，受行政机关委托的组织或者个人在行使受委托的行政权力时侵犯公民、法人和其他组织的合法权益造成损害的，______为赔偿义务机关。

答：委托的行政机关。

13. 依据《国家赔偿法》，赔偿义务机关被撤销的，谁为赔偿义务机关。没有继续行使其职权的行政机关的，______为赔偿义务机关。

答：继续行使其职权的行政机关；撤销该赔偿义务机关的行政机关。

14. 依据《国家赔偿法》，经复议机关复议的，______为赔偿义务机关，但复议机关的复议决定加重损害的，复议机关对加重的部分履行赔偿义务。

答：最初造成侵权行为的行政机关。

15. 依据《国家赔偿法》，赔偿义务机关有《国家赔偿法》第三条、第四条规定情形之一的，应当______。

答：给予赔偿。

16. 依据《国家赔偿法》，赔偿请求人要求赔偿，应当先向______提出，也可以在申请行政复议或者提起行政诉讼时一并提出。

答：赔偿义务机关。

17. 依据《国家赔偿法》，赔偿请求人可以向共同赔偿义务机关中的______要求赔偿，该赔偿义务机关应当先予赔偿。

答：任何一个赔偿义务机关。

18. 依据《国家赔偿法》，赔偿请求人根据受到的______，可以同时提出数项赔偿要求。

答：不同损害。

19. 依据《国家赔偿法》，要求赔偿应当递交申请书，申请书应当载明哪些事项?

答:（1）受害人的姓名、性别、年龄、工作单位和住所，法人或者其他组织的名称、住所和法定代表人或者主要负责人的姓名、职务;（2）具体的要求、事实根据和理由;（3）申请的年、月、日。

20. 依据《国家赔偿法》，赔偿请求人书写申请书______的，可以委托他人代书。也可以口头申请，由______记入笔录。

答: 确有困难; 赔偿义务机关。

21. 依据《国家赔偿法》，赔偿请求人不是受害人本人的，应当说明与受害人的关系，并提供______。

答: 相应证明。

22. 依据《国家赔偿法》，赔偿请求人当面递交申请书的，赔偿义务机关应当当场出具加盖______并注明收讫日期的书面凭证。申请材料不齐全的，赔偿义务机关应当当场或者在五日内______告知赔偿请求人需要补正的全部内容。

答: 本行政机关专用印章; 一次性。

23. 依据《国家赔偿法》，赔偿义务机关应当自收到申请之日起______内，作出是否赔偿的决定。赔偿义务机关作出赔偿决定，应当充分听取______的意见，并可以与赔偿请求人就赔偿方式、赔偿项目和赔偿数额依照《国家赔偿法》第四章的规定进行协商。

答: 两个月; 赔偿请求人。

24. 依据《国家赔偿法》，赔偿义务机关决定赔偿的，应当制作赔偿决定书，并自作出决定之日起______内送达赔偿请求人。

答: 十日。

25. 依据《国家赔偿法》，赔偿义务机关决定不予赔偿的，应当自作出决定之日起十日内书面通知赔偿请求人，并说明不予赔偿的______。

答: 理由。

26. 依据《国家赔偿法》，赔偿义务机关在规定期限内未作出是否赔偿的决定，赔偿请求人可以自期限届满之日起______内，向人民法院提起诉讼。

答：三个月。

27. 依据《国家赔偿法》，赔偿请求人对赔偿的方式、项目、数额有异议的，或者赔偿义务机关作出不予赔偿决定的，赔偿请求人可以自赔偿义务机关作出赔偿或者不予赔偿决定之日起______内，向人民法院提起诉讼。

答：三个月。

28. 依据《国家赔偿法》，人民法院审理行政赔偿案件，赔偿请求人和对______自己提出的主张，应当提供证据。

答：赔偿义务机关。

29. 依据《国家赔偿法》，赔偿义务机关采取行政拘留或者限制人身自由的强制措施期间，被限制人身自由的人死亡或者丧失行为能力的，赔偿义务机关的行为与被限制人身自由的人的死亡或者丧失行为能力是否存在因果关系，______应当提供证据。

答：赔偿义务机关。

30. 依据《国家赔偿法》，赔偿义务机关赔偿损失后，应当责令有故意或者______的工作人员或者受委托的组织或者个人承担部分或者全部赔偿费用。

答：重大过失。

31. 依据《国家赔偿法》，对有故意或者重大过失的______，有关机关应当依法给予处分。构成犯罪的，应当依法追究______。

答：责任人员；刑事责任。

32. 依据《国家赔偿法》，国家赔偿以______为主要方式。能够返还财产或者恢复原状的，予以______或者______。

答：支付赔偿金；返还财产；恢复原状。

33. 依据《国家赔偿法》，侵犯公民人身自由的，每日赔偿金按照______计算。

答：国家上年度职工日平均工资。

34. 依据《国家赔偿法》，侵犯公民生命健康权的，赔偿金按照哪些规定计算？

答：（1）造成身体伤害的，应当支付医疗费、护理费，以及赔偿因误工减少的收入。减少的收入每日的赔偿金按照国家上年度职工日平均工资计算，最高额为国家上年度职工年平均工资的五倍；（2）造成部分或者全部丧失劳动能力的，应当支付医疗费、护理费、残疾生活辅助具费、康复费等因残疾而增加的必要支出和继续治疗所必需的费用，以及残疾赔偿金。残疾赔偿金根据丧失劳动能力的程度，按照国家规定的伤残等级确定，最高不超过国家上年度职工年平均工资的二十倍。造成全部丧失劳动能力的，对其扶养的无劳动能力的人，还应当支付生活费；（3）造成死亡的，应当支付死亡赔偿金、丧葬费，总额为国家上年度职工年平均工资的二十倍。对死者生前扶养的无劳动能力的人，还应当支付生活费。

35.《国家赔偿法》第三十四条第一款第二项、第三项规定的生活费的发放标准，参照______标准执行。被扶养的人是未成年人的，生活费给付至______止。其他无劳动能力的人，生活费给付至______止。

答：当地最低生活保障；十八周岁；死亡时。

36. 有《国家赔偿法》第三条或者第十七条规定情形之一，致人精神损害的，应当在______的范围内，为受害人消除影响，恢复名誉，______。造成严重后果的，应当______。

答：侵权行为影响；赔礼道歉；支付相应的精神损害抚慰金。

37. 依据《国家赔偿法》，侵犯公民、法人和其他组织的财产权造成损害的，按照哪些规定处理？

答：（1）处罚款、罚金、追缴、没收财产或者违法征收、征用财产的，返还财产；（2）查封、扣押、冻结财产的，解除对财产的查封、扣押、冻结，造成财产损坏或者灭失的，依照本条第三项、第四项的规定赔偿；（3）应当返还的财产损坏的，能够恢复原状的恢复原状，不能恢复原状的，按照损害程度给付相应的赔偿金；（4）应当返还的财产灭失的，给付相应的赔偿金；（5）财产已经拍卖或者变卖的，给付拍卖或者变卖所得的价款；变卖的价款明显低于财产价值的，应当支付相应的赔偿金；（6）吊销许可证和执照、责令停产停业的，赔偿停产停业期间必要的经常性费用开支；（7）返还执行的罚款或者罚金、追缴或者没收的金钱，解除冻结的存款或者汇款的，应当支付银行同期存款利息；（8）对财产权造成其他损害的，按照直接损失给予赔偿。

38. 依据《国家赔偿法》，赔偿费用列入______。

答：各级财政预算。

39. 依据《国家赔偿法》，赔偿请求人凭生效的判决书、复议决定书、赔偿决定书或者调解书，向______申请支付赔偿金。

答：赔偿义务机关。

40. 依据《国家赔偿法》，赔偿义务机关应当自收到支付赔偿金申请之日起______内，依照预算管理权限向有关的财政部门提出支付申请。财政部门应当自收到支付申请之日起______内支付赔偿金。

答：七日；十五日。

41. 依据《国家赔偿法》，赔偿费用预算与支付管理的具体办法由______规定。

答：国务院。

42. 依据《国家赔偿法》，赔偿请求人请求国家赔偿的时效为______，自其______或者______国家机关及其工作人员行使职权时的行为侵犯其人身权、财产权之日起计算，但被羁押等限制人身自由期间不计算在内。在申请行政复议或者提起行政诉讼时一并提出赔偿请求的，适用行政复议法、行政诉讼法______的规定。

答：两年；知道；应当知道；有关时效。

43. 依据《国家赔偿法》，赔偿请求人在赔偿请求时效的最后______内，因不可抗力或者其他障碍不能行使请求权的，时效中止。从______起，赔偿请求时效期间继续计算。

答：六个月；中止时效的原因消除之日。

44. 依据《国家赔偿法》，外国人、外国企业和组织在中华人民共和国领域内要求中华人民共和国国家赔偿的，适用哪部法律？

答：《国家赔偿法》。

45. 依据《国家赔偿法》，外国人、外国企业和组织的所属国对中华人民共和国公民、法人和其他组织要求该国国家赔偿的权利不予保护或者限制的，中华人民共和国与该外国人、外国企业和组织的所属国实行______。

答：对等原则。

46. 依据《国家赔偿法》，赔偿请求人要求国家赔偿的，______、复议机关和人民法院不得向赔偿请求人收取任何费用。

答：赔偿义务机关。

47. 依据《国家赔偿法》，对赔偿请求人取得的赔偿金是否征税？

答：对赔偿请求人取得的赔偿金不予征税。

48.《国家赔偿法》自何日起施行？

答：1995 年 1 月 1 日。

第九节 中华人民共和国民营经济促进法

1. 现行《中华人民共和国民营经济促进法》（以下简称《民营经济促进法》）是在什么时间通过的？

答：2025 年 4 月 30 日第十四届全国人民代表大会常务委员会第十五次会议通过。

2.《民营经济促进法》明确，促进民营经济持续、健康、高质量发展，是国家长期坚持的______。

答：重大方针政策。

3.《民营经济促进法》明确，国家坚持依法______、______、______民营经济发展，更好发挥法治固根本、稳预期、利长远的保障作用。

答：鼓励；支持；引导。

4.《民营经济促进法》明确，国家坚持______、公平竞争、______、共同发展的原则，促进民营经济发展壮大。

答：平等对待；同等保护。

5.《民营经济促进法》明确，民营经济组织与其他各类经济组织享有______的法律地位、______和发展权利。

答：平等；市场机会。

6.《民营经济促进法》明确，国务院和______将促进民营经济发展工作纳入国民经济和社会发展规划，建立促进民营经济发展工作协调机制，制定完善政策措施，协调解决民营经济发展中的重大问题。

答：县级以上地方人民政府。

7.《民营经济促进法》明确，______负责统筹协调促进民营经济发展工作。

答：国务院发展改革部门。

8.《民营经济促进法》明确，县级以上地方人民政府有关部门依照法律法规和______确定的职责分工，开展促进民营经济发展工作。

答：本级人民政府。

9.《民营经济促进法》明确，民营经济组织及其经营者从事生产经营活动，应当遵守法律法规，遵守社会公德、商业道德，诚实守信、公平竞争，履行社会责任，保障劳动者合法权益，维护国家利益和社会公共利益，接受______和______监督。

答：政府；社会。

10.《民营经济促进法》明确，工商业联合会发挥在促进民营经济健康发展和民营经济人士健康成长中的重要作用，加强民营经济组织经营者思想政治建设，引导民营经济组织______，提高服务民营经济水平。

答：依法经营。

11.《民营经济促进法》明确，国家建立健全民营经济______制度，对民营经济发展情况进行统计分析，定期发布有关信息。

答：统计。

12.《民营经济促进法》明确，市场准入负面清单以外的领域，包括______组织在内的各类经济组织可以依法平等进入。

答：民营经济。

13.《民营经济促进法》明确，各级人民政府及其有关部门落实公平竞争审查制度，制定涉及经营主体生产经营活动的政策措施应当经过______审查，并定期评估，及时清理、废除含有妨碍全国统一市场和公平竞争内容的政策措施，保障民营经济组织公平参与市场竞争。

答：公平竞争。

14.《民营经济促进法》明确，______负责受理对违反公平竞争审查制度政策措施的举报，并依法处理。

答：市场监督管理部门。

15.《民营经济促进法》明确，______保障民营经济组织依法平等使用资金、技术、人力资源、数据、土地及其他自然资源等各类生产要素和公共服务资源，依法平等适用国家支持发展的政策。

答：国家。

16.《民营经济促进法》明确，各级人民政府及其有关部门依照法定权限，在制定、实施政府资金安排、土地供应、排污指标、公共数据开放、资质许可、标准制定、项目申报、职称评定、评优评先、人力资源等方面的政策措施时，______对待民营经济组织。

答：平等。

17.《民营经济促进法》明确，公共资源交易活动应当公开透明、公平公正，依法平等对待包括______组织在内的各类经济组织。

答：民营经济。

18.《民营经济促进法》明确，______执法机构按照职责权限，预防和制止市场经济活动中的垄断、不正当竞争行为，对滥用行政权力排除、限制竞争的行为依法处理，为民营经济组织提供良好的市场环境。

答：反垄断和反不正当竞争。

19.《民营经济促进法》明确，国务院有关部门根据国家重大发展战略、发展规划、产业政策等，统筹研究制定促进民营经济投资______，发布鼓励民营经济投资重大项目信息，引导民营经济投资重点领域。

答：政策措施。

20.《民营经济促进法》明确，民营经济组织投资建设符合国家战略方向的固定资产投资项目，依法享受______。

答：国家支持政策。

21.《民营经济促进法》明确，各级人民政府及其有关部门支持民营经济组织参与政府和______资本合作项目。

答：社会。

22.《民营经济促进法》明确，各级人民政府及其有关部门在项目推介对接、前期工作和报建审批事项办理、要素获取和政府投资支持等方面，为民营经济组织投资提供______的服务。

答：规范高效便利。

23.《民营经济促进法》明确，国务院有关部门依据职责发挥货币政策工具和宏观信贷政策的激励约束作用，按照市场化、______原则，对金融机构向小型微型民营经济组织提供金融服务实施差异化政策，督促引导金融机构合理设置不良贷款容忍度、建立健全______机制、提升专业服务能力，提高为民营经济组织提供金融服务的水平。

答：法治化；尽职免责。

24.《民营经济促进法》明确，银行业金融机构等依据法律法规，接受符合贷款业务需要的担保方式，并为民营经济组织提供应收账款、仓单、股权、知识产权等______贷款。各级人民政府及其有关部门应当为动产和权利质押登记、估值、交易流通、______等提供支持和便利。

答： 权利质押；信息共享。

25.《民营经济促进法》明确，国家保障民营经济组织依法参与______制定工作，强化标准制定的信息公开和社会监督。国家为民营经济组织提供科研基础设施、技术验证、标准规范、______、______、知识产权、示范应用等方面的服务和便利。

答： 标准；质量认证；检验检测。

26.《民营经济促进法》明确，加大创新成果知识产权保护力度，实施知识产权侵权惩罚性赔偿制度，依法查处侵犯______专用权、专利权、著作权和侵犯商业秘密、______等违法行为。

答： 商标；仿冒混淆。

27.《民营经济促进法》明确，加强知识产权保护的区域、部门协作，为民营经济组织提供知识产权______保护、多元纠纷解决、维权援助以及海外知识产权纠纷应对指导和风险预警等服务。

答： 快速协同。

28.《民营经济促进法》明确，民营经济组织从事生产经营活动应当遵守______、______、______、社会保障、生态环境、质量标准、知识产权、网络和数据安全、财政税收、金融等方面的法律法规。不得通过贿赂和欺诈等手段牟取不正当利益，不得妨害市场和金融秩序、破坏生态环境、损害劳动者合法权益和______利益。

答： 劳动用工；安全生产；职业卫生；社会公共。

29.《民营经济促进法》明确，______依法对民营经济组织生产经营活动实施监督管理。

答： 国家机关。

30.《民营经济促进法》明确，支持民营资本服务经济社会发展，完善______制度规则，依法规范和引导民营资本健康发展，维护社会主义市场经济秩序和社会公共利益。

答：资本行为。

31.《民营经济促进法》明确，民营经济组织的组织形式、组织机构及其______，适用《中华人民共和国公司法》《中华人民共和国合伙企业法》《中华人民共和国个人独资企业法》等法律的规定。

答：活动准则。

32.《民营经济促进法》明确，国家推动构建民营经济组织源头防范和治理腐败的体制机制，支持引导民营经济组织建立健全内部______制度，加强廉洁风险防控，推动民营经济组织提升依法合规经营管理水平，及时预防、发现、治理经营中违法违规等问题。

答：审计。

33.《民营经济促进法》明确，民营经济组织应当加强对工作人员的______教育，营造诚信廉洁、守法合规的文化氛围。

答：法治。

34.《民营经济促进法》明确，民营经济组织应当依照法律、行政法规和国家统一的会计制度，加强财务管理，规范会计核算，防止财务造假，并区分民营经济组织生产经营收支与民营经济组织______收支，实现民营经济组织财产与民营经济组织经营者个人财产分离。

答：经营者个人。

35.《民营经济促进法》明确，民营经济组织及其经营者在海外投资经营应当遵守所在国家或者地区的法律，尊重当地习俗和文化传统，维护国家形象，不得从事损害国家安全和______的活动。

答：国家利益。

36.《民营经济促进法》明确，国家机关及其工作人员在促进民营经济发展工作中，应当______。国家机关工作人员与民营经济组织经营者在工作交往中，应当遵纪守法，保持______。

答：依法履职尽责；清正廉洁。

37.《民营经济促进法》明确，各级人民政府及其有关部门建立畅通有效的______机制，及时听取包括民营经济组织在内各类经济组织的意见建议，解决其反映的合理问题。

答：政企沟通。

38.《民营经济促进法》明确，各级人民政府及其有关部门应当及时向社会公开涉及经营主体的优惠政策适用范围、标准、条件和______等，为民营经济组织申请享受有关优惠政策提供______。

答：申请程序；便利。

39.《民营经济促进法》明确，各级人民政府及其有关部门制定鼓励民营经济组织创业的政策，提供______，鼓励创业带动就业。

答：公共服务。

40.《民营经济促进法》明确，______应当为包括民营经济组织在内的各类经济组织提供依法合规、规范统一、公开透明、便捷高效的设立、变更、注销等登记服务，降低市场进入和退出成本。

答：登记机关。

41.《民营经济促进法》明确，登记机关、______和有关部门为个体工商户转型为企业提供指引和便利。

答：税务机关。

42.《民营经济促进法》明确，______建立健全人力资源服务机制，搭建用工和求职信息对接平台，为民营经济组织招工用工提供便利。

答：人力资源和社会保障部门。

43.《民营经济促进法》明确，各级人民政府及其有关部门完善人才激励和服务保障政策措施，畅通民营经济组织______渠道，为民营经济组织引进、培养高层次及紧缺人才提供支持。

答：职称评审。

44.《民营经济促进法》明确，行政机关开展执法活动应当避免或者尽量减少对民营经济组织______活动的影响，并对其合理、合法诉求______响应、处置。

答：正常生产经营；及时。

45.《民营经济促进法》明确，对民营经济组织及其经营者违法行为的行政处罚应当按照与其他经济组织及其经营者______原则实施。对违法行为依法需要实施行政处罚或者采取其他措施的，应当与违法行为的事实、性质、情节以及______相当。违法行为具有《中华人民共和国行政处罚法》规定的从轻、减轻或者不予处罚情形的，______从轻、减轻或者不予处罚。

答：同等；社会危害程度；依照其规定。

46.《民营经济促进法》明确，各级人民政府及其有关部门推动监管信息共享互认，根据民营经济组织的信用状况实施______监管，提升监管效能。

答：分级分类。

47.《民营经济促进法》明确，除直接涉及公共安全和人民群众生命健康等特殊行业、重点领域依法依规实行______的重点监管外，市场监管领域相关部门的行政检查应当通过随机抽取检查对象、随机选派执法______的方式进行，抽查事项及查处结果及时向社会公开。针对______的多个检查事项，应当尽可能合并或者纳入跨部门联合检查范围。

答：全覆盖；检查人员；同一检查对象。

48.《民营经济促进法》明确，各级人民政府及其有关部门建立健全______投诉举报处理机制，及时受理并依法处理投诉举报，保护民营经济组织及其经营者合法权益。

答：行政执法违法行为。

49.《民营经济促进法》明确，司法行政部门建立涉企行政执法______机制，组织开展行政执法检查，加强对行政执法活动的______，及时纠正不当行政执法行为。

答：诉求沟通；监督。

50.《民营经济促进法》明确，健全失信惩戒和______制度。实施失信惩戒，应当依照法律、法规和有关规定，并根据失信行为的事实、性质、轻重程度等采取______的惩戒措施。

答：信用修复；适度。

51.《民营经济促进法》明确，民营经济组织及其经营者纠正失信行为、消除不良影响、符合信用修复条件的，可以提出______申请。有关国家机关应当依法及时解除惩戒措施，移除或者终止______公示，并在相关公共信用信息平台实现______修复。

答：信用修复；失信信息；协同。

52.《民营经济促进法》明确，民营经济组织及其经营者的人身权利、财产权利以及经营自主权等______受法律保护，任何单位和个人不得侵犯。

答：合法权益。

53.《民营经济促进法》明确，民营经济组织的名称权、名誉权、荣誉权和民营经济组织经营者的名誉权、荣誉权、隐私权、个人信息等______权益受法律保护。

答：人格。

54.《民营经济促进法》明确，任何单位和个人不得利用______等传播渠道，以侮辱、诽谤等方式恶意侵害民营经济组织及其经营者的人格权益。网络服务提供者应当依照有关法律法规规定，加强网络信息内容管理，建立健全投诉、举报机制，及时处置恶意侵害当事人合法权益的违法信息，并向______报告。

答：互联网；有关主管部门。

55.《民营经济促进法》明确，国家机关及其工作人员依法开展调查或者要求协助调查，应当避免或者尽量减少对______产生影响。实施限制人身自由的强制措施，应当严格依照法定权限、条件和______进行。

答：正常生产经营活动；程序。

56.《民营经济促进法》明确，征收、征用财产，应当严格依照法定权限、条件和______进行。

答：程序。

57.《民营经济促进法》明确，为了公共利益的需要，依照法律规定征收、征用财产的，应当给予______、______的补偿。

答：公平；合理。

58.《民营经济促进法》明确，任何单位不得违反法律、______向民营经济组织收取费用，不得实施没有法律、______依据的罚款，不得向民营经济组织摊派财物。

答：法规；法规。

59.《民营经济促进法》明确，查封、扣押、冻结涉案财物，应当遵守法定权限、条件和程序，严格区分违法所得、其他涉案财物与______，民营经济组织财产与______，涉案人财产与______，不得超权限、超范围、超数额、超时限查封、扣押、冻结财物。

答：合法财产；民营经济组织经营者个人财产；案外人财产。

60.《民营经济促进法》明确，禁止利用______或者刑事手段违法干预经济纠纷。

答：行政。

61.《民营经济促进法》明确，规范异地执法行为，建立健全______制度。办理案件需要异地执法的，应当遵守法定权限、条件和______。国家机关之间对案件管辖有争议的，可以进行协商，协商不成的，提请共同的上级机关决定，______另有规定的从其规定。

答：异地执法协助；程序；法律。

62.《民营经济促进法》明确，禁止为______等目的滥用职权实施异地执法。

答：经济利益。

63.《民营经济促进法》明确，民营经济组织及其经营者对生产经营活动是否违法，以及国家机关实施的强制措施存在异议的，可以依法向有关机关______、______，依法申请行政复议、提起诉讼。

答： 反映情况；申诉。

64.《民营经济促进法》明确，审计机关依法对国家机关、事业单位和国有企业支付______账款情况进行审计监督。

答： 民营经济组织。

65.《民营经济促进法》明确，县级以上地方人民政府应当加强账款支付保障工作，预防和______拖欠民营经济组织账款。强化预算管理，政府采购项目应当严格按照批准的______执行。加强对拖欠账款处置工作的统筹指导，对有争议的鼓励各方协商解决，对存在重大分歧的______协商、调解。协商、调解应当发挥______、律师协会等组织的作用。

答： 清理；预算；组织；工商业联合会。

66.《民营经济促进法》明确，地方各级人民政府及其有关部门应当履行依法向民营经济组织作出的______和与民营经济组织订立的合同，不得以行政区划调整、政府换届、机构或者职能调整以及相关人员更替等为由违约、毁约。

答： 政策承诺。

67.《民营经济促进法》明确，因国家利益、社会公共利益需要改变政策承诺、合同约定的，应当依照法定权限和程序进行，并对民营经济组织因此受到的损失予以______。

答： 补偿。

68. 违反《民营经济促进法》规定，有哪些情形之一的，由有权机关责令改正，造成不良后果或者影响的，对负有责任的领导人员和直接责任人员依法给予处分？

答：（1）未经公平竞争审查或者未通过公平竞争审查出台政策措施；（2）在招标投标、政府采购等公共资源交易中限制或者排斥民营经济组织。

69.《民营经济促进法》明确，违反法律规定实施征收、征用或者查封、扣押、冻结等措施的，由有权机关责令改正，造成损失的，依法予以______。造成不良后果或者影响的，对负有责任的领导人员和直接责任人员依法给予______。

答：赔偿；处分。

70.《民营经济促进法》明确，违反法律规定实施异地执法的，由有权机关______，造成不良后果或者影响的，对负有责任的领导人员和直接责任人员依法给予______。

答：责令改正；处分。

71.《民营经济促进法》明确，国家机关、事业单位、国有企业违反法律、行政法规规定或者合同约定，拒绝或者拖延支付民营经济组织账款，地方各级人民政府及其有关部门不履行向民营经济组织依法作出的政策承诺、依法订立的合同的，由有权机关予以______，造成损失的，依法予以赔偿。造成不良后果或者影响的，对负有责任的领导人员和______依法给予处分。

答：纠正；直接责任人员。

72. 违反《民营经济促进法》规定，侵害民营经济组织及其经营者合法权益，其他法律、法规规定______的，从其规定。造成人身损害或者财产损失的，依法承担______责任。构成犯罪的，依法追究______责任。

答：行政处罚；民事；刑事。

73.《民营经济促进法》明确，民营经济组织及其经营者采取欺诈等不正当手段骗取表彰荣誉、优惠政策等的，应当______、______，依法予以处罚。构成犯罪的，依法追究______责任。

答：撤销已获表彰荣誉；取消享受的政策待遇；刑事。

74.《民营经济促进法》所称民营经济组织，是指在中华人民共和国境内依法设立的由______控股或者实际控制的营利法人、非法人组织和个体工商户，以及前述组织控股或者实际控制的营利法人、非法人组织。

答：中国公民。

75.《民营经济促进法》明确，民营经济组织涉及外商投资的，同时适用______法律法规的相关规定。

答：外商投资。

76.《民营经济促进法》自何日起施行？

答：2025 年 5 月 20 日。

第十节 中华人民共和国政府信息公开条例

1. 现行《中华人民共和国政府信息公开条例》（以下简称《政府信息公开条例》）是什么时间通过的？

答：2007 年 1 月 17 日国务院第 165 次常务会议通过。

2.《政府信息公开条例》的立法目的是什么？

答：为了保障公民、法人和其他组织依法获取政府信息，提高政府工作的透明度，建设法治政府，充分发挥政府信息对人民群众生产、生活和经济社会活动的服务作用，制定本条例。

3.《政府信息公开条例》所称政府信息，是指什么？

答：是指行政机关在履行行政管理职能过程中制作或者获取的，以一定形式记录、保存的信息。

4. 依据《政府信息公开条例》，县级以上地方人民政府办公厅（室）是本行政区域的政府信息公开工作主管部门，负责______、______、______、______本行政区域的政府信息公开工作。

答：推进；指导；协调；监督。

5. 依据《政府信息公开条例》，各级人民政府及县级以上人民政府部门应当建立健全本行政机关的政府信息公开工作制度，并指定机构（以下统称政府信息公开工作机构）负责______。

答：本行政机关政府信息公开的日常工作。

6. 依据《政府信息公开条例》，政府信息公开工作机构的具体职能是什么？

答：（1）办理本行政机关的政府信息公开事宜；（2）维护和更新本行政机关公开的政府信息；（3）组织编制本行政机关的政府信息公开指南、政府信息公开目录和政府信息公开工作年度报告；（4）组织开展对拟公开政府信息的审查；（5）本行政机关规定的与政府信息公开有关的其他职能。

7. 依据《政府信息公开条例》，行政机关公开政府信息，应当坚持以______为常态、______为例外，遵循______、______、______、______的原则。

答：公开；不公开；公正；公平；合法；便民。

8. 依据《政府信息公开条例》，行政机关应当______、______地公开政府信息。行政机关发现影响或者可能影响社会稳定、扰乱社会和经济管理秩序的虚假或者不完整信息的，应当______。

答：及时；准确；发布准确的政府信息予以澄清。

9. 依据《政府信息公开条例》，公民、法人和其他组织有权对行政机关的政府信息公开工作进行______，并提出______和______。

答：监督；批评；建议。

10. 依据《政府信息公开条例》，行政机关制作的政府信息，由______负责公开。行政机关从公民、法人和其他组织获取的政府信息，由______负责公开。行政机关获取的其他行政机关的政府信息，由______负责公开。______对政府信息公开的权限另有规定的，从其规定。

答：制作该政府信息的行政机关；保存该政府信息的行政机关；制作或者最初获取该政府信息的行政机关；法律、法规。

11. 依据《政府信息公开条例》，行政机关设立的派出机构、内设机构依照法律、法规对外以自己名义履行行政管理职能的，可以由______负责与所履行行政管理职能有关的政府信息公开工作。

答：该派出机构、内设机构。

12. 依据《政府信息公开条例》，两个以上行政机关共同制作的政府信息，由______负责公开。

答： 牵头制作的行政机关。

13. 依据《政府信息公开条例》，行政机关应当建立健全政府信息公开______机制。政机关公开政府信息涉及其他机关的，应当与有关机关协商、确认，保证行政机关公开的政府信息______。

答： 协调；准确一致。

14. 依据《政府信息公开条例》，行政机关公开政府信息依照法律、行政法规和______需要批准的，经批准予以公开。

答： 国家有关规定。

15. 依据《政府信息公开条例》，行政机关编制、公布的政府信息公开指南和政府信息公开目录应当______。

答： 及时更新。

16. 依据《政府信息公开条例》，政府信息公开指南包括政府信息的分类、编排体系、获取方式和政府信息公开工作机构的名称、办公地址、办公时间、______、传真号码、______等内容。

答： 联系电话；互联网联系方式。

17. 依据《政府信息公开条例》，政府信息公开目录包括政府信息的索引、名称、______、生成日期等内容。

答： 内容概述。

18. 除《政府信息公开条例》第十四条、第十五条、第十六条规定的政府信息外，政府信息应当______。行政机关公开政府信息，采取______和依申请公开的方式。

答： 公开；主动公开。

19. 依据《政府信息公开条例》，依法确定为国家秘密的政府信息，______禁止公开的政府信息，以及公开后可能危及国家安全、公共安全、经济安全、______的政府信息，不予公开。

答：法律、行政法规；社会稳定。

20. 依据《政府信息公开条例》，涉及商业秘密、个人隐私等公开会对______合法权益造成损害的政府信息，行政机关不得公开。但是，第三方______或者行政机关认为不公开会对______造成重大影响的，予以公开。

答：第三方；同意公开；公共利益。

21. 依据《政府信息公开条例》，行政机关的内部事务信息，包括人事管理、后勤管理、______等方面的信息，可以不予公开。

答：内部工作流程。

22. 依据《政府信息公开条例》，行政机关在履行行政管理职能过程中形成的讨论记录、过程稿、磋商信函、请示报告等______信息以及______信息，可以不予公开。法律、法规、______规定上述信息应当公开的，从其规定。

答：过程性；行政执法案卷；规章。

23. 依据《政府信息公开条例》，行政机关应当建立健全政府信息公开审查机制，明确审查的______和______。行政机关应当依照《中华人民共和国保守国家秘密法》以及其他法律、法规和国家有关规定对拟公开的政府信息进行______。行政机关不能确定政府信息是否可以公开的，应当依照法律、法规和国家有关规定报有关主管部门或者______行政管理部门确定。

答：程序；责任；审查；保密。

24. 依据《政府信息公开条例》，行政机关应当建立健全政府信息管理动态调整机制，对本行政机关不予公开的政府信息进行定期评估审查，对因______可以公开的政府信息应当公开。

答：情势变化。

25. 依据《政府信息公开条例》，对涉及______调整、需要公众广泛知晓或者需要公众参与决策的政府信息，行政机关应当主动公开。

答：公众利益。

26. 依据《政府信息公开条例》，行政机关应当依照《政府信息公开条例》第十九条的规定，主动公开本行政机关的哪些政府信息？

答：（1）行政法规、规章和规范性文件；（2）机关职能、机构设置、办公地址、办公时间、联系方式、负责人姓名；（3）国民经济和社会发展规划、专项规划、区域规划及相关政策；（4）国民经济和社会发展统计信息；（5）办理行政许可和其他对外管理服务事项的依据、条件、程序以及办理结果；（6）实施行政处罚、行政强制的依据、条件、程序以及本行政机关认为具有一定社会影响的行政处罚决定；（7）财政预算、决算信息；（8）行政事业性收费项目及其依据、标准；（9）政府集中采购项目的目录、标准及实施情况；（10）重大建设项目的批准和实施情况；（11）扶贫、教育、医疗、社会保障、促进就业等方面的政策、措施及其实施情况；（12）突发公共事件的应急预案、预警信息及应对情况；（13）环境保护、公共卫生、安全生产、食品药品、产品质量的监督检查情况；（14）公务员招考的职位、名额、报考条件等事项以及录用结果；（15）法律、法规、规章和国家有关规定应当主动公开的其他政府信息。

27. 除《政府信息公开条例》第二十条规定的政府信息外，设区的市级、县级人民政府及其部门还应当根据本地方的具体情况，主动公开涉及市政建设、公共服务、公益事业、______、______、______、______等方面的政府信息。乡（镇）人民政府还应当根据本地方的具体情况，主动公开贯彻落实农业农村政策、农田水利工程建设运营、农村土地承包经营权流转、______、土地征收、房屋征收、筹资筹劳、社会救助等方面的政府信息。

答：土地征收；房屋征收；治安管理；社会救助；宅基地使用情况审核。

28. 行政机关应当依照《政府信息公开条例》第二十条、第二十一条的规定，确定主动公开政府信息的______，并按照上级行政机关的部署，不断增加主动公开的内容。

答：具体内容。

29. 依据《政府信息公开条例》，行政机关应当建立健全政府信息发布机制，将主动公开的政府信息通过政府公报、______或者其他互联网政务媒体、新闻发布会以及报刊、广播、电视等途径予以公开。

答：政府网站。

30. 依据《政府信息公开条例》，政府信息公开平台应当具备信息检索、查阅、______等功能。

答：下载。

31. 依据《政府信息公开条例》，行政机关应当及时向______、公共图书馆提供主动公开的政府信息。

答：国家档案馆。

32. 依据《政府信息公开条例》，属于主动公开范围的政府信息，应当自该政府信息形成或者变更之日起______工作日内及时公开。______对政府信息公开的期限另有规定的，从其规定。

答：20个；法律、法规。

33. 依据《政府信息公开条例》，除行政机关主动公开的政府信息外，公民、法人或者其他组织可以向地方各级人民政府、对外以自己名义履行行政管理职能的______（含《政府信息公开条例》第十条第二款规定的派出机构、内设机构）申请获取相关政府信息。

答：县级以上人民政府部门。

34.《政府信息公开条例》第二十七条规定的行政机关应当建立完善政府信息公开______渠道，为申请人依法申请获取政府信息提供便利。

答：申请。

35. 依据《政府信息公开条例》，公民、法人或者其他组织申请获取政府信息的，应当向行政机关的______提出，并采用包括信件、数据电文在内的书面形式。采用书面形式确有困难的，申请人可以口头提出，由______代为填写政府信息公开申请。

答：政府信息公开工作机构；受理该申请的政府信息公开工作机构。

36. 依据《政府信息公开条例》，政府信息公开申请应当包括哪些内容？

答：（1）申请人的姓名或者名称、身份证明、联系方式；（2）申请公开的政府信息的名称、文号或者便于行政机关查询的其他特征性描述；（3）申请公开的政府信息的形式要求，包括获取信息的方式、途径。

37. 依据《政府信息公开条例》，政府信息公开申请内容不明确的，行政机关应当给予指导和______，并自收到申请之日起______工作日内一次性告知申请人作出补正，说明需要补正的事项和合理的补正期限。答复期限自______起计算。申请人无正当理由逾期不补正的，视为放弃申请，行政机关______。

答：释明；7个；行政机关收到补正的申请之日；不再处理该政府信息公开申请。

38. 依据《政府信息公开条例》，行政机关收到政府信息公开申请的时间，按照哪些规定确定？

答：（1）申请人当面提交政府信息公开申请的，以提交之日为收到申请之日；（2）申请人以邮寄方式提交政府信息公开申请的，以行政机关签收之日为收到申请之日；以平常信函等无需签收的邮寄方式提交政府信息公开申请的，政府信息公开工作机构应当于收到申请的当日与申请人确认，确认之日为收到申请之日；（3）申请人通过互联网渠道或者政府信息公开工作机构的传真提交政府信息公开申请的，以双方确认之日为收到申请之日。

39. 依据《政府信息公开条例》，依申请公开的政府信息公开会损害第三方合法权益的，行政机关应当______征求第三方的意见。第三方应当自收到征求意见书之日起______工作日内提出意见。第三方逾期未提出意见的，由______依照《政府信息公开条例》的规定决定是否公开。第三方不同意公开且有______的，行政机关不予公开。行政机关认为不公开可能对______造成重大影响的，可以决定予以公开，并将决定公开的政府信息内容和______书面告知第三方。

答：书面；15个；行政机关；合理理由；公共利益；理由。

40. 依据《政府信息公开条例》，行政机关收到政府信息公开申请，能够当场答复的，应当______。行政机关不能当场答复的，应当自收到申请之日起______工作日内予以答复。需要延长答复期限的，应当经政府信息公开工作机构负责人同意并______，延长的期限最长不得超过______工作日。行政机关征求第三方和______所需时间不计算在前款规定的期限内。

答：当场予以答复；20个；告知申请人；20个；其他机关意见。

41. 依据《政府信息公开条例》，申请公开的政府信息由两个以上行政机关共同制作的，牵头制作的行政机关收到政府信息公开申请后可以征求相关行政机关的意见，被征求意见机关应当自收到征求意见书之日起______个工作日内提出意见，逾期未提出意见的视为______。

答：15 个；同意公开。

42. 申请人申请公开政府信息的数量、频次明显超过合理范围，行政机关可以要求申请人______。行政机关认为申请理由不合理的，告知申请人______。行政机关认为申请理由合理，但是无法在《政府信息公开条例》第三十三条规定的期限内答复申请人的，可以确定延迟答复的合理期限并______。

答：说明理由；不予处理；告知申请人。

43. 依据《政府信息公开条例》，对政府信息公开申请，行政机关根据哪些情况分别作出答复？

答：（1）所申请公开信息已经主动公开的，告知申请人获取该政府信息的方式、途径；（2）所申请公开信息可以公开的，向申请人提供该政府信息，或者告知申请人获取该政府信息的方式、途径和时间；（3）行政机关依据《政府信息公开条例》的规定决定不予公开的，告知申请人不予公开并说明理由；（4）经检索没有所申请公开信息的，告知申请人该政府信息不存在；（5）所申请公开信息不属于本行政机关负责公开的，告知申请人并说明理由；能够确定负责公开该政府信息的行政机关的，告知申请人该行政机关的名称、联系方式；（6）行政机关已就申请人提出的政府信息公开申请作出答复，申请人重复申请公开相同政府信息的，告知申请人不予重复处理；（7）所申请公开信息属于工商、不动产登记资料等信息，有关法律、行政法规对信息的获取有特别规定的，告知申请人依照有关法律、行政法规的规定办理。

44. 依据《政府信息公开条例》，申请公开的信息中含有不应当公开或者不属于政府信息的内容，但是能够作区分处理的，行政机关应当向申请人______，并对不予公开的内容______。

答：提供可以公开的政府信息内容；说明理由。

45. 行政机关向申请人提供的信息，应当是已制作或者______的政府信息。除依照《政府信息公开条例》第三十七条的规定能够作区分处理的外，需要行政机关对现有政府信息进行加工、分析的，行政机关可以______。

答：获取；不予提供。

46. 依据《政府信息公开条例》，申请人以政府信息公开申请的形式进行信访、投诉、举报等活动，行政机关应当告知申请人______并可以告知通过相应渠道提出。申请人提出的申请内容为要求行政机关提供政府公报、报刊、书籍等______的，行政机关可以告知获取的途径。

答：不作为政府信息公开申请处理；公开出版物。

47. 依据《政府信息公开条例》，行政机关依申请公开政府信息，应当根据申请人的要求及行政机关保存政府信息的实际情况，确定提供政府信息的______。按照申请人要求的形式提供政府信息，可能危及政府信息载体安全或者公开成本过高的，可以通过______以及其他适当形式提供，或者安排申请人______、抄录相关政府信息。

答：具体形式；电子数据；查阅。

48. 依据《政府信息公开条例》，公民、法人或者其他组织有证据证明行政机关提供的与其自身相关的政府信息记录不准确的，可以要求行政机关______。有权更正的行政机关审核属实的，应当予以更正并______。不属于本行政机关职能范围的，行政机关可以转送有权更正的行政机关处理并______，或者告知申请人向有权更正的行政机关提出。

答：更正；告知申请人；告知申请人。

49. 依据《政府信息公开条例》，行政机关依申请提供政府信息，是否收取费用？但是，申请人申请公开政府信息的______、______明显超过合理范围的，行政机关可以收取信息处理费。

答：不收取费用；数量；频次。

50. 依据《政府信息公开条例》，申请公开政府信息的公民存在阅读困难或者视听障碍的，行政机关应当为其______。

答：提供必要的帮助。

51. 依据《政府信息公开条例》，多个申请人就相同政府信息向同一行政机关提出公开申请，且该政府信息属于______的，行政机关可以纳入主动公开的范围。

答：可以公开。

52. 依据《政府信息公开条例》，对行政机关依申请公开的政府信息，申请人认为涉及公众利益调整、需要公众广泛知晓或者需要公众参与决策的，可以建议行政机关将该信息______。行政机关经审核认为属于______范围的，应当及时主动公开。

答：纳入主动公开的范围；主动公开。

53. 依据《政府信息公开条例》，行政机关应当建立健全政府信息公开申请登记、______、______、答复、归档的工作制度，加强工作规范。

答：审核；办理。

54. 依据《政府信息公开条例》，各级人民政府应当建立健全政府信息公开工作______制度、社会评议制度和______制度，定期对政府信息公开工作进行考核、评议。

答：考核；责任追究。

55. 依据《政府信息公开条例》，政府信息公开工作主管部门应当加强对政府信息公开工作的日常指导和______，对行政机关未按照要求开展政府信息公开工作的，予以督促整改或者通报批评。需要对负有责任的领导人员和直接责任人员追究责任的，依法向有权机关提出______。

答：监督检查；处理建议。

56. 依据《政府信息公开条例》，公民、法人或者其他组织认为行政机关未按照要求主动公开政府信息或者对政府信息公开申请不依法答复处理的，可以向______提出。政府信息公开工作主管部门查证属实的，应当予以______或者通报批评。

答：政府信息公开工作主管部门；督促整改。

57. 依据《政府信息公开条例》，政府信息公开工作主管部门应当对行政机关的政府信息公开工作人员定期进行______。

答: 培训。

58. 依据《政府信息公开条例》，县级以上人民政府部门应当在每年 1 月 31 日前向本级政府信息公开工作主管部门提交本行政机关上一年度政府信息公开工作年度报告并______。

答: 向社会公布。

59. 依据《政府信息公开条例》，县级以上地方人民政府的政府信息公开工作主管部门应当在每年 3 月 31 日前向社会公布本级政府______。

答: 上一年度政府信息公开工作年度报告。

60. 依据《政府信息公开条例》，公民、法人或者其他组织认为行政机关在政府信息公开工作中侵犯其合法权益的，可以向上一级行政机关或者政府信息公开工作主管部门______，也可以依法申请行政复议或者提起行政诉讼。

答: 投诉、举报。

61. 行政机关违反《政府信息公开条例》的规定，未建立健全政府信息公开有关制度、机制的，由上一级行政机关______。情节严重的，对负有责任的领导人员和直接责任人员依法______。

答: 责令改正；给予处分。

62. 行政机关违反《政府信息公开条例》的规定，有哪些情形之一的，由上一级行政机关责令改正？情节严重的，对负有责任的领导人员和直接责任人员依法给予处分。构成犯罪的，依法追究刑事责任。

答:（1）不依法履行政府信息公开职能；（2）不及时更新公开的政府信息内容、政府信息公开指南和政府信息公开目录；（3）违反本条例规定的其他情形。

63. 法律、法规授权的具有管理公共事务职能的组织公开政府信息的活动，是否适用《政府信息公开条例》？

答: 适用。

64. 依据《政府信息公开条例》，教育、卫生健康、供水、供电、供气、供热、环境保护、公共交通等与人民群众利益密切相关的______单位，公开在提供社会公共服务过程中制作、获取的信息，依照相关法律、法规和国务院有关主管部门或者机构的规定执行。

答：公共企事业。

65.《政府信息公开条例》第五十五条第一款规定的公共企事业单位未依照相关法律、法规和国务院有关主管部门或者机构的规定公开在提供社会公共服务过程中制作、获取的信息，公民、法人或者其他组织可以向有关主管部门或者机构申诉，接受申诉的部门或者机构应当及时调查处理并将处理结果______。

答：告知申诉人。

66. 2019 年 4 月 3 日中华人民共和国国务院令第 711 号修订的《政府信息公开条例》自何日起施行？

答：2019 年 5 月 15 日。

第十一节　优化营商环境条例

1. 现行《优化营商环境条例》是什么时间通过的？

答：2019 年 10 月 8 日国务院第 66 次常务会议通过。

2.《优化营商环境条例》的立法目的是什么？

答：为了持续优化营商环境，不断解放和发展社会生产力，加快建设现代化经济体系，推动高质量发展，制定本条例。

3.《优化营商环境条例》所称营商环境，是指什么？

答：是指企业等市场主体在市场经济活动中所涉及的体制机制性因素和条件。

4. 依据《优化营商环境条例》，各级人民政府及其部门应当坚持政务公开透明，以公开为常态、不公开为例外，全面推进决策、______、______、______、结果公开。

答：执行；管理；服务。

5. 依据《优化营商环境条例》，优化营商环境应当坚持市场化、______、国际化原则，以市场主体需求为导向，以深刻转变政府职能为核心，创新体制机制、强化协同联动、完善______保障，对标国际先进水平，为各类市场主体投资兴业营造______、______、______、______的良好环境。

答：法治化；法治；稳定；公平；透明；可预期。

6. 依据《优化营商环境条例》，国家加快建立统一开放、竞争有序的现代市场体系，依法促进各类生产要素______，保障各类市场主体______参与市场竞争。

答：自由流动；公平。

7. 依据《优化营商环境条例》，国家鼓励、支持、引导非公有制经济发展，激发非公有制经济活力______。国家进一步扩大对外开放，积极促进外商投资，平等对待内资企业、外商投资企业等______。

答：创造力；各类市场主体。

8. 依据《优化营商环境条例》，各级人民政府应当加强对优化营商环境工作的______，完善优化营商环境的政策措施，建立健全统筹推进、督促落实优化营商环境工作的相关机制，及时协调、解决优化营商环境工作中的______。

答：组织领导；重大问题。

9. 依据《优化营商环境条例》，县级以上人民政府有关部门应当按照______，做好优化营商环境的相关工作。县级以上地方人民政府根据实际情况，可以明确优化营商环境工作的______。

答：职责分工；主管部门。

10. 依据《优化营商环境条例》，国家鼓励和支持各地区、各部门结合实际情况，在______框架内积极探索原创性、______的优化营商环境具体措施。对探索中出现失误或者偏差，符合规定条件的，可以予以______或者减轻责任。

答：法治；差异化；免责。

11. 依据《优化营商环境条例》，国家建立和完善以市场主体和社会公众满意度为导向的营商环境评价体系，发挥______对优化营商环境的引领和督促作用。

答：营商环境评价。

12. 依据《优化营商环境条例》，开展营商环境评价，不得影响各地区、各部门正常工作，不得影响市场主体正常生产经营活动或者______。

答：增加市场主体负担。

13. 依据《优化营商环境条例》，______不得利用营商环境评价谋取利益。

答：任何单位。

14. 依据《优化营商环境条例》，市场主体应当遵守法律法规，恪守社会公德和商业道德，诚实守信、公平竞争，履行安全、质量、劳动者权益保护、消费者权益保护等方面的______，在国际经贸活动中遵循国际通行规则。

答：法定义务。

15. 依据《优化营商环境条例》，国家坚持______平等、______平等、______平等，保障各种所有制经济平等受到法律保护。

答：权利；机会；规则。

16. 依据《优化营商环境条例》，市场主体依法享有______权。对依法应当由市场主体自主决策的各类事项，______不得干预。

答：经营自主；任何单位和个人。

17. 依据《优化营商环境条例》，国家保障各类市场主体依法平等使用资金、技术、人力资源、土地使用权及其他______等各类生产要素和公共服务资源。

答：自然资源。

18. 依据《优化营商环境条例》，各类市场主体依法平等适用国家支持发展的______。政府及其有关部门在政府资金安排、土地供应、税费减免、资质许可、标准制定、项目申报、职称评定、人力资源政策等方面，应当依法______对待各类市场主体，不得制定或者实施______。

答：政策；平等；歧视性政策措施。

19. 依据《优化营商环境条例》，招标投标和政府采购应当公开透明、公平公正，依法______对待各类所有制和不同地区的市场主体，不得以______或者产品产地来源等进行______或者排斥。

答：平等；不合理条件；限制。

20. 依据《优化营商环境条例》，政府有关部门应当加强招标投标和政府采购监管，依法纠正和查处______行为。

答：违法违规。

21. 依据《优化营商环境条例》，国家依法保护市场主体的财产权和其他______，保护企业经营者人身和______安全。

答：合法权益；财产。

22. 依据《优化营商环境条例》，严禁违反法定权限、条件、程序对市场主体的财产和企业经营者个人财产实施查封、冻结和扣押等______。依法确需实施前述行政强制措施的，应当限定在______的范围内。

答：行政强制措施；所必需。

23. 依据《优化营商环境条例》，禁止在______规定之外要求市场主体提供财力、物力或者人力的摊派行为。市场主体有权拒绝任何形式的______。

答：法律、法规；摊派。

24. 依据《优化营商环境条例》，国家建立知识产权侵权______赔偿制

度，推动建立知识产权______协同保护机制，健全知识产权纠纷多元化解决机制和知识产权______机制，加大对知识产权的保护力度。

答：惩罚性；快速；维权援助。

25. 依据《优化营商环境条例》，国家持续深化商标注册、专利申请______改革，提高商标注册、专利申请审查______。

答：便利化；效率。

26. 依据《优化营商环境条例》，国家加大中小投资者权益保护力度，完善中小投资者权益保护机制，保障中小投资者的知情权、参与权，提升中小投资者维护合法权益的______。

答：便利度。

27. 依据《优化营商环境条例》，除______另有规定外，市场主体有权自主决定加入或者退出行业协会商会等社会组织，______不得干预。

答：法律、法规；任何单位和个人。

28. 依据《优化营商环境条例》，除______另有规定外，任何单位和个人不得强制或者变相强制市场主体参加评比、达标、表彰、培训、考核、考试以及______活动，不得借前述活动向市场主体收费或者______。

答：法律、法规；类似；变相收费。

29. 依据《优化营商环境条例》，国家推动建立全国统一的______平台，为市场主体提供______的维权服务。

答：市场主体维权服务；高效、便捷。

30. 依据《优化营商环境条例》，国家持续深化商事制度改革，统一企业登记业务规范，统一数据标准和平台服务接口，采用______进行登记管理。

答：统一社会信用代码。

31. 依据《优化营商环境条例》，国家推进“证照分离”改革，持续______涉企经营许可事项，依法采取直接取消审批、审批改为备案、实行告知承诺、______等方式，对所有涉企经营许可事项进行分类管理，为企业取得营业执照后开展相关经营活动提供便利。除______规定的特定领域外，涉企经营许可事项不得作为企业登记的前置条件。

答：精简；优化审批服务；法律、行政法规。

32. 依据《优化营商环境条例》，政府有关部门应当按照国家有关规定，简化企业从申请设立到具备一般性经营条件所需办理的______。在国家规定的企业开办时限内，各地区应当确定并______具体办理时间。

答：手续；公开。

33. 依据《优化营商环境条例》，企业申请办理住所等相关变更登记的，有关部门应当依法及时办理，不得______。除法律、法规、规章另有规定外，企业迁移后其持有的有效许可证件不再______。

答：限制；重复办理。

34. 依据《优化营商环境条例》，国家持续放宽市场准入，并实行全国统一的市场准入______制度。市场准入负面清单以外的领域，各类市场主体均可以______进入。

答：负面清单；依法平等。

35. 依据《优化营商环境条例》，各地区、各部门不得另行制定______性质的负面清单。

答：市场准入。

36. 依据《优化营商环境条例》，政府有关部门应当加大______和______执法力度，有效预防和制止市场经济活动中的垄断行为、不正当竞争行为以及滥用______排除、限制竞争的行为，营造公平竞争的市场环境。

答：反垄断；反不正当竞争；行政权力。

37. 依据《优化营商环境条例》，国家建立健全统一开放、竞争有序的人力资源市场体系，打破城乡、地区、______分割和______等歧视，促进人力资源有序社会性流动和合理配置。

答：行业；身份、性别。

38. 依据《优化营商环境条例》，政府及其有关部门应当完善政策措施、强化创新服务，鼓励和支持市场主体拓展创新空间，持续推进产品、技术、商业模式、管理等______，充分发挥市场主体在推动______转化中的作用。

答：创新；科技成果。

39. 依据《优化营商环境条例》，政府及其有关部门应当严格落实国家各项减税降费政策，及时研究解决政策落实中的具体问题，确保______政策全面、及时惠及市场主体。

答：减税降费。

40. 依据《优化营商环境条例》，设立政府性基金、涉企行政事业性收费、涉企保证金，应当有______依据或者经______批准。对政府性基金、涉企行政事业性收费、涉企保证金以及实行政府定价的经营服务性收费，实行目录清单管理并______，目录清单之外的前述收费和保证金一律不得执行。推广以金融机构保函替代______缴纳涉企保证金。

答：法律、行政法规；国务院；向社会公开；现金。

41. 依据《优化营商环境条例》，国家鼓励和支持金融机构加大对民营企业、中小企业的支持力度，降低民营企业、中小企业______。

答：综合融资成本。

42. 依据《优化营商环境条例》，金融监督管理部门应当完善对商业银行等金融机构的监管考核和激励机制，鼓励、引导其增加对民营企业、中小企业的信贷投放，并合理增加中长期贷款和信用贷款支持，提高______。

答：贷款审批效率。

43. 依据《优化营商环境条例》，商业银行等金融机构在授信中不得设置不合理条件，不得对民营企业、中小企业设置______要求。商业银行等金融机构应当按照国家有关规定规范收费行为，不得违规向服务对象收取______费用。商业银行应当向社会公开开设企业账户的服务标准、资费标准和______。

答：歧视性；不合理；办理时限。

44. 依据《优化营商环境条例》，国家促进多层次资本市场规范健康发展，拓宽市场主体融资渠道，支持符合条件的民营企业、中小企业依法发行股票、债券以及其他______，扩大______规模。

答：融资工具；直接融资。

45. 依据《优化营商环境条例》，行业协会商会应当依照法律、法规和章程，加强行业自律，及时反映行业诉求，为市场主体提供信息咨询、宣传培训、市场拓展、______、纠纷处理等方面的服务。国家依法严格规范行业协会商会的收费、评比、______等行为。

答：权益保护；认证。

46. 依据《优化营商环境条例》，国家加强社会信用体系建设，持续推进政务诚信、商务诚信、社会诚信和司法公信建设，提高全社会诚信意识和信用水平，维护信用信息安全，严格保护商业秘密和______。

答：个人隐私。

47. 依据《优化营商环境条例》，地方各级人民政府及其有关部门应当履行向市场主体依法作出的政策承诺以及依法订立的各类合同，不得以行政区划调整、政府换届、机构或者职能调整以及______等为由违约毁约。因国家利益、社会公共利益需要改变政策承诺、合同约定的，应当依照法定权限和程序进行，并依法对市场主体因此受到的损失______。

答：相关责任人更替；予以补偿。

48. 依据《优化营商环境条例》，政府有关部门应当优化市场主体注销办理流程，精简申请材料、压缩办理时间、降低______。对设立后未开展生产经营活动或者无______的市场主体，可以按照简易程序办理注销。对有______的市场主体，在债权债务依法解决后及时办理注销。县级以上地方人民政府应当根据需要建立______机制，协调解决企业破产过程中涉及的有关问题。

答：注销成本；债权债务；债权债务；企业破产工作协调。

49. 依据《优化营商环境条例》，政府及其有关部门应当进一步增强服务意识，切实转变工作作风，为市场主体提供规范、便利、______的政务服务。

答：高效。

50. 依据《优化营商环境条例》，政府及其有关部门应当推进政务服务标准化，按照______要求，编制并向社会公开政务服务事项（包括行政权力事项和公共服务事项，下同）标准化工作流程和办事指南，细化量化政务服务标准，压缩自由裁量权，推进同一事项实行无差别受理、同标准办理。没有______依据，不得增设政务服务事项的办理条件和环节。

答：减环节、减材料、减时限；法律、法规、规章。

51. 依据《优化营商环境条例》，法律、法规、规章以及______对政务服务事项办理时限有规定的，应当在规定的时限内尽快办结。没有规定的，应当按照合理、______的原则确定办理时限并按时办结。各地区可以在国家规定的政务服务事项办理时限内进一步压减时间，并应当______。超过办理时间的，办理单位应当______。

答：国家有关规定；高效；向社会公开；公开说明理由。

52. 依据《优化营商环境条例》，地方各级人民政府已设立政务服务大厅的，本行政区域内各类______事项一般应当进驻政务服务大厅统一办理。对政务服务大厅中部门分设的服务窗口，应当创造条件整合为综合窗口，提供______服务。

答：政务服务；一站式。

53. 依据《优化营商环境条例》，国家加快建设全国一体化在线政务服务平台（以下简称一体化在线平台），推动政务服务事项在全国范围内实现“______”。除______另有规定或者涉及国家秘密等情形外，政务服务事项应当按照国务院确定的步骤，纳入一体化在线平台办理。

答：一网通办；法律、法规。

54. 依据《优化营商环境条例》，国家依托一体化在线平台，推动政务信息系统整合，优化政务流程，促进政务服务跨地区、跨部门、跨层

级______和______？政府及其有关部门应当按照国家有关规定，提供数据共享服务，及时将有关政务服务数据上传至一体化在线平台，加强共享数据使用全过程管理，确保______。

答: 数据共享；业务协同；共享数据安全。

55. 依据《优化营商环境条例》，国家建立电子证照共享服务系统，实现电子证照跨地区、跨部门共享和全国范围内______。各地区、各部门应当加强______的推广应用。各地区、各部门应当推动政务服务大厅与______全面对接融合。市场主体有权自主选择政务服务办理渠道，行政机关不得限定______。

答: 互信互认；电子证照；政务服务平台；办理渠道。

56. 依据《优化营商环境条例》，政府及其有关部门应当通过政府网站、一体化在线平台，集中公布涉及市场主体的______、行政规范性文件和各类政策措施，并通过多种途径和方式加强______。

答: 法律、法规、规章；宣传解读。

57. 依据《优化营商环境条例》，法律、行政法规和国务院决定对相关管理事项已作出规定，但未采取______管理方式的，地方不得就该事项设定行政许可。对相关管理事项尚未制定______的，地方可以依法就该事项设定行政许可。

答: 行政许可；法律、行政法规。

58. 依据《优化营商环境条例》，国家实行行政许可______管理制度，适时调整行政许可清单并向社会公布，清单之外不得违法实施行政许可。国家大力______已有行政许可。对已取消的行政许可，行政机关不得继续实施或者变相实施，不得转由行业协会商会或者其他组织实施。对实行行政许可管理的事项，行政机关应当通过______、下放审批层级等多种方式，优化审批服务，提高审批效率，减轻市场主体负担。符合相关条件和要求的，可以按照有关规定采取______方式办理。

答: 清单；精简；整合实施；告知承诺。

59. 依据《优化营商环境条例》，县级以上地方人民政府应当深化投资审批制度改革，根据项目性质、投资规模等分类规范投资审批程序，精简______，简化技术审查事项，强化项目决策与用地、规划等建设条件落实的协同，实行与相关审批______。

答：审批要件；在线并联办理。

60. 依据《优化营商环境条例》，设区的市级以上地方人民政府应当按照国家有关规定，优化工程建设项目（不包括特殊工程和交通、水利、能源等领域的重大工程）审批流程，推行并联审批、多图联审、______等方式，简化审批手续，提高审批效能。

答：联合竣工验收。

61. 依据《优化营商环境条例》，在依法设立的开发区、新区和其他有条件的区域，按照国家有关规定推行区域评估，由______以上地方人民政府组织对一定区域内压覆重要矿产资源、地质灾害危险性等事项进行统一评估，不再对区域内的市场主体单独提出评估要求。区域评估的费用不得由______承担。

答：设区的市级；市场主体。

62. 依据《优化营商环境条例》，作为办理行政审批条件的中介服务事项（以下简称法定行政审批中介服务）应当有______或者______依据。没有依据的，不得作为办理______的条件。中介服务机构应当明确办理法定行政审批中介服务的条件、流程、时限、收费标准，并______。

答：法律、法规；国务院决定；行政审批；向社会公开。

63. 依据《优化营商环境条例》，国家加快推进中介服务机构与______脱钩。行政机关不得为市场主体指定或者______中介服务机构? 除法定行政审批中介服务外，不得强制或者______市场主体接受中介服务。行政机关所属事业单位、主管的社会组织及其举办的企业不得开展与本机关所负责______相关的中介服务，______另有规定的除外。

答：行政机关；变相指定；变相强制；行政审批；法律、行政法规。

64. 依据《优化营商环境条例》，行政机关在行政审批过程中需要委托中介服务机构开展技术性服务的，应当通过______方式选择中介服务机构，并自行承担服务费用，不得转嫁给______承担。

答：竞争性；市场主体。

65. 依据《优化营商环境条例》，证明事项应当有法律、法规或者______依据。设定证明事项，应当坚持确有必要、______的原则。对通过法定证照、法定文书、书面告知承诺、______和______、网络核验、合同凭证等能够办理，能够被其他材料涵盖或者替代，以及开具单位无法______的，不得设定证明事项。

答：国务院决定；从严控制；政府部门内部核查；部门间核查；调查核实。

66. 依据《优化营商环境条例》，政府有关部门应当公布证明事项清单，逐项列明______、索要单位、开具单位、办理指南等。清单之外，政府部门、公用企事业单位和服务机构不得______。各地区、各部门之间应当加强证明的互认共享，避免______证明。

答：设定依据；索要证明；重复索要。

67. 依据《优化营商环境条例》，政府及其有关部门应当按照国家促进跨境贸易便利化的有关要求，依法削减进出口环节______，取消不必要的______，优化简化通关流程，提高通关效率，清理规范口岸收费，降低通关成本，推动口岸和国际贸易领域相关业务统一通过国际贸易“单一窗口”办理。

答：审批事项；监管要求。

68. 依据《优化营商环境条例》，税务机关应当精简办税______和______，简并申报缴税次数，公开涉税事项办理时限，压减办税时间，加大推广使用______的力度，逐步实现全程网上办税，持续优化纳税服务。

答：资料；流程；电子发票。

69. 依据《优化营商环境条例》，不动产登记机构应当按照国家有关规定，加强部门协作，实行不动产登记、交易和缴税一窗受理、并行办理，压缩办理时间，降低______。在国家规定的不动产登记时限内，各地区应当确定并公开______。国家推动建立统一的动产和权利担保登记公示系统，逐步实现市场主体在______上办理动产和权利担保登记。

答： 办理成本；具体办理时间；一个平台。

70. 依据《优化营商环境条例》，政府及其有关部门应当按照构建亲清新型政商关系的要求，建立畅通有效的______机制，采取多种方式及时听取市场主体的反映和诉求，了解市场主体生产经营中遇到的困难和问题，并______帮助其解决。建立政企沟通机制，应当充分尊重市场主体意愿，增强针对性和有效性，不得干扰市场主体正常生产经营活动，不得增加市场主体负担。

答： 政企沟通；依法。

71. 依据《优化营商环境条例》，政府及其有关部门应当建立便利、畅通的渠道，受理有关营商环境的______和______。

答： 投诉；举报。

72. 依据《优化营商环境条例》，新闻媒体应当及时、______宣传优化营商环境的措施和成效，为优化营商环境创造良好舆论氛围。国家鼓励对营商环境进行舆论监督，但禁止捏造虚假信息或者______进行不实报道。

答： 准确；歪曲事实。

73. 依据《优化营商环境条例》，政府有关部门应当严格按照法律法规和职责，落实______，明确监管对象和范围、厘清监管事权，依法对市场主体进行监管，实现监管全覆盖。

答： 监管责任。

74. 依据《优化营商环境条例》，国家健全______的监管规则和标准体系。国务院有关部门应当分领域制定全国统一、简明易行的监管规则和标准，并______。

答： 公开透明；向社会公开。

75. 依据《优化营商环境条例》，政府及其有关部门应当按照国家关于加快构建以______为基础的新型监管机制的要求，创新和完善信用监管，强化信用监管的支撑保障，加强信用监管的组织实施，不断提升信用监管______。

答：信用；效能。

76. 依据《优化营商环境条例》，国家推行“双随机、一公开”监管，除直接涉及公共安全和人民群众______等特殊行业、重点领域外，______领域的行政检查应当通过随机抽取检查对象、随机选派执法检查人员、抽查事项及______及时向社会公开的方式进行。针对______的多个检查事项，应当尽可能合并或者纳入跨部门联合抽查范围。

答：生命健康；市场监管；查处结果；同一检查对象。

77. 依据《优化营商环境条例》，政府及其有关部门应当按照鼓励创新的原则，对新技术、新产业、新业态、新模式等实行______监管，针对其性质、特点分类制定和实行相应的监管规则和标准，留足发展空间，同时确保质量和安全，不得简单化予以禁止或者什么。

答：包容审慎；不予监管。

78. 依据《优化营商环境条例》，政府及其有关部门应当充分运用互联网、大数据等技术手段，依托国家统一建立的在线监管系统，加强监管信息归集共享和关联整合，推行以远程监管、移动监管、预警防控为特征的______监管，提升监管的______、智能化水平。

答：非现场；精准化。

79. 依据《优化营商环境条例》，国家建立健全跨部门、跨区域行政执法联动响应和协作机制，实现违法线索互联、监管标准互通、______互认。国家统筹配置行政执法职能和执法资源，在相关领域推行综合行政执法，整合精简执法队伍，减少执法主体和执法层级，提高基层______。

答：处理结果；执法能力。

80. 依据《优化营商环境条例》，行政执法机关应当按照国家有关规定，全面落实行政执法公示、行政执法______和重大行政执法决定______制度，实现行政执法信息及时准确公示、行政执法全过程留痕和可回溯管理、重大行政执法决定法制审核全覆盖。

答：全过程记录；法制审核。

81. 依据《优化营商环境条例》，开展清理整顿、专项整治等活动，应当严格依法进行，除涉及人民群众生命安全、发生重特大事故或者举办国家重大活动，并报经______批准外，不得在相关区域采取要求相关行业、领域的市场主体______停产、停业的措施。禁止将罚没收入与行政执法机关______挂钩。

答：有权机关；普遍；利益。

82. 依据《优化营商环境条例》，国家健全行政执法______制度，合理确定裁量范围、种类和幅度，规范行政执法自由裁量权的行使。

答：自由裁量基准。

83. 依据《优化营商环境条例》，国家根据优化营商环境需要，依照法定权限和程序及时制定或者修改、废止有关法律、法规、规章、______。优化营商环境的改革措施涉及调整实施现行法律、行政法规等有关规定的，依照法定程序经有权机关授权后，可以______。

答：行政规范性文件；先行先试。

84. 依据《优化营商环境条例》，制定与市场主体生产经营活动密切相关的行政法规、规章、行政规范性文件，应当按照国务院的规定，充分听取______、行业协会商会的意见。除依法需要保密外，制定与市场主体______活动密切相关的行政法规、规章、______，应当通过报纸、网络等向社会公开征求意见，并建立健全意见采纳情况反馈机制。向社会公开征求意见的期限一般不少于______。

答：市场主体；生产经营；行政规范性文件；30 日。

85. 依据《优化营商环境条例》，制定与市场主体生产经营活动密切相关的行政法规、规章、行政规范性文件，应当按照国务院的规定进行______审查。制定涉及市场主体权利义务的行政规范性文件，应当按照国务院的规定进行______审核。市场主体认为地方性法规同行政法规相抵触，或者认为规章同法律、行政法规相抵触的，可以向国务院书面提出______，由有关机关按照规定程序处理。

答：公平竞争；合法性；审查建议。

86. 依据《优化营商环境条例》，制定与市场主体生产经营活动密切相关的行政法规、规章、行政规范性文件，应当结合实际，确定是否为市场主体留出必要的______。政府及其有关部门应当统筹协调、合理把握规章、行政规范性文件等的出台节奏，全面评估政策效果，避免因政策叠加或者______对市场主体正常生产经营活动造成不利影响。

答：适应调整期；相互不协调。

87. 依据《优化营商环境条例》，国家完善调解、仲裁、______、行政复议、诉讼等有机衔接、相互协调的多元化纠纷解决机制，为市场主体提供高效、便捷的纠纷解决途径。

答：行政裁决。

88. 依据《优化营商环境条例》，国家加强法治宣传教育，落实国家机关______责任制，提高国家工作人员依法履职能力，引导市场主体合法经营、依法维护自身合法权益，不断增强全社会的法治意识，为营造______营商环境提供基础性支撑。

答：普法；法治化。

89. 依据《优化营商环境条例》，政府及其有关部门应当整合律师、公证、司法鉴定、调解、仲裁等______资源，加快推进公共法律服务体系建设，全面提升公共法律服务能力和水平，为优化营商环境提供全方位法律服务。

答：公共法律服务。

90. 依据《优化营商环境条例》，政府和有关部门及其工作人员有哪些情形之一的，依法依规追究责任？

答：（1）违法干预应当由市场主体自主决策的事项；（2）制定或者实施政策

措施不依法平等对待各类市场主体；（3）违反法定权限、条件、程序对市场主体的财产和企业经营者个人财产实施查封、冻结和扣押等行政强制措施；（4）在法律、法规规定之外要求市场主体提供财力、物力或者人力；（5）没有法律、法规依据，强制或者变相强制市场主体参加评比、达标、表彰、培训、考核、考试以及类似活动，或者借前述活动向市场主体收费或者变相收费；（6）违法设立或者在目录清单之外执行政府性基金、涉企行政事业性收费、涉企保证金；（7）不履行向市场主体依法作出的政策承诺以及依法订立的各类合同，或者违约拖欠市场主体的货物、工程、服务等账款；（8）变相设定或者实施行政许可，继续实施或者变相实施已取消的行政许可，或者转由行业协会商会或者其他组织实施已取消的行政许可；（9）为市场主体指定或者变相指定中介服务机构，或者违法强制市场主体接受中介服务；（10）制定与市场主体生产经营活动密切相关的行政法规、规章、行政规范性文件时，不按照规定听取市场主体、行业协会商会的意见；（11）其他不履行优化营商环境职责或者损害营商环境的情形。

91. 依据《优化营商环境条例》，公用企事业单位有哪些情形之一的，由有关部门责令改正，依法追究法律责任？

答：（1）不向社会公开服务标准、资费标准、办理时限等信息；（2）强迫市场主体接受不合理的服务条件；（3）向市场主体收取不合理费用。

92. 依据《优化营商环境条例》，行业协会商会、中介服务机构有哪些情形之一的，由有关部门责令改正，依法追究法律责任？

答：（1）违法开展收费、评比、认证等行为；（2）违法干预市场主体加入或者退出行业协会商会等社会组织；（3）没有法律、法规依据，强制或者变相强制市场主体参加评比、达标、表彰、培训、考核、考试以及类似活动，或者借前述活动向市场主体收费或者变相收费；（4）不向社会公开办理法定行政审批中介服务的条件、流程、时限、收费标准；（5）违法强制或者变相强制市场主体接受中介服务。

93.《优化营商环境条例》自何日起施行？

答：2020年1月1日。

第十二节 行政执法机关移送涉嫌犯罪案件的规定

1. 现行《行政执法机关移送涉嫌犯罪案件的规定》是什么时间通过的？

答： 2001 年 7 月 4 日国务院第 42 次常务会议通过。

2.《行政执法机关移送涉嫌犯罪案件的规定》的立法目的是什么？

答： 为了保证行政执法机关向公安机关及时移送涉嫌犯罪案件，依法惩罚破坏社会主义市场经济秩序罪、妨害社会管理秩序罪以及其他罪，保障社会主义建设事业顺利进行，制定本规定。

3.《行政执法机关移送涉嫌犯罪案件的规定》所称行政执法机关，是指什么？

答： 是指依照法律、法规或者规章的规定，对破坏社会主义市场经济秩序、妨害社会管理秩序以及其他违法行为具有行政处罚权的行政机关，以及法律、法规授权的具有管理公共事务职能、在法定授权范围内实施行政处罚的组织。

4. 依据《行政执法机关移送涉嫌犯罪案件的规定》，行政执法机关在依法查处违法行为过程中，发现违法事实涉及的金额、违法事实的情节、违法事实造成的后果等，根据刑法关于破坏社会主义市场经济秩序罪、妨害社会管理秩序罪等罪的规定和最高人民法院、最高人民检察院关于破坏社会主义市场经济秩序罪、妨害社会管理秩序罪等罪的司法解释以及最高人民检察院、公安部关于经济犯罪案件的追诉标准等规定，什么情况下依法需要追究刑事责任的，必须依照本规定向公安机关移送？

答： 涉嫌构成犯罪。

5. 依据《行政执法机关移送涉嫌犯罪案件的规定》，知识产权领域的违法案件，行政执法机关根据调查收集的证据和查明的案件事实，认为存在犯罪的______，需要______采取措施进一步获取证据以判断是否达到刑事案件立案追诉标准的，应当向公安机关移送。

答： 合理嫌疑；公安机关。

6. 依据《行政执法机关移送涉嫌犯罪案件的规定》，行政执法机关在查处违法行为过程中，必须______保存所收集的与违法行为有关的证据。

答： 妥善保存。

7. 依据《行政执法机关移送涉嫌犯罪案件的规定》，行政执法机关对查获的涉案物品，应当如实填写______，并按照国家有关规定予以处理。对易腐烂、变质等不宜或者不易保管的涉案物品，应当采取必要措施，留取______。

答： 涉案物品清单；证据。

8. 依据《行政执法机关移送涉嫌犯罪案件的规定》，行政执法机关向公安机关移送涉嫌犯罪案件，应当附有哪些材料？

答：（1）涉嫌犯罪案件移送书；（2）涉嫌犯罪案件情况的调查报告；（3）涉案物品清单；（4）有关检验报告或者鉴定结论；（5）其他有关涉嫌犯罪的材料。

9. 依据《行政执法机关移送涉嫌犯罪案件的规定》，公安机关对行政执法机关移送的涉嫌犯罪案件，应当在涉嫌犯罪案件移送书的回执上______。其中，不属于本机关管辖的，应当在______内转送有管辖权的机关，并______告知移送案件的行政执法机关。

答： 签字；24 小时；书面。

10. 依据《行政执法机关移送涉嫌犯罪案件的规定》，公安机关应当自接受行政执法机关移送的涉嫌犯罪案件之日起______内，依照刑法、刑事诉讼法以及最高人民法院、最高人民检察院关于立案标准和公安部关于公安机关办理刑事案件程序的规定，对所移送的案件进行审查。认为有犯罪事实，需要追究刑事责任，依法决定立案的，应当______通知移送案件的行政执法机关。认为没有犯罪事实，或者犯罪事实显著轻微，不需要追究刑事责任，依法不予立案的，应当______，并______通知移送案件的行政执法机关，相应退回案卷材料。

答： 3 日；书面；说明理由；书面。

11. 依据《行政执法机关移送涉嫌犯罪案件的规定》，行政执法机关接到公安机关不予立案的通知书后，认为依法应当由公安机关决定立案的，可以自接到不予立案通知书之日起______内，提请作出不予立案决定的公安机关______，也可以建议人民检察院依法进行______。

答： 3 日；复议；立案监督。

12. 依据《行政执法机关移送涉嫌犯罪案件的规定》，行政执法机关对公安机关决定不予立案的案件，应当______。其中，依照有关法律、法规或者规章的规定应当给予行政处罚的，应当______。

答： 依法作出处理；依法实施行政处罚。

13. 依据《行政执法机关移送涉嫌犯罪案件的规定》，行政执法机关对应当向公安机关移送的涉嫌犯罪案件，不得以______代替移送。

答： 行政处罚。

14. 依据《行政执法机关移送涉嫌犯罪案件的规定》，行政执法机关向公安机关移送涉嫌犯罪案件前已经作出的警告，责令停产停业，暂扣或者吊销许可证、暂扣或者吊销执照的行政处罚决定，不停止______。

答： 执行。

15. 依据《行政执法机关移送涉嫌犯罪案件的规定》，依照行政处罚法的规定，行政执法机关向公安机关移送涉嫌犯罪案件前，已经依法给予当事人______处罚的，人民法院判处罚金时，依法折抵相应罚金。

答： 罚款。

16. 依据《行政执法机关移送涉嫌犯罪案件的规定》，行政执法机关对公安机关决定立案的案件，应当自接到立案通知书之日起 3 日内将______以及与案件有关的______移交公安机关，并办结______。______另有规定的，依照其规定。

答： 涉案物品；其他材料；交接手续；法律、行政法规。

17. 依据《行政执法机关移送涉嫌犯罪案件的规定》，公安机关对发现的违法行为，经审查，没有犯罪事实，或者立案侦查后认为犯罪事实显著轻微，不需要追究刑事责任，但依法应当追究______的，应当及时将案件移送______，有关行政执法机关应当依法作出处理。

答：行政责任；同级行政执法机关。

18. 依据《行政执法机关移送涉嫌犯罪案件的规定》，行政执法机关移送涉嫌犯罪案件，应当接受人民检察院和监察机关______实施的监督。

答：依法。

19. 依据《行政执法机关移送涉嫌犯罪案件的规定》，任何单位和个人对行政执法机关违反本规定，应当向公安机关移送涉嫌犯罪案件而不移送的，有权向人民检察院、监察机关或者______举报。

答：上级行政执法机关。

20. 行政执法机关违反《行政执法机关移送涉嫌犯罪案件的规定》，隐匿、私分、______涉案物品的，由本级或者上级人民政府，或者实行垂直管理的上级行政执法机关，对其______根据情节轻重，给予______以上的处分。构成犯罪的，依法追究______。对前款所列行为______和其他直接责任人员，比照前款的规定给予处分。构成犯罪的，依法追究______。

答：销毁；正职负责人；降级；刑事责任；直接负责的主管人员；刑事责任。

21. 行政执法机关违反《行政执法机关移送涉嫌犯罪案件的规定》，逾期不将案件移送公安机关的，由本级或者上级______，或者实行垂直管理的上级行政执法机关，责令限期移送，并对其正职负责人或者主持工作的负责人根据情节轻重，给予______以上的处分。构成犯罪的，依法追究______。

答：人民政府；记过；刑事责任。

22. 行政执法机关违反《行政执法机关移送涉嫌犯罪案件的规定》，对应当向公安机关移送的案件______，或者以行政处罚代替移送的，由本级或者上级______，或者实行垂直管理的上级行政执法机关，责令改正，给予通报；拒不改正的，对其正职负责人或者主持工作的负责人给予______以上的处分。构成犯罪的，依法追究______。

答：不移送；人民政府；记过；刑事责任。

23. 对《行政执法机关移送涉嫌犯罪案件的规定》第十六条第一款、

第二款所列行为直接负责的主管人员和______，分别比照该两款的规定给予处分。构成犯罪的，依法追究______。

答：其他直接责任人员；刑事责任。

24. 公安机关违反《行政执法机关移送涉嫌犯罪案件的规定》，不接受行政执法机关移送的涉嫌犯罪案件，或者逾期不作出立案或者不予立案的决定的，除由人民检察院依法实施立案监督外，由本级或者上级人民政府责令改正，对其正职负责人根据情节轻重，给予______以上的处分。构成犯罪的，依法追究______。对前款所列行为直接负责的主管人员和其他直接责任人员，比照前款的规定给予______。构成犯罪的，依法追究______。

答：记过；刑事责任；处分；刑事责任。

25. 有关机关存在《行政执法机关移送涉嫌犯罪案件的规定》第十五条、第十六条、第十七条所列违法行为，需要由监察机关依法给予违法的公职人员政务处分的，______及其上级主管机关或者有关人民政府应当依照有关规定将相关案件线索移送监察机关处理。

答：该机关。

26. 依据《行政执法机关移送涉嫌犯罪案件的规定》，行政执法机关在依法查处违法行为过程中，发现______有贪污贿赂、失职渎职或者利用职权侵犯公民人身权利和民主权利等违法行为，涉嫌构成______的，应当依照刑法、刑事诉讼法、监察法等法律规定及时将案件线索移送______或者人民检察院处理。

答：公职人员；职务犯罪；监察机关。

27. 2020年8月7日中华人民共和国国务院令第730号修改的《行政执法机关移送涉嫌犯罪案件的规定》自何日起施行？

答：2020年8月7日。

第十三节　罚款决定与罚款收缴分离实施办法

1.《罚款决定与罚款收缴分离实施办法》的立法目的是什么？

答： 为了实施罚款决定与罚款收缴分离，加强对罚款收缴活动的监督，保证罚款及时上缴国库，根据《中华人民共和国行政处罚法》（以下简称行政处罚法）的规定，制定本办法。

2.《罚款决定与罚款收缴分离实施办法》适用范围是什么？

答： 罚款的收取、缴纳及相关活动。

3. 依据《罚款决定与罚款收缴分离实施办法》，作出罚款决定的行政机关应当与收缴罚款的机构______。但是，依照行政处罚法的规定可以______的除外。

答： 分离；当场收缴罚款。

4. 依据《罚款决定与罚款收缴分离实施办法》，罚款必须______，任何行政机关、组织或者个人不得以任何形式截留、私分或者变相私分。行政机关执法所需经费的拨付，按照______执行。

答： 全部上缴国库；国家有关规定。

5. 依据《罚款决定与罚款收缴分离实施办法》，经______批准有代理收付款项业务的商业银行、信用合作社（以下简称代收机构），可以开办代收罚款的业务。

答： 中国人民银行。

6. 依据《罚款决定与罚款收缴分离实施办法》，具体代收机构由______组织本级财政部门、中国人民银行当地分支机构和依法具有行政处罚权的行政机关共同研究，统一确定。

答： 县级以上地方人民政府。

7. 依据《罚款决定与罚款收缴分离实施办法》，海关、外汇管理等实行垂直领导的依法具有行政处罚权的行政机关作出罚款决定的，具体代收机构由______、______会同国务院有关部门确定。依法具有行政处罚权的国务院有关部门作出罚款决定的，具体代收机构由______、______确定。

答：财政部；中国人民银行；财政部；中国人民银行。

8. 依据《罚款决定与罚款收缴分离实施办法》，代收机构应当具备足够的______，以方便当事人缴纳罚款。

答：代收网点。

9. 行政机关应当依照《罚款决定与罚款收缴分离实施办法》和国家有关规定，同代收机构签订______。

答：代收罚款协议。

10. 依据《罚款决定与罚款收缴分离实施办法》，代收罚款协议应当包括哪些事项？

答：（1）行政机关、代收机构名称；（2）具体代收网点；（3）代收机构上缴罚款的预算科目、预算级次；（4）代收机构告知行政机关代收罚款情况的方式、期限；（5）需要明确的其他事项。

11. 依据《罚款决定与罚款收缴分离实施办法》，自代收罚款协议签订之日起______内，行政机关应当将代收罚款协议报上一级行政机关和______备案。______应当将代收罚款协议报中国人民银行或者其当地分支机构备案。

答：15 日；同级财政部门；代收机构。

12. 依据《罚款决定与罚款收缴分离实施办法》，行政机关作出罚款决定的行政处罚决定书应当载明代收机构的______、______和当事人应当缴纳罚款的数额、期限等，并明确对当事人逾期缴纳罚款是否______。

答：名称；地址；加处罚款。

13. 依据《罚款决定与罚款收缴分离实施办法》，当事人应当按照行政处罚决定书确定的罚款数额、期限，到指定的______缴纳罚款。

答：代收机构。

14. 依据《罚款决定与罚款收缴分离实施办法》，代收机构代收罚款，应当向当事人出具______。罚款收据的格式和印制，由______规定。

答：罚款收据；财政部。

15. 依据《罚款决定与罚款收缴分离实施办法》，当事人对加收罚款有异议的，应当______罚款和加收的罚款，再依法向作出行政处罚决定的行政机关申请复议。

答：先缴纳。

16. 依据《罚款决定与罚款收缴分离实施办法》，代收机构应当按照代收罚款协议规定的方式、期限，将当事人的姓名或者名称、缴纳罚款的数额、时间等情况______告知作出行政处罚决定的行政机关。

答：书面。

17. 依据《罚款决定与罚款收缴分离实施办法》，代收机构应当按照行政处罚法和国家有关规定，将代收的罚款直接______。

答：上缴国库。

18. 依据《罚款决定与罚款收缴分离实施办法》，国库应当按照《中华人民共和国国家金库条例》的规定，定期同财政部门和行政机关对账，以保证收受的罚款和上缴国库的罚款______。

答：数额一致。

19. 依据《罚款决定与罚款收缴分离实施办法》，代收机构应当在代收网点、营业时间、服务设施、缴款手续等方面为当事人缴纳罚款______。

答：提供方便。

20. 依据《罚款决定与罚款收缴分离实施办法》，财政部门应当向代收机构支付______，具体标准由财政部制定。

答：手续费。

21. 法律、法规授权的具有管理公共事务职能的组织和依法受委托的组织依法作出的罚款决定与罚款收缴，是否适用《罚款决定与罚款收缴分离实施办法》?

答：适用。

22.《罚款决定与罚款收缴分离实施办法》由______会同中国人民银行组织实施。

答：财政部。

23.《罚款决定与罚款收缴分离实施办法》自何日起施行?

答：1998 年 1 月 1 日。

第三章

行政执法重要制度文件

第一节　国务院办公厅关于推行行政执法责任制的若干意见

1.《国务院办公厅关于推行行政执法责任制的若干意见》(以下简称《意见》)是什么时间印发的?

答:2005年7月9日。

2.《意见》明确，行政执法责任制是______和______行政机关行政执法活动的一项重要制度。

答:规范;监督。

3.《意见》明确，推行行政执法责任制要做哪些工作?

答:依法界定执法职责;建立健全行政执法评议考核机制;认真落实行政执法责任、加强推行行政执法责任制的组织领导。

4.《意见》明确，依法界定执法职责要做哪“三个方面”工作?

答:梳理执法依据;分解执法职权;确定执法责任。

5.《意见》明确，由______组织梳理执法依据。

答:地方各级人民政府。

6.《意见》明确，梳理执法依据的对象及具体要求是什么?

答:对具有行政执法主体资格的部门(包括法律法规授予行政执法权的组织)执行的执法依据分类排序、列明目录，做到分类清晰、编排科学。

7.《意见》明确，梳理执法依据要做到哪两个“衔接”?

答:要注意与《中华人民共和国行政处罚法》《中华人民共和国行政许可法》等规范政府共同行为的法律规范相衔接。下级人民政府梳理所属部门的执法依据时，要注意与上级人民政府有关主管部门的执法依据相衔接，避免遗漏。

8.《意见》明确，地方各级人民政府要根据执法依据制定、修改和废止情况，及时调整所属各有关部门的______，协调解决梳理执法依据中的问题。

答：执法依据。

9.《意见》明确，梳理完毕的执法依据，除下发相关执法部门外，要以适当方式如何?

答：向社会公布。

10.《意见》明确，地方各级人民政府中具有行政执法职能的部门要按照本级人民政府的统一部署和要求，根据执法机构和执法岗位的配置，将其法定职权分解到具体______和______。有关部门不得擅自增加或者扩大本部门的______。

答：执法机构；执法岗位；行政执法权限。

11.《意见》明确，分解行政执法部门内部不同执法机构和执法岗位的职权要科学合理，既要避免平行执法机构和执法岗位的职权______、______，又要有利于促进相互之间的______。

答：交叉；重复；协调配合。

12.《意见》明确，不同层级的执法机构和执法岗位之间的职权要相互衔接，做到执法流程______、要求______、期限______。

答：清楚；具体；明确。

13.《意见》明确，对各行政执法部门的执法人员，要结合其任职岗位的具体职权进行______。经______合格具备行政执法资格的，方可按照有关规定发放行政执法证件。

答：上岗培训；考试考核。

14.《意见》明确，执法依据赋予行政执法部门的每一项行政执法职权，既是法定权力，也是必须履行的______。

答：法定义务。

15.《意见》明确，行政执法部门任何违反法定义务的不作为和乱作为的行为，都必须承担相应的______。

答：法律责任。

16.《意见》明确，要根据有权必有责的要求，在分解执法职权的基础上，确定不同部门及机构、岗位执法人员的______。

答：具体执法责任。

17.《意见》明确，地方各级人民政府可以采取适当形式明确所属行政执法部门的具体执法责任，行政执法部门______采取适当形式明确各执法机构和执法岗位的具体执法责任。

答：应当。

18.《意见》明确，国务院实行垂直管理和中央与地方双重管理的部门也要根据确定执法责任规定，做好依法界定______的工作。

答：执法职责。

19.《意见》明确，建立健全行政执法评议考核机制要明确哪“四个方面”的内容?

答：评议考核的基本要求；评议考核的主体；评议考核的内容；评议考核的方法。

20.《意见》明确，行政执法评议考核是评价行政执法工作情况、检验行政执法部门和行政执法人员是否正确行使______和全面履行______的重要机制，是推行行政执法责任制的重要环节。

答：执法职权；法定义务。

21.《意见》明确，评议考核的基本要求是什么?

答：行政执法评议考核应当严格遵守公开、公平、公正原则。在评议考核中，要公正对待、客观评价行政执法人员的行政执法行为。评议考核的标准、过程和结果要以适当方式在一定范围内公开。

22.《意见》对评议考核的主体是如何规定的?

答：地方各级人民政府负责对所属部门的行政执法工作进行评议考核，同时要加强对下级人民政府行政执法评议考核工作的监督和指导。国务院实行垂直管理的行政执法部门，由上级部门进行评议考核，并充分听取地方人民政府的评议意见。实行双重管理的部门按照管理职责分工分别由国务院部门和地方人民政府评议考核。各行政执法部门对所属行政执法机构和行政执法人员的行政执法工作进行评议考核。

23.《意见》对评议考核的内容是如何规定的?

答: 评议考核的主要内容是行政执法部门和行政执法人员行使行政执法职权和履行法定义务的情况，包括行政执法的主体资格是否符合规定，行政执法行为是否符合执法权限，适用执法依据是否规范，行政执法程序是否合法，行政执法决定的内容是否合法、适当，行政执法决定的行政复议和行政诉讼结果，案卷质量情况等。评议考核主体要结合不同部门、不同岗位的具体情况和特点，制定评议考核方案，明确评议考核的具体标准。

24.《意见》明确，评议考核三个“相结合”是什么?

答: 组织考评、个人自我考评、互查互评相结合；部门内部评议与外部评议相结合；行政执法评议考核与对行政执法部门的目标考核、岗位责任制考核等结合。

25.《意见》明确，要高度重视通过______考核行政执法部门和行政执法人员的执法质量。

答: 案卷评查。

26.《意见》明确，外部评议可以通过召开座谈会、发放执法评议卡、设立公众意见箱、开通执法评议专线电话、聘请______、举行民意测验等方式进行。

答: 监督评议员。

27.《意见》明确，行政执法评议考核原则上采取______的形式，考核的分值要在本级人民政府______考核中占有适当比重。

答: 百分制；依法行政情况。

28.《意见》明确，各地区、各有关部门要把行政执法评议考核与对行政执法部门的目标考核、岗位责任制考核等结合起来，避免对行政执法活动进行______评议考核。

答: 重复。

29.《意见》明确，推行行政执法责任制的关键是要落实什么？

答：行政执法责任。

30.《意见》明确，对行政执法部门的行政执法行为在行政复议和行政诉讼中被认定违法和变更、撤销等______的，对外部评议中群众满意程度较低或者对推行行政执法责任制______、弄虚作假的，可以责令行政执法部门______。情节严重的，可以给予______或者取消评比先进的资格。

答：比例较高；消极应付；限期整改；通报批评。

31.除依照《意见》对有关行政执法部门和行政执法人员进行处理外，对实施违法或者不当的行政执法行为依法依纪应采取组织处理措施的，按照干部管理权限和______办理。依法依纪应当追究政纪责任的，由任免机关、______依法给予行政处分。涉嫌犯罪的，移送______处理。

答：规定程序；监察机关；司法机关。

32.《意见》明确，追究行政执法责任，必须做到______。在对责任人作出处理前，应当听取______的意见，保障其陈述和申辩的权利，确保不枉不纵。

答：实事求是、客观公正；当事人。

33.《意见》明确，对行政执法部门的行政执法责任，由______或者监察机关依法予以追究。对实行垂直管理的部门的行政执法责任，由______或者监察机关依法予以追究。对实行双重管理的部门的行政执法责任，按______规定予以追究。

答：本级人民政府；上级部门；有关管理职责。

34.《意见》明确，要建立健全行政执法奖励机制，对行政执法绩效突出的行政执法部门和行政执法人员予以______，调动行政执法部门和行政执法人员提高行政执法质量和水平的积极性，形成有利于推动严格执法、公正执法、文明执法的良好环境。

答：表彰。

35.《意见》明确，推行行政执法责任制，关系各级政府所属各

______和每个行政执法人员，工作环节多，涉及面广，______，工作量大。

答：行政执法部门；专业性强。

36.《意见》明确，各省、自治区、直辖市人民政府和国务院实行垂直管理、双重管理的部门要切实负起责任，加强对推行行政执法责任制工作的组织领导，认真做好本地区、本部门（本系统）推行行政执法责任制的组织协调、______、督促落实工作。

答：跟踪检查。

37.《意见》明确，要通过各层次的推行行政执法责任制______建设，建立科学合理、公平公正的激励和约束机制。

答：配套制度。

第二节　国务院办公厅关于全面推行行政执法公示制度执法全过程记录制度重大执法决定法制审核制度的指导意见

1.《国务院办公厅关于全面推行行政执法公示制度执法全过程记录制度重大执法决定法制审核制度的指导意见》（以下简称《意见》）是什么时间印发的?

答：2018 年 12 月 5 日。

2.《意见》明确，行政执法是行政机关履行政府职能、管理经济社会事务的______。

答：重要方式。

3.《意见》明确，行政执法公示制度、执法全过程记录制度、重大执法决定法制审核制度统称什么?

答：“三项制度”。

4.《意见》明确，聚焦行政执法的源头、过程、结果等关键环节，全面推行“三项制度”，对促进严格规范公正文明执法具有______、______、______作用，对切实保障人民群众合法权益，维护政府公信力，营造更加公开透明、规范有序、公平高效的法治环境具有重要意义。

答：基础性；整体性；突破性。

5.《意见》明确，全面推行“三项制度”的指导思想是什么？

答：以习近平新时代中国特色社会主义思想为指导，全面贯彻党的十九大和十九届二中、三中全会精神，着力推进行政执法透明、规范、合法、公正，不断健全执法制度、完善执法程序、创新执法方式、加强执法监督，全面提高执法效能，推动形成权责统一、权威高效的行政执法体系和职责明确、依法行政的政府治理体系，确保行政机关依法履行法定职责，切实维护人民群众合法权益，为落实全面依法治国基本方略、推进法治政府建设奠定坚实基础。

6.《意见》明确，全面推行“三项制度”的基本原则是什么？

答：坚持依法规范；坚持执法为民；坚持务实高效；坚持改革创新；坚持统筹协调。

7.《意见》明确，坚持依法规范原则的具体要求是什么？

答：全面履行法定职责，规范办事流程，明确岗位责任，确保法律法规规章严格实施，保障公民、法人和其他组织依法行使权利，不得违法增加办事的条件、环节等负担，防止执法不作为、乱作为。

8.《意见》明确，坚持执法为民原则的具体要求是什么？

答：牢固树立以人民为中心的发展思想，贴近群众、服务群众，方便群众及时获取执法信息、便捷办理各种手续、有效监督执法活动，防止执法扰民、执法不公。

9.《意见》明确，坚持务实高效原则的具体要求是什么？

答：聚焦基层执法实践需要，着力解决实际问题，注重措施的有效性和针对性，便于执法人员操作，切实提高执法效率，防止程序繁琐、不切实际。

10.《意见》明确，坚持改革创新原则的具体要求是什么？

答：在确保统一、规范的基础上，鼓励、支持、指导各地区、各部门因地制宜、更新理念、大胆实践，不断探索创新工作机制，更好服务保障经济社会发展，防止因循守旧、照搬照抄。

11.《意见》明确，坚持统筹协调原则的具体要求是什么?

答: 统筹推进行政执法各项制度建设，加强资源整合、信息共享，做到各项制度有机衔接、高度融合，防止各行其是、重复建设。

12.《意见》明确，全面推行“三项制度”的工作目标是什么?

答:“三项制度”在各级行政执法机关全面推行，行政处罚、行政强制、行政检查、行政征收征用、行政许可等行为得到有效规范，行政执法公示制度机制不断健全，做到执法行为过程信息全程记载、执法全过程可回溯管理、重大执法决定法制审核全覆盖，全面实现执法信息公开透明、执法全过程留痕、执法决定合法有效，行政执法能力和水平整体大幅提升，行政执法行为被纠错率明显下降，行政执法的社会满意度显著提高。

13.《意见》明确，“三项制度”在哪些行政执法种类全面推行?

答: 行政处罚、行政强制、行政检查、行政征收征用、行政许可等各类行政执法行为。

14.《意见》明确，全面推行行政执法公示制度要做哪“三个方面”的工作?

答: 强化事前公开；规范事中公示；加强事后公开。

15.《意见》明确，行政执法公示是保障行政相对人和社会公众哪些权利的重要措施?

答: 知情权；参与权；表达权；监督权。

16.《意见》明确，行政执法机关要按照什么原则，明确公示内容的采集、传递、审核、发布职责，规范信息公示内容的标准、格式?

答:“谁执法谁公示”。

17.《意见》明确，建立统一______，及时通过政府网站及政务新媒体、办事大厅公示栏、服务窗口等平台向社会公开行政执法基本信息、结果信息?

答: 执法信息公示平台。

18.《意见》明确，涉及国家秘密、商业秘密、个人隐私等______的信息，依法______的，要作适当处理后公开。发现公开的行政执法信息不准确的，要及时______。

答：不宜公开；确需公开；予以更正。

19.《意见》明确，在强化事前公开工作中，行政执法机关要统筹推进行政执法事前公开与______公开、权责清单公布、"双随机、一公开"监管等工作。

答：政府信息。

20.《意见》明确，在强化事前公开工作中，行政执法机关要全面准确及时主动公开行政执法主体、______、职责、______、______、程序、______和随机抽查事项清单等信息。

答：人员；权限；依据；救济渠道。

21.《意见》明确，在强化事前公开工作中，行政执法机关要根据有关法律法规，结合自身职权职责，编制并公开本机关的______、执法流程图，明确______名称、受理机构、审批机构、受理条件、办理时限等内容。

答：服务指南；执法事项。

22.《意见》明确，在强化事前公开工作中，公开的信息要简明扼要、______，并及时根据法律法规及机构职能变化情况进行______。

答：通俗易懂；动态调整。

23.《意见》明确，在规范事中公示工作中，行政执法人员在进行监督检查、______、采取强制措施和______、送达执法文书等执法活动时，必须如何出示执法证件，向当事人和______表明身份，鼓励采取______执法证件的方式，执法全程公示执法身份。

答：调查取证；强制执行；主动；相关人员；佩戴。

24.《意见》明确，在规范事中公示工作中，要出具行政执法文书，主动告知当事人______、执法依据、权利义务等内容。

答：执法事由。

25.《意见》明确，在规范事中公示工作中，国家规定统一着执法服装、佩戴执法标识的，执法时要如何着装、佩戴标识。

答：按规定。

26.《意见》明确，在规范事中公示工作中，政务服务窗口要设置岗位信息公示牌，明示工作人员岗位职责、申请材料______、办理进度查询、咨询服务、______等信息。

答：示范文本；投诉举报。

27.《意见》明确，在加强事后公开工作中，行政执法机关要在执法决定作出之日起______工作日内，向社会公布执法机关、执法对象、执法类别、______等信息，接受社会监督，行政许可、行政处罚的执法决定信息要在执法决定作出之日起______工作日内公开，但______另有规定的除外。

答：20 个；执法结论；7 个；法律、行政法规。

28.《意见》明确，在加强事后公开工作中，要建立健全执法决定信息公开发布、撤销和更新______。已公开的行政执法决定被依法撤销、确认违法或者______的，应当及时从信息公示平台撤下原行政执法决定信息。

答：机制；要求重新作出。

29.《意见》明确，在加强事后公开工作中，要建立行政执法统计年报______，地方各级行政执法机关应当于每年______前公开本机关上年度行政执法总体情况______，并报______和上级主管部门。

答：制度；1 月 31 日；有关数据；本级人民政府。

30.《意见》明确，全面推行执法全过程记录制度要做哪“四个方面”的工作?

答：完善文字记录；规范音像记录；严格记录归档；发挥记录作用。

31.《意见》明确，什么是行政执法活动合法有效的重要保证?

答：行政执法全过程记录。

32.《意见》明确，行政执法机关要通过文字、音像等记录形式，对行政执法的启动、调查取证、审核决定、送达执行等______进行记录，并______归档保存，做到执法全过程______和可回溯管理。

答：全部过程；全面系统；留痕。

33.《意见》明确，文字记录是以纸质文件或______形式对行政执法活动进行全过程记录的方式。

答：电子文件。

34.《意见》明确，音像记录是通过照相机、录音机、摄像机、执法记录仪、______等记录设备，______对行政执法过程进行记录的方式。

答：视频监控；实时。

35.《意见》明确，在规范音像记录工作中，各级行政执法机关要根据行政执法行为的不同______、阶段、环节，采用相应音像记录形式，充分发挥音像记录直观有力的______作用、规范执法的______作用、依法履职的______作用。

答：类别；证据；监督；保障。

36.《意见》明确，在规范音像记录工作中，要做好音像记录与文字记录的衔接工作，充分考虑音像记录方式的______、适当性和实效性，对文字记录能够全面有效记录执法行为的，可以______。对查封扣押财产、强制拆除等直接涉及______、______、______的现场执法活动和______场所，要推行全程音像记录。对现场执法、调查取证、______、留置送达和公告送达等______的行政执法过程，要根据实际情况进行音像记录。

答：必要性；不进行音像记录；人身自由；生命健康；重大财产权益；执法办案；举行听证；容易引发争议。

37.《意见》明确，在规范音像记录工作中，要建立健全执法音像记录______，明确执法音像记录的设备配备、使用规范、______、存储应用、监督管理等要求。

答：管理制度；记录要素。

38.《意见》明确，在规范音像记录工作中，要研究制定执法行为用语指引，指导执法人员如何开展音像记录？

答：规范文明。

39.《意见》明确，在严格记录归档工作中，要完善执法案卷______，加强对______和法律文书的制作、使用、管理，按照有关法律法规和______规定归档保存执法全过程记录资料，确保______行政执法行为有据可查。对涉及国家秘密、商业秘密、______的记录资料，归档时要严格执行国家有关规定。

答：管理制度；执法台账；档案管理；所有；个人隐私。

40.《意见》明确，在严格记录归档工作中，要积极探索______、效果好、易保存、防删改的信息化记录储存方式，通过技术手段对同一执法对象的文字记录、音像记录进行______。建立健全基于互联网、电子认证、______的行政执法全过程数据化记录工作机制，形成______、数据链条完整、数据安全有保障的数字化记录信息归档管理制度。

答：成本低；集中储存；电子签章；业务流程清晰。

41.《意见》明确，在发挥记录作用工作中，要充分发挥全过程记录信息对案卷评查、执法监督、______、舆情应对、______和健全社会信用体系等工作的积极作用，善于通过______记录资料信息，发现行政执法薄弱环节，改进行政执法工作，依法公正维护______和行政相对人的合法权益。

答：评议考核；行政决策；统计分析；执法人员。

42.《意见》明确，在发挥记录作用工作中，要建立健全记录信息调阅监督______，做到可实时调阅，切实加强监督，确保行政执法文字记录、音像记录规范、______、______。

答：制度；合法；有效。

43.《意见》明确，全面推行重大执法决定法制审核制度要做哪“四个方面”的工作？

答：明确审核机构；明确审核范围；明确审核内容；明确审核责任。

44.《意见》明确，______是确保行政执法机关作出的重大执法决定合法有效的关键环节。行政执法机关作出重大执法决定前，要严格进行法制审核，未经法制审核或者审核未通过的，不得______。

答：重大执法决定法制审核；作出决定。

45.《意见》明确，在明确审核机构工作中，各级行政执法机关要明确具体负责本单位重大执法决定法制审核的工作机构，确保法制审核工作有______、有______。

答：机构承担；专人负责。

46.《意见》明确，在明确审核机构工作中，要加强法制审核队伍的正规化、______、职业化建设，把政治素质高、______、具有法律专业背景的人员调整充实到法制审核岗位，配强工作力量，使法制审核人员的配置与形势任务相适应，原则上各级行政执法机关的法制审核人员不少于本单位执法人员总数的______。

答：专业化；业务能力强；5%。

47.《意见》明确，在明确审核机构工作中，要充分发挥法律顾问、______在法制审核工作中的作用，特别是针对基层存在的法制审核专业人员数量不足、分布不均等问题，探索建立健全本系统内法律顾问、公职律师______机制，实现法律专业人才资源共享。

答：公职律师；统筹调用。

48.《意见》明确，在明确审核范围工作中，凡涉及重大公共利益，可能造成重大社会影响或引发社会风险，直接关系行政相对人或第三人重大权益，经过听证程序作出行政执法决定，以及案件情况疑难复杂、涉及多个法律关系的，都要进行______。

答：法制审核。

49.《意见》明确，在明确审核范围工作中，各级行政执法机关要结合本机关行政执法行为的______、执法层级、所属领域、涉案金额等因素，制定重大执法决定法制审核______。

答：类别；目录清单。

50.《意见》明确，在明确审核范围工作中，上级行政执法机关要对下一级执法机关重大执法决定法制审核目录清单编制工作加强指导，明确重大执法决定事项的______。

答：标准。

51.《意见》明确，在明确审核内容工作中，要严格审核哪些内容？

答：行政执法主体是否合法，行政执法人员是否具备执法资格；行政执法程序是否合法；案件事实是否清楚，证据是否合法充分；适用法律、法规、规章是否准确，裁量基准运用是否适当；执法是否超越执法机关法定权限；行政执法文书是否完备、规范；违法行为是否涉嫌犯罪、需要移送司法机关等。

52.《意见》明确，在明确审核内容工作中，法制审核机构完成审核后，要根据不同情形，提出同意或者存在问题的______审核意见。行政执法承办机构要对法制审核机构提出的存在问题的审核意见进行______，作出相应处理后______。

答：书面；研究；再次报送法制审核。

53.《意见》明确，谁是推动落实本机关重大执法决定法制审核制度的第一责任人，对本机关作出的行政执法决定负责？

答：行政执法机关主要负责人。

54.《意见》明确，在明确审核责任工作中，行政执法承办机构对送审材料的______、准确性、完整性，以及执法的______、证据、法律适用、程序的合法性负责。法制审核机构对重大执法决定的______负责。因行政执法承办机构的承办人员、负责法制审核的人员和审批行政执法决定的负责人滥用职权、玩忽职守、徇私枉法等，导致行政执法决定______，要依纪依法追究相关人员责任。

答：真实性；事实；法制审核意见；错误。

55.《意见》明确，全面推进行政执法信息化建设要做哪“三个方面”的工作？

答：加强信息化平台建设；推进信息共享；强化智能应用。

56.《意见》明确，行政执法机关要加强执法信息管理，及时准确______执法信息，实现行政执法全程______，法制审核流程______。加快推进执法信息______，有效整合执法数据资源，为行政执法更规范、群众办事更便捷、政府治理更高效、营商环境更优化奠定基础。

答：公示；留痕；规范有序；互联互通共享。

57.《意见》明确，在加强信息化平台建设工作中，要依托大数据、云计算等信息技术手段，大力推进______信息系统建设，充分利用已有信息系统和数据资源，逐步构建操作信息化、文书______、过程痕迹化、责任明晰化、监督______、分析______的行政执法信息化体系，做到执法信息______、执法程序______、执法活动网上监督、执法决定______、执法信息统一公示、执法信息网上查询，实现对行政执法活动的即时性、过程性、______管理。

答：行政执法综合管理监督；数据化；严密化；可量化；网上录入；网上流转；实时推送；系统性。

58.《意见》明确，在加强信息化平台建设工作中，要认真落实国务院关于加快全国一体化在线政务服务平台建设的决策部署，推动政务服务“一网通办”，依托电子政务外网开展网上行政服务工作，全面推行______、______、______，让数据多跑路、群众少跑腿。

答：网上受理；网上审批；网上办公。

59.《意见》明确，在推进信息共享工作中，要完善全国行政执法数据汇集和信息共享机制，制定全国统一规范的______，明确执法信息共享的种类、范围、流程和使用方式，促进执法数据高效采集、有效整合。

答：执法数据标准。

60.《意见》明确，在推进信息共享工作中，要充分利用全国一体化在线政务服务平台，在确保信息安全的前提下，加快推进跨地区、跨部门执法信息系统互联互通，已建设并使用的有关执法信息系统要加强______，打通信息壁垒，实现数据共享互通，解决“信息孤岛”等问题。

答：业务协同。

61.《意见》明确，在推进信息共享工作中，要认真梳理涉及各类行政执法的基础数据，建立以行政执法主体信息、权责清单信息、______、监督信息和统计分析信息等为主要内容的全国行政执法信息资源库，逐步形成集数据储存、共享功能于一体的行政执法数据中心。

答：办案信息。

62.《意见》明确，在加强组织领导上，地方各级人民政府及其部门的______作为本地区、本部门全面推行“三项制度”工作的第一责任人，要切实加强对本地区、本部门行政执法工作的领导，做好“三项制度”组织实施工作，定期听取有关工作情况汇报，及时研究解决工作中的重大问题，确保______？

答：主要负责同志；工作有方案、部署有进度、推进有标准、结果有考核。

63.在健全制度体系上，要根据《意见》的要求和各地区、各部门实际情况，建立健全科学合理的______。加强和完善______、行政执法裁量基准、行政执法案卷管理和评查、行政执法投诉举报以及______等制度建设，推进全国统一的行政执法资格和证件管理，积极做好相关制度衔接工作，形成统筹行政执法各个环节的制度体系。

答：“三项制度”体系；行政执法案例指导；行政执法考核监督。

64.《意见》明确，在开展培训宣传上，要开展“三项制度”专题学习培训，加强______。认真落实______普法责任制的要求，加强对全面推行“三项制度”的宣传，通过政府网站、新闻发布会以及报刊、广播、电视、网络、新媒体等方式，全方位宣传全面推行“三项制度”的重要意义、主要做法、典型经验和实施效果，发挥示范带动作用，及时回应社会关切，合理引导社会预期，为全面推行“三项制度”营造良好的社会氛围。

答：业务交流；“谁执法谁普法”。

65.《意见》明确，在加强督促检查上，要把“三项制度”推进情况纳入______考评指标体系，纳入______目标考核体系，建立督查情况通报制度，坚持鼓励先进与鞭策落后相结合，充分调动全面推行“三项制度”工作的积极性、主动性。对工作不力的要及时______，对工作中出现问题造成不良后果的单位及人员要通报批评，依纪依法问责。

答：法治政府建设；年底效能；督促整改。

66.《意见》明确，在保障经费投入上，要建立责任明确、管理规范、______的执法经费保障机制，保障行政执法机关依法履职所需的执法装备、经费，严禁将收费、罚没收入同______直接或者变相挂钩。______要分类制定行政执法机关执法装备配备标准、装备配备规划、设施建设规划和年度实施计划。地方各级行政执法机关要结合执法实际，将执法装备需求报本级人民政府列入______。

答：投入稳定；部门利益；省级人民政府；财政预算。

67.《意见》明确，什么是全面推行“三项制度”取得实效的关键？

答：高素质的执法人员。

68.《意见》明确，在加强队伍建设上，鼓励和支持行政执法人员参加______考试，对取得法律职业资格的人员可以简化或免于执法资格考试。建立科学的考核评价体系和______机制。保障执法人员待遇，完善基层执法人员工资政策，建立和实施执法人员人身意外伤害和______制度，落实国家抚恤政策，提高执法人员履职积极性，增强执法队伍稳定性。

答：国家统一法律职业资格；人员激励；工伤保险。

69.《意见》明确，______要加强对全面推行“三项制度”的指导协调，会同有关部门进行监督检查和跟踪评估，重要情况及时报告国务院。

答：司法部。

第三节 国务院办公厅关于进一步规范行政裁量权基准制定和管理工作的意见

1.《国务院办公厅关于进一步规范行政裁量权基准制定和管理工作的意见》(以下简称《意见》)是什么时间印发的?

答: 2022年7月29日。

2.《意见》明确,行政裁量权基准的定义是什么?

答: 行政裁量权基准是行政机关结合本地区本部门行政管理实际,按照裁量涉及的不同事实和情节,对法律、法规、规章中的原则性规定或者具有一定弹性的执法权限、裁量幅度等内容进行细化量化,以特定形式向社会公布并施行的具体执法尺度和标准。

3.《意见》明确,规范行政裁量权基准制定和管理,对保障法律、法规、规章______实施,规范行政执法行为,维护社会______具有重要意义。

答: 有效;公平正义。

4.《意见》明确,进一步规范行政裁量权基准制定和管理工作的指导思想是什么?

答: 坚持以习近平新时代中国特色社会主义思想为指导,全面贯彻党的十九大和十九届历次全会精神,深入贯彻习近平法治思想,认真落实党中央、国务院决策部署,立足新发展阶段,完整、准确、全面贯彻新发展理念,构建新发展格局,切实转变政府职能,建立健全行政裁量权基准制度,规范行使行政裁量权,完善执法程序,强化执法监督,推动严格规范公正文明执法,提高依法行政水平,为推进政府治理体系和治理能力现代化提供有力法治保障。

5.《意见》明确,进一步规范行政裁量权基准制定和管理工作的基本原则是什么?

答: 坚持法制统一;坚持程序公正;坚持公平合理;坚持高效便民。

6.《意见》明确，坚持法制统一原则的具体要求是什么？

答：行政裁量权基准的设定要于法于规有据，符合法律、法规、规章有关行政执法事项、条件、程序、种类、幅度的规定，充分考虑调整共同行政行为的一般法与调整某种具体社会关系或者某一方面内容的单行法之间的关系，做到相互衔接，确保法制的统一性、系统性和完整性。

7.《意见》明确，坚持程序公正原则的具体要求是什么？

答：严格依照法定程序科学合理制定行政裁量权基准，广泛听取公民、法人和其他组织的意见，依法保障行政相对人、利害关系人的知情权和参与权。行政裁量权基准一律向社会公开，接受市场主体和人民群众监督。

8.《意见》明确，坚持公平合理原则的具体要求是什么？

答：制定行政裁量权基准要综合考虑行政职权的种类，以及行政执法行为的事实、性质、情节、法律要求和本地区经济社会发展状况等因素，应确属必要、适当，并符合社会公序良俗和公众合理期待。要平等对待公民、法人和其他组织，对类别、性质、情节相同或者相近事项处理结果要基本一致。

9.《意见》明确，坚持高效便民原则的具体要求是什么？

答：牢固树立执法为民理念，积极履行法定职责，简化流程、明确条件、优化服务，切实提高行政效能，避免滥用行政裁量权，防止执法扰民和执法简单粗暴“一刀切”，最大程度为市场主体和人民群众提供便利。

10.《意见》明确，进一步规范行政裁量权基准制定和管理工作的工作目标是什么？

答：到 2023 年底前，行政裁量权基准制度普遍建立，基本实现行政裁量标准制度化、行为规范化、管理科学化，确保行政机关在具体行政执法过程中有细化量化的执法尺度，行政裁量权边界明晰，行政处罚、行政许可、行政征收征用、行政确认、行政给付、行政强制、行政检查等行为得到有效规范，行政执法质量和效能大幅提升，社会满意度显著提高。

11.《意见》明确，进一步规范行政裁量权基准制定和管理工作涉及哪些行政执法种类？

答：行政处罚、行政许可、行政征收征用、行政确认、行政给付、行政强制、行政检查等行为。

12.《意见》明确，明确行政裁量权基准制定职责权限要做哪“两个方面”工作?

答: 严格履行行政裁量权基准制定职责；严格规范行政裁量权基准制定权限。

13.《意见》明确，国务院有关部门可以依照______等制定本部门什么的行政裁量权基准。制定过程中，要统筹考虑其他部门已制定的有关规定，确保______。

答: 法律、行政法规；本系统；衔接协调。

14.《意见》明确，省、自治区、直辖市和设区的市、自治州人民政府及其______可以依照法律、法规、规章以及______制定的行政裁量权基准，制定本行政区域内的行政裁量权基准。

答: 部门；上级行政机关。

15.《意见》明确，县级人民政府及其部门可以在法定范围内，对谁制定的行政裁量权基准适用的标准、条件、种类、幅度、方式、时限予以合理细化量化。

答: 上级行政机关。

16.《意见》明确，地方人民政府及其部门在制定行政裁量权基准过程中，可以参考与本地区经济发展水平、人口规模等______的有关规定。

答: 相近地方。

17.《意见》明确，行政机关可以根据工作需要______制定行政裁量权基准。无______依据，不得增加行政相对人的义务或者减损行政相对人的权益。

答: 依法；法律、法规、规章。

18.《意见》明确，对同一行政执法事项，上级行政机关已经制定行政裁量权基准的，下级行政机关原则上应______。如下级行政机关不能直接适用，可以结合本地区经济社会发展状况，在法律、法规、规章规定的行政裁量权范围内进行______，但不能超出上级行政机关划定的______或者______。

答: 直接适用；合理细化量化；阶次；幅度。

19.《意见》明确，下级行政机关制定的行政裁量权基准与上级行政机关制定的行政裁量权基准冲突的，应适用______制定的行政裁量权基准。

答：上级行政机关。

20.《意见》明确，准确规定行政裁量权基准内容要做哪“四个方面”的工作?

答：推动行政处罚裁量适当；推动行政许可便捷高效；推动行政征收征用公平合理；规范行政确认、行政给付、行政强制和行政检查行为。

21.《意见》明确，对同一种违法行为，法律、法规、规章规定可以选择处罚______、______，或者法律、法规、规章对不予处罚、免予处罚、从轻处罚、减轻处罚、从重处罚的条件只有______规定的，要根据违法行为的事实、性质、情节以及社会危害程度细化量化行政处罚裁量权基准，防止过罚______、重责轻罚、轻责重罚。

答：种类；幅度；原则性；不相适应。

22.《意见》明确，要严格依照《中华人民共和国行政处罚法》有关规定，明确不予处罚、免予处罚、从轻处罚、减轻处罚、从重处罚的裁量阶次，有处罚幅度的要明确______、情节较轻、情节较重、情节严重的具体情形。

答：情节轻微。

23.《意见》明确，要坚持过罚相当、宽严相济，避免______、显失公平。坚持处罚与______相结合，发挥行政处罚教育引导公民、法人和其他组织自觉守法的作用。对违法行为依法不予行政处罚的，行政机关要加强对当事人的______，防止违法行为再次发生。

答：畸轻畸重；教育；批评教育。

24.《意见》明确，要依法合理细化具体情节、量化罚款幅度，坚决避免乱罚款，严格禁止以罚款进行创收，严格禁止以什么进行排名或者作为绩效考核的指标?

答：罚款数额。

25.《意见》明确，罚款数额的从轻、一般、从重档次情形要明确具体，严格限定在法定幅度内，防止简单地______或者______。罚款数额为______的，要在最高倍数与最低倍数之间划分阶次。罚款数额有______的，要在最高额与最低额之间划分阶次，尽量压缩裁量空间。

答：一律就高；就低处罚；一定金额的倍数；一定幅度。

26.《意见》明确，需要在法定处罚种类或幅度以下减轻处罚的，要严格______，明确具体情节、适用条件和处罚标准。

答：进行评估。

27.《意见》明确，法律、法规、规章对行政许可的条件、程序、办理时限、不予受理以及行政许可的变更、撤回、撤销、注销只有______规定，或者对行政许可的申请材料没有______规定的，有关行政机关可以对相关内容进行细化量化，但不得增加许可条件、______，不得增加______，不得设置或者变相设置歧视性、地域限制等______条款，防止行业垄断、地方保护、市场分割。

答：原则性；明确；环节；证明材料；不公平。

28.《意见》明确，拟在法律、法规、国务院决定中设定行政许可的，应当同时规定行政许可的______。暂时没有规定的，原则上有关行政机关应以______形式制定行政许可实施规范，进一步明确行政许可的具体条件。对法定的行政许可程序，有关行政机关要优化简化______工作流程，______压缩行政许可办理时限。

答：具体条件；规章；内部；合理。

29.《意见》明确，行政许可需要由不同层级行政机关分别实施的，要明确不同层级行政机关的______、流程和______，不得无故拖延办理、逾期办理。不同层级行政机关均有权实施同一行政许可的，有关行政机关不得推诿或者限制申请人的______。法律、法规、规章没有对行政许可规定数量限制的，不得以______为由不予审批。实施行政许可需要申请人委托中介服务机构提供资信证明、检验检测、评估等中介服务的，行政机关不得______。

答：具体权限；办理时限；自主选择权；数量控制；指定中介服务机构。

30.《意见》明确，制定行政征收征用裁量权基准要遵循征收征用法定、公平公开、尊重行政相对人财产权等原则，重点对行政征收征用的______、______和______进行细化量化，合理确定征收征用财产和物品的范围、数量、数额、期限、补偿标准等。对行政征收项目的征收、停收、减收、缓收、免收情形，要明确______、______和程序。

答：标准；程序；权限；具体情形；审批权限。

31.《意见》明确，除______规定的征收征用项目外，一律不得增设新的征收征用项目。______规定可以委托实施征收征用事务的，要明确委托的具体事项、______、权限、程序和责任。不得将______范围内的征收征用事务通过购买服务的方式交由其他单位或者个人实施。

答：法律、法规；法律、法规；条件；法定职责。

32.《意见》明确，法律、法规、规章对行政确认、行政给付、行政强制的条件、程序和办理时限只有______规定，对行政检查的职责和范围只有______规定，对行政确认的申请材料没有______规定，对行政给付数额规定______的，有关行政机关可以依照法定权限和程序对相关内容进行细化量化。

答：原则性；原则性；明确；一定幅度。

33.《意见》明确，严格行政裁量权基准制定程序要落实哪“两个方面”要求?

答：明确制定程序；充分研究论证。

34.《意见》明确，加强行政裁量权基准制发程序管理，健全工作机制，根据行政裁量权的______确定行政裁量权基准的发布形式。以规章形式制定行政裁量权基准的，要按照______规定，认真执行立项、起草、审查、决定、公布等程序。行政机关为实施法律、法规、规章需要对裁量的阶次、幅度、程序等作出具体规定的，可以在法定权限内以______形式作出规定。以行政规范性文件形式制定行政裁量权基准的，要按照______要求，严格执行______、公开征求意见、合法性审核、集体审议决定、公开发布等程序。

答：类型；《规章制定程序条例》；行政规范性文件；《国务院办公厅关于加强行

政规范性文件制定和监督管理工作的通知》(国办发〔2018〕37号);评估论证。

35.《意见》明确，制定行政裁量权基准，要根据管理需要，科学分析影响行政执法行为的______，充分考量行政裁量权基准的实施效果，做好裁量阶次与裁量因素的科学衔接、有效结合，实现各裁量阶次适当、均衡，确保行政执法适用的具体标准科学合理、______。

答：裁量因素；管用好用。

36.《意见》明确，加强行政裁量权基准管理要做哪“三个方面”工作?

答：规范适用行政裁量权基准；强化日常监督管理；大力推进技术应用。

37.《意见》明确，行政机关在作出行政执法决定前，要告知行政相对人有关行政执法行为的依据、内容、事实、理由，有行政裁量权基准的，要在______中对行政裁量权基准的适用情况予以明确。

答：行政执法决定书。

38.《意见》明确，适用本行政机关制定的行政裁量权基准可能出现______、显失公平，或者行政裁量权基准适用的客观情况发生变化的，经本行政机关______批准或者______通过后可以调整适用，批准材料或者集体讨论记录应作为______的一部分归档保存。

答：明显不当；主要负责人；集体讨论；执法案卷。

39.《意见》明确，适用上级行政机关制定的行政裁量权基准可能出现明显不当、显失公平，或者行政裁量权基准适用的客观情况发生变化的，报请______批准后，可以调整适用。

答：该基准制定机关。

40.《意见》明确，对调整适用的行政裁量权基准，制定机关要______。因不规范适用行政裁量权基准造成______的，要依规依纪依法严格追究有关人员责任。

答：及时修改；严重后果。

41.《意见》明确，各地区各部门要通过行政执法情况检查、行政执法案卷评查、依法行政考核、______、行政复议附带审查、行政执法投诉举报处理等方式，加强对行政裁量权基准制度执行情况的监督检查。

答：行政执法评议考核。

42.《意见》明确，要建立行政裁量权基准动态调整机制，行政裁量权基准所依据的法律、法规、规章作出修改，或者______发生重大变化的，要及时进行调整。

答：客观情况。

43.《意见》明确，要推进行政执法裁量规范化、标准化、信息化建设，充分运用人工智能、大数据、云计算、区块链等技术手段，将行政裁量权基准内容嵌入______系统，为行政执法人员提供精准指引，有效规范行政裁量权行使。

答：行政执法信息。

44.《意见》明确，各地区各部门要高度重视行政裁量权基准制定和管理工作，加强统筹协调，明确______，落实责任。要将行政裁量权基准制定和管理工作纳入法治政府建设______，列入法治政府建设督察内容。

答：任务分工；考评指标体系。

45.《意见》明确，各地区各部门要加大宣传力度，通过政府网站、新闻发布会以及报刊、广播、电视、新媒体等方式开展多种形式宣传，使广大公民、法人和其他组织充分了解建立健全行政裁量权基准制度的重要性、积极参与______和______行政执法活动。

答：监督；评议。

46.《意见》明确，司法行政部门要结合实际，综合采取举办培训班和______等多种方式，组织开展业务培训。国务院部门和地方各级行政机关要加强对行政执法人员的培训，通过______、案例分析、情景模拟等方式，提高行政执法人员______运用行政裁量权基准解决执法问题的能力。各地区各部门要按照《意见》要求，及时做好行政裁量权基准制定和管理工作，并将《意见》的贯彻落实情况和工作中遇到的重要事项及时报______。

答：专题讲座；专业讲解；熟练；司法部。

第四章

与行政执法有关的其他重要文件

国务院关于贯彻实施《中华人民共和国行政诉讼法》的通知

国务院办公厅关于实施《中华人民共和国国家赔偿法》的通知

国务院关于贯彻实施《中华人民共和国行政处罚法》的通知

国务院关于贯彻实施《中华人民共和国行政复议法》的通知

……

第一节　国务院关于贯彻实施《中华人民共和国行政诉讼法》的通知

1.《国务院关于贯彻实施〈中华人民共和国行政诉讼法〉的通知》(以下简称《通知》)是什么时间印发的?

答: 1990 年 1 月 1 日。

2.《通知》明确，认真学习行政诉讼法，提高对施行行政诉讼法重要意义的认识，具体内容是什么?

答: 行政诉讼是公民、法人和其他组织以行政机关为被告向人民法院提起的诉讼。行政诉讼法的施行，标志着我国的行政活动将在更大范围内接受司法监督。随着行政诉讼法的施行，行政机关会经常作为被告，与作为原告的公民或组织，以平等身份出庭应诉，接受司法审判，并可能承担诸如赔偿等相应的法律后果，这无疑对行政机关依法行政提出了更高的要求。但是，许多行政机关工作人员对这一制度还不熟悉，加之“只准官告民，不准民告官”和“法律只管老百姓”等传统观念的影响，在思想认识上需要有一个提高和转变的过程。因此，地方各级人民政府、国务院各部门要抓紧利用行政诉讼法施行前的这段时间，认真组织学习。通过学习，掌握行政诉讼的基本知识，充分认识行政诉讼制度的重大意义，克服与行政诉讼制度不相适应的思想观念，以积极的态度，做好行政诉讼法施行前的各项准备工作。行政诉讼法施行后，地方各级人民政府、国务院各部门要积极主动配合人民法院开展工作。为了切实做好行政诉讼法的贯彻实施工作，地方各级人民政府、国务院各部门的负责同志要带头学好行政诉讼法，并切实加强对这项工作的领导。要通过举办学习研讨班等形式，分期分批组织本地区、本部门的负责同志学习行政诉讼法。

3.《通知》明确，加强法律、法规和规章的起草工作，进一步完善立法，具体内容是什么?

答: 行政诉讼制度的基本要求之一，是行政行为要有法可依，行政管理活动的各个方面和各种行政管理手段都要有相应的法律依据。为此，必须不断完善立法。在我国，法律和地方性法规大部分由政府部门起草，行政法规和规章由政府制定。现在，我国的立法还不完善，有关部门要抓紧法律、法规和规章的起草工作，加快立法工作的进度。当前，除大量的行政管理法规急需制定外，还要抓紧制定行政复议条例、行政强制执行条例和规章制定办法等与行政诉讼法配套的法规。为了保证规章不与法律、法规相抵触，地方人民政府、国务院各部门要加强规章清理工作，并严格执行规章备案制度。

4.《通知》明确，加强行政执法监督检查，提高行政执法水平，具体内容是什么?

答: 建立行政诉讼制度的目的，就是要维护和监督行政机关依法行使职权，保证行政机关严格依法办事。地方各级人民政府、国务院各部门要采取切实有力的措施，加强对行政执法人员的法制教育，增强其工作责任心和依法办事的自觉性，杜绝执法过程中任意处罚、滥施处罚等违法现象，提高行政执法水平。地方各级人民政府、国务院各部门要对正在实施的罚款、吊销许可证和执照，以及限制人身自由等具体行政行为进行一次清理，对于违法的和没有法律依据的要及时禁止和纠正。各级行政机关工作人员要牢固树立全心全意为人民服务的思想，积极履行法定职责，既要避免因随意执法而引起行政诉讼，也要防止因担心当被告而放任违法行为。为了提高行政执法水平，必须加强执法监督检查。地方各级人民政府、国务院各部门要结合本地区、本部门的实际情况，尽快制定行政机关工作人员守则，严格行政纪律。监察部和国务院法制局等部门要认真调查研究，总结经验，尽快制定执法监督检查方面的法规，使行政执法监督检查工作规范化、制度化。

5.《通知》明确，加强对政府法制工作的领导，进一步做好政府法制工作，具体内容是什么?

答: 行政诉讼法的施行，对政府工作的法制化提出了更高的要求。政府既担负立法方面的大量工作，又承担严格执法的艰巨任务，同时，还要承办大量的行政诉讼事务和其他有关的法律事务。因此，各级人民政府和国务院各部门的领导同志，要高度重视政府法制工作，并切实加强对这项工作的领导。加强政府法制工作，必须完善组织机构。各级人民政府要在调整和改善人员结构、提高人员素质的基础上，进一步充实政府法制工作队伍，使政府法制工作机构与其所承担的工作任务相适应。

第二节 国务院办公厅关于实施《中华人民共和国国家赔偿法》的通知

1.《国务院办公厅关于实施〈中华人民共和国国家赔偿法〉的通知》（以下简称《通知》）是什么时间印发的？

答：1994 年 12 月 22 日。

2.《通知》明确，保证国家赔偿法全面、正确地实施，并以此促进各级政府和政府各部门严格依法行使职权，是各级行政机关的一项______，也是政府法制建设的一项重要任务。

答：重要职责。

3.《通知》明确，国家赔偿制度是继行政诉讼制度，行政复议制度之后一项重要制度，不仅对保障公民法人和其他组织享有依法取得国家赔偿的权利，而且对促进行政机关及其工作人员依法行使职权，加强廉政建设，______，密切政府与人民群众的关系，都有重大意义。

答：维护社会安定。

4.《通知》明确，各级行政机关工作人员、特别是领导干部，都要从我国是人民民主专政的社会主义国家这一______的高度，认识实施国家赔偿法的重要意义，认真学习国家赔偿法，深刻领会它的精神实质，增强严格依法行政的自觉性。

答：政权性质。

5.《通知》明确，鉴于行政赔偿工作与行政应诉、行政复议工作关系密切，具体处理赔偿事务的机构又应当相对超脱，这项具体工作宜由本级政府和本部门的什么机构承担，其主要职责是什么？

答：行政复议应诉。（1）受理并审查赔偿请求；（2）审查被认为侵权的行政行为是否合法、适当，并就此提出意见；（3）就具体赔偿方式和赔偿标准提出意见;（4）了解、研究行政赔偿工作中带有普遍性的问题，并有针对性地向本级政府或者本部门领导提出改进行政执法工作的建议。

6.《通知》明确，各地方、各部门可以从本地方、本部门的实际出发，对受理、审理赔偿请求的程序，作出赔偿决定的程序等加以规定，也可以按照______条例规定的受理、审理复议申请和作出复议决定的程序办理。

答: 行政复议。

7.《通知》明确，各级行政机关要结合自己的实际情况研究、确定具体的______，原则是：既要有利于监督、促进行政机关工作人员恪尽职守、不滥用职权，又要考虑行政机关工作人员的实际承受能力，使追偿切实可行。

答: 追偿标准。

8.《通知》明确，加强什么工作，是做好国家赔偿法实施工作的重要环节?

答: 政府法制监督。

第三节　国务院关于贯彻实施《中华人民共和国行政处罚法》的通知

1.《国务院关于贯彻实施〈中华人民共和国行政处罚法〉的通知》（以下简称《通知》）是什么时间印发的?

答: 1996 年 4 月 15 日。

2.《通知》明确，保证行政处罚法______、______地实施并以此促进各级政府和政府各部门严格依法行政，是各级行政机关的一项重要职责，也是政府法制建设的一项重要任务。

答: 全面；正确。

3.《通知》明确，行政处罚法是规范______的一部重要法律，与行政机关的关系重大，其所确立的行政处罚设定权制度、实施行政处罚的______制度、相对集中行政处罚权制度、听证制度、罚款决定与罚款收缴相分离制度、政府对行政处罚的______制度等，是对现行行政处罚制度的重大改革，对改革政府机构、转变政府职能和加强政府法制建设都将产生深远影响。

答: 政府行为；主体资格；监督。

4.《通知》明确，根据行政处罚法规定，行政处罚原则上只能由行政机关实施，非行政机关的企业、事业单位未经______授权，不得行使行政处罚权。没有法律、法规或者______的明确规定，行政机关不得委托事业组织实施行政处罚。

答: 法律、法规；规章。

5.《通知》明确，县级以上地方人民政府加强对行政处罚的监督检查，是上级政府对下级政府、政府对其所属各部门行使______的重要形式，也是政府的一项______。县级以上地方人民政府要把对行政处罚的______作为政府工作的一项重要内容，切实抓紧、抓好，务必抓出成效。

答: 监督权；重要责任；监督检查。

6.《通知》明确，要把行政处罚的设定权、实施行政处罚的主体资格、当场处罚、罚款决定与罚款收缴的分离等制度的执行情况作为重点进行检查，对检查中发现的问题，要采取有力措施，坚决予以______。各级地方人民政府及其各部门的______要根据本级政府或者本部门的统一部署，具体组织、承担对行政处罚的监督检查工作。

答: 纠正；法制工作机构。

7.《通知》明确，各地方、各部门都要认真执行听证制度、调查取证与处罚决定分开制度、罚款决定与罚款收缴分离制度，要根据行政处罚法的规定确定听证的范围，明确主持听证的人员，制定______。确定行政机关内部______的机构对调查结果进行初步审查。

答: 听证规则；比较超脱。

第四节　国务院关于贯彻实施《中华人民共和国行政复议法》的通知

1.《国务院关于贯彻实施〈中华人民共和国行政复议法〉的通知》(以下简称《通知》)是什么时间印发的?

答: 1999年5月6日。

2.《通知》明确，保证行政复议法全面、正确地实施，并以此促进各级政府和政府各部门依法行政，从严治政，建设廉洁、勤政、务实、高效政府，是各级行政机关的一项______，也是政府法制建设的一项重要任务。

答: 重要职责。

3.《通知》明确，严格依照行政复议法开展行政复议工作，具体内容是什么?

答: 行政复议法对行政复议的范围、申请、受理、决定、法律责任等都作了明确的规定。县级以上各级政府和政府各部门都要严格执行这些规定，认真履行行政复议职责。对申请行政复议的具体行政行为所依据的规范性文件的审查、处理以及县级政府对行政复议申请的转送，各地方可以依照法定权限，作出具体规定。要在总结行政复议实践经验的基础上，建立、健全重大行政复议决定备案制度，抓紧修订行政复议文书的规范格式，进一步完善行政复议、应诉统计制度。对行政复议法的具体应用问题，由国务院法制办公室按照全国人大常委会《关于加强法律解释工作的决议》的规定具体承办。

4.《通知》明确，加强对行政复议活动的监督检查，具体内容是什么?

答: 行政复议法对行政复议活动监督作了明确规定，并对有关行政机关及其工作人员的违法行为规定了明确的法律责任。县级以上各级政府和政府各部门要依法加强对行政复议活动的监督。要把是否依法受理行政复议申请、是否按照规定转送行政复议申请以及是否依法审查并作出行政复议决定等情况作为重点进行检查，一旦发现对行政复议申请该受理的不受理、该作决定的不作决定以及“官官相护”或者严重不负责任等情况，必须严格依法查处，坚决予以纠正；该追究法律责任的，要依法追究法律责任，首先要追究负责人的法律责任。县级以上政府的法制工作机构要根据本级政府的统一部署，具体组织、承担对行政复议的监督检查工作。政府法制工作机构发现下级政府或者本级政府工作部门无正当理由不受理行政复议申请、在法定期限内不作出行政复议决定、不履行行政复议决定、对申请人打击报复或者有违反行政复议法的其他行为的，应当向本级政府或者同级行政监察部门提出处理建议。接受建议的行政机关要依照行政复议法和有关法律、行政法规的规定在 2 个月内作出处理。

5.《通知》明确，为行政复议工作的正常开展提供必要的保障，具体内容是什么？

答： 行政复议法规定：“行政复议机关受理行政复议申请，不得向申请人收取任何费用。行政复议活动所需经费，应当列入本机关的行政经费，由本级财政予以保障。”行政复议是行政机关自我纠正错误的活动，有错必纠是行政机关应尽的责任。各级行政复议机关及其办理行政复议事项的法制工作机构都要坚持全心全意为人民服务的宗旨，依法积极办理行政复议案件，不得向申请人收取任何费用。行政复议活动经费要列入行政机关正常的行政经费，各级财政部门要按照行政复议法的规定给予保证。在行政机关的行政经费中，行政复议活动经费要单独列支，不得挪作他用。对具体办理行政复议事项的法制工作机构办理行政复议事项必须的设备、工作条件，行政复议机关要给予保障。

第五节　国务院关于全面推进依法行政的决定

1.《国务院关于全面推进依法行政的决定》（以下简称《决定》）是什么时间印发的？

答： 1999 年 11 月 8 日。

2.《决定》明确，依法行政是依法治国的重要组成部分，在很大程度上对依法治国基本方略的实行具有______的意义。

答： 决定性。

3.《决定》明确，依法治国反映了新时期执政党领导方式的基本特征，是从全局上、长远上______的。

答: 统管一切。

4.《决定》明确，依法行政作为依法治国基本方略的重要组成部分，反映了行政机关运作方式的______，本身就是体现党的执政地位和执政作用的重要方面，同样是从______上、______上统管各级政府和政府各部门的各项工作的。

答: 基本特征；全局；长远。

5.《决定》明确，行政权力的运用，充分体现着______的性质，密切联系着社会公共利益和公民的个人利益，事关有中国特色社会主义事业的兴衰成败。

答: 国家政权。

6.《决定》明确，各级政府要通过______等形式，认真学习宪法和法律、法规，在全社会提倡学法、懂法、守法的风气。

答: 举办法律讲座。

7.《决定》明确，各级政府和政府各部门及其______，必须严格遵守宪法和法律、法规，严格执行党和国家的政策，严守纪律，带头______，依法决策，依法处理问题，切实领导、督促、支持本地方、本部门严格______。

答: 领导干部；依法办事；依法办事。

8.《决定》明确，县、乡两级行政机关承担着大量的具体行政执法任务，能否切实做到严格、______地依法办事，直接关系到广大人民群众切身利益和政府与人民群众的关系。因此，各地方、各部门要对县、乡两级行政机关依法行政给予高度重视，切实加强领导和______。

答: 正确；监督。

9.《决定》明确，各地方、各部门要充分发挥______机构在政府法制建设、依法行政中的参谋、助手作用，在机构改革中要按照国务院这次机构改革中加强政府法制工作的精神，进一步加强政府法制机构建设，努力培养一支政治强、______、作风正的政府法制工作队伍，使政府法制机构的设置和人员配备与本地方、本部门政府法制建设任务（包括行政复议法实施后所承担的行政复议任务）相适应。政府法制机构的工作人员要大力提高______，以适应全面推进依法行政的需要。

答：法制工作；业务精；自身素质。

10.《决定》明确，政府立法确定的法律规范要明确、具体，备而不繁，有可操作性，对惩治违法犯罪行为的规定要有力度，能够______。

答：真正解决实际问题。

11.《决定》明确，各级政府和政府各部门及其工作人员的一切行政行为必须什么法律、法规规范，切实做到依法办事、严格执法。

答：符合。

12.《决定》明确，要坚决消除执法中的腐败现象，坚持纠正不顾国家全局利益和人民根本利益的本位主义和______。

答：地方保护主义。

13.《决定》明确，对违法者，不论涉及什么单位、什么人，都要______，以儆效尤。

答：依法严肃查处。

14.《决定》明确，要以______为契机，理顺行政执法体制，转变政府职能，转变工作方式，转变工作作风。

答：政府机构改革。

15.《决定》明确，行政机关行使职权要与______彻底脱钩。

答：经济利益。

16.《决定》明确，要不折不扣地全面落实国务院关于政府机关与所办经济实体彻底脱钩、对行政事业性收费和罚没收入实行______管理等一系列加强廉政建设的重大举措，从源头上、制度上防止和消除腐败。

答：“收支两条线”。

17.《决定》明确，任何行政执法机关都不得向下级机关和行政执法人员下达收费和罚款______，都不得设“小金库”。

答：指标。

18.《决定》明确，要依照行政处罚法的规定，实行罚款______制度，继续积极推进相对集中行政处罚权的试点工作，并在总结试点经验的基础上，扩大试点范围。

答：“罚缴分离”。

19.《决定》明确，录用行政执法人员要严格标准，公平竞争，择优录用，切实把住______？

答：进人关。

20.《决定》明确，对行政执法人员尤其是直接面对群众的县、乡两级行政执法人员要严肃纪律、______、______，对胡作非为、欺压群众的必须坚决依法严肃处理，清理出行政执法队伍，决不能让少数“害群之马”败坏整个行政执法队伍的形象，损害党和政府的威信。

答：严格管理；强化监督。

21.《决定》明确，要不断加强对行政执法人员的教育和培训，提高他们的政治素质和______。

答：业务素质。

22.《决定》明确，各级政府要自觉地接受同级人大及其常委会的监督，接受政协及民主党派的民主监督，接受司法机关依据______实施的监督，接受人民群众监督、舆论监督。同时，要切实加强行政系统内部的______，强化上级政府对下级政府、政府对所属各部门的监督，及时发现和纠正行政机关违法的或者不当的行政行为。

答：行政诉讼法；层级监督。

23.《决定》明确，要积极推行行政执法责任制和评议考核制，不断总结实践经验，充分发挥这两项相互联系的制度在______中的作用。

答：行政执法监督。

24.《决定》明确，要进一步发挥舆论监督的作用，对违法乱纪的人和事要如何?

答：公开曝光。

第六节 国务院关于贯彻实施《中华人民共和国行政许可法》的通知

1.《国务院关于贯彻实施〈中华人民共和国行政许可法〉的通知》(以下简称《通知》)是什么时间印发的?

答：2003年9月28日。

2.《通知》明确，保证行政许可法全面、正确地实施，并以此促进各级人民政府和政府各部门严格依法行政，是各级行政机关的一项什么?

答：重要职责。

3.《通知》明确，抓紧做好有关行政许可规定的清理工作。根据行政许可法的规定，现行不少有关行政许可的规定都要依照行政许可法予以修改或者废止，具体内容是什么?

答：各地区、各部门要抓紧清理现行有关行政许可的规定，对与行政许可法规定不一致的，要及时予以修改或者废止；对确需制定法律、法规的，要抓紧依法上升为法律、法规；国务院各部门对因行政管理需要必须实施行政许可又一时不能制定行政法规的，应当报国务院发布决定；省、自治区、直辖市人民政府根据本行政区域经济和社会发展情况，需要在本行政区域内停止实施行政法规设定的有关经济事务的行政许可的，应当及时提出意见，报国务院批准。各地区、各部门法制工作机构负责行政许可规定的清理工作，清理工作要在2004年7月1日前全部完成，并向社会公布清理结果。凡与行政许可法不一致的有关行政许可的规定，自行政许可法施行之日起一律停止执行。

4.《通知》明确，根据行政许可法的规定，行政许可原则上只能由行政机关实施，非行政机关的组织未经______授权，不得行使行政许可权。

答：法律、法规

5.《通知》明确，没有法律、法规或者规章的明确规定，行政机关不得委托______实施行政许可。

答：其他行政机关。

6.《通知》明确，行政机关实施行政许可，应当确定______统一受理行政许可申请、统一送达行政许可决定。

答：一个机构。

7.《通知》明确，对清理后确定保留的行政许可实施机关或者组织的名单，应当______。

答：向社会公布。

8.《通知》明确，要通过采取加强______、职业教育，规范工作程序，完善______等各种有效措施，提高实施行政许可人员的素质，不断增强其工作责任心和依法办事的自觉性。

答：法制教育；责任制度。

9.《通知》明确，改革实施行政许可的体制和机制，具体内容是什么？

答：行政许可法规定的实施行政许可的主体制度和程序制度，其中许多是对现行行政许可制度的重大改革和创新。各级人民政府和政府各部门都要严格执行这些制度，并结合实际，建立健全有关制度，改革行政管理方式，提高办事效率。各省、自治区、直辖市人民政府可以结合本地区实际提出相对集中行政许可权的意见，报国务院批准后施行。对由地方人民政府两个以上部门依法分别实施行政许可的，本级人民政府应当结合实际、积极探索，尽量实行统一办理、联合办理、集中办理。国务院有关部门要积极支持地方人民政府相对集中行政许可权，支持统一办理、联合办理、集中办理行政许可。要认真执行听证制度，依法确定听证的具体范围，明确主持听证的人员，制定听证规则；要完善有关听取利害关系人意见的程序制度，便于申请人、利害关系人陈述和申辩。各地区、各部门要认真执行有关通过招标、拍卖等公平竞争方式作出行政许可决定的规定，能够招标、拍卖的，都要进行招标、拍卖。

10.《通知》明确，要认真执行听证制度，依法确定听证的具体范围，明确主持听证的人员，制定______？

答：听证规则。

11.《通知》明确，要完善有关听取利害关系人意见的______，便于申请人、利害关系人陈述和申辩。

答：程序制度。

12.《通知》明确，要建立健全有关行政许可的规范性文件、______的备案制度以及公民、法人和其他组织对违法和不当的行政许可决定的申诉、检举制度和______制度等，及时发现、纠正违法实施行政许可的行为。

答：重大行政许可决定；行政许可统计。

13.《通知》明确，为实施行政许可的正常工作提供必要的保障，具体内容是什么？

答：根据行政许可法的规定，行政机关实施行政许可所需经费应当列入本行政机关的预算。本级财政部门要给予经费保障，防止将行政机关的预算经费与实施行政许可收取费用挂钩。要坚决杜绝出现行政机关通过实施行政许可违法收取费用以解决办公经费、人员福利等问题。行政机关实施行政许可违法收取费用，或者不执行“收支两条线”规定，截留、挪用、私分或者变相私分实施行政许可收取的费用的，要依法严肃处理，首先要追究直接责任人和负责人的责任。

14.《通知》明确，贯彻实施行政许可法，需要清理完善行政许可有关制度，规范行政机关______，强化对实施行政许可的______。这些工作的______、______很强，需要有一个熟悉法律和行政管理又相对比较超脱的机构具体办理。政府和政府部门的______机构在这方面负有重要责任。

答：行政许可行为；监督；法律性；专业性；法制工作。

第七节　全面推进依法行政实施纲要

1.《全面推进依法行政实施纲要》(以下简称《纲要》)是什么时间印发的?

答: 2004 年 3 月 22 日国务院印发。

2.《纲要》明确,依法行政的基本原则是什么?

答: 依法行政必须坚持党的领导、人民当家作主和依法治国三者的有机统一;必须把维护最广大人民的根本利益作为政府工作的出发点;必须维护宪法权威,确保法制统一和政令畅通;必须把发展作为执政兴国的第一要务,坚持以人为本和全面、协调、可持续的发展观,促进经济社会和人的全面发展;必须把依法治国和以德治国有机结合起来,大力推进社会主义政治文明、精神文明建设;必须把推进依法行政与深化行政管理体制改革、转变政府职能有机结合起来,坚持开拓创新与循序渐进的统一,既要体现改革和创新的精神,又要有计划、有步骤地分类推进;必须把坚持依法行政与提高行政效率统一起来,做到既严格依法办事,又积极履行职责。

3.《纲要》明确,依法行政的基本要求有哪"六个方面"?

答: 合法行政;合理行政;程序正当;高效便民;诚实守信;权责统一。

4.《纲要》明确,依法行政的合法行政要求具体内容有哪些?

答: 行政机关实施行政管理,应当依照法律、法规、规章的规定进行;没有法律、法规、规章的规定,行政机关不得作出影响公民、法人和其他组织合法权益或者增加公民、法人和其他组织义务的决定。

5.《纲要》明确,依法行政的合理行政要求具体内容有哪些?

答: 行政机关实施行政管理,应当遵循公平、公正的原则。要平等对待行政管理相对人,不偏私、不歧视。行使自由裁量权应当符合法律目的,排除不相关因素的干扰;所采取的措施和手段应当必要、适当;行政机关实施行政管理可以采用多种方式实现行政目的的,应当避免采用损害当事人权益的方式。

6.《纲要》明确，依法行政的程序正当要求具体内容有哪些？

答：行政机关实施行政管理，除涉及国家秘密和依法受到保护的商业秘密、个人隐私的外，应当公开，注意听取公民、法人和其他组织的意见；要严格遵循法定程序，依法保障行政管理相对人、利害关系人的知情权、参与权和救济权。行政机关工作人员履行职责，与行政管理相对人存在利害关系时，应当回避。

7.《纲要》明确，依法行政的高效便民要求具体内容有哪些？

答：行政机关实施行政管理，应当遵守法定时限，积极履行法定职责，提高办事效率，提供优质服务，方便公民、法人和其他组织。

8.《纲要》明确，依法行政的诚实守信要求具体内容有哪些？

答：行政机关公布的信息应当全面、准确、真实。非因法定事由并经法定程序，行政机关不得撤销、变更已经生效的行政决定；因国家利益、公共利益或者其他法定事由需要撤回或者变更行政决定的，应当依照法定权限和程序进行，并对行政管理相对人因此而受到的财产损失依法予以补偿。

9.《纲要》明确，依法行政的权责统一要求具体内容有哪些？

答：行政机关依法履行经济、社会和文化事务管理职责，要由法律、法规赋予其相应的执法手段。行政机关违法或者不当行使职权，应当依法承担法律责任，实现权力和责任的统一。依法做到执法有保障、有权必有责、用权受监督、违法受追究、侵权须赔偿。

10.《纲要》明确，凡是公民、法人和其他组织能够自主解决的，市场竞争机制能够调节的，行业组织或者中介机构通过自律能够解决的事项，除法律另有规定的外，行政机关不要通过______去解决。

答：行政管理。

11.《纲要》明确，在继续加强经济调节和市场监管职能的同时，完善政府的社会管理和______职能。

答：公共服务。

12.《纲要》明确，改革行政管理方式的具体要求是什么？

答：要认真贯彻实施行政许可法，减少行政许可项目，规范行政许可行为，改革行政许可方式。要充分运用间接管理、动态管理和事后监督管理等手段对经济和社会事务实施管理；充分发挥行政规划、行政指导、行政合同等方式的作用；加快电子政务建设，推进政府上网工程的建设和运用，扩大政府网上办公的范围；政府部门之间应当尽快做到信息互通和资源共享，提高政府办事效率，降低管理成本，创新管理方式，方便人民群众。

13.《纲要》明确，推进政府信息公开的具体要求是什么?

答：除涉及国家秘密和依法受到保护的商业秘密、个人隐私的事项外，行政机关应当公开政府信息。对公开的政府信息，公众有权查阅。行政机关应当为公众查阅政府信息提供便利条件。

14.《纲要》明确，建立健全科学民主决策机制要做哪“三个方面”的工作?

答：健全行政决策机制；完善行政决策程序；建立健全决策跟踪反馈和责任追究制度。

15.《纲要》明确，全面推进依法行政制度建设的基本要求是什么?

答：提出法律议案和地方性法规草案，制定行政法规、规章以及规范性文件等制度建设，重在提高质量。要遵循并反映经济和社会发展规律，紧紧围绕全面建设小康社会的奋斗目标，紧密结合改革发展稳定的重大决策，体现、推动和保障发展这个执政兴国的第一要务，发挥公民、法人和其他组织的积极性、主动性和创造性，为在经济发展的基础上实现社会全面发展，促进人的全面发展，促进经济、社会和生态环境的协调发展，提供法律保障；要根据宪法和立法法的规定，严格按照法定权限和法定程序进行。法律、法规、规章和规范性文件的内容要具体、明确，具有可操作性，能够切实解决问题；内在逻辑要严密，语言要规范、简洁、准确。

16.《纲要》明确，全面推进依法行政，提高制度建设质量要做哪“四个方面”工作?

答：按照条件成熟、突出重点、统筹兼顾的原则，科学合理制定政府立法工作计划；改进政府立法工作方法，扩大政府立法工作的公众参与程度；积极探索对政府立法项目尤其是经济立法项目的成本效益分析制度；建立和完善行政法规、规章修改、废止的工作制度和规章、规范性文件的定期清理制度。

17.《纲要》明确，理顺行政执法体制，加快行政程序建设，规范行

政执法行为要做哪“五个方面”工作?

答: 深化行政执法体制改革;严格按照法定程序行使权力、履行职责;健全行政执法案卷评查制度;建立健全行政执法主体资格制度;推行行政执法责任制。

18.《纲要》明确,深化行政执法体制改革的具体要求是什么?

答: 加快建立权责明确、行为规范、监督有效、保障有力的行政执法体制。继续开展相对集中行政处罚权工作,积极探索相对集中行政许可权,推进综合执法试点。要减少行政执法层次,适当下移执法重心;对与人民群众日常生活、生产直接相关的行政执法活动,主要由市、县两级行政执法机关实施。要完善行政执法机关的内部监督制约机制。

19.《纲要》明确,严格按照法定程序行使权力、履行职责的具体要求是什么?

答: 行政机关作出对行政管理相对人、利害关系人不利的行政决定之前,应当告知行政管理相对人、利害关系人,并给予其陈述和申辩的机会;作出行政决定后,应当告知行政管理相对人依法享有申请行政复议或者提起行政诉讼的权利。对重大事项,行政管理相对人、利害关系人依法要求听证的,行政机关应当组织听证。行政机关行使自由裁量权的,应当在行政决定中说明理由。要切实解决行政机关违法行使权力侵犯人民群众切身利益的问题。

20.《纲要》明确,健全行政执法案卷评查制度的具体要求是什么?

答: 行政机关应当建立有关行政处罚、行政许可、行政强制等行政执法的案卷。对公民、法人和其他组织的有关监督检查记录、证据材料、执法文书应当立卷归档。

21.《纲要》明确,建立健全行政执法主体资格制度的具体要求是什么?

答: 行政执法由行政机关在其法定职权范围内实施,非行政机关的组织未经法律、法规授权或者行政机关的合法委托,不得行使行政执法权;要清理、确认并向社会公告行政执法主体;实行行政执法人员资格制度,没有取得执法资格的不得从事行政执法工作。

22.《纲要》明确,推行行政执法责任制的具体要求是什么?

答: 依法界定执法职责,科学设定执法岗位,规范执法程序。要建立公开、公平、公正的评议考核制和执法过错或者错案责任追究制，评议考核应当听取公众的意见。要积极探索行政执法绩效评估和奖惩办法。

23.《纲要》明确，积极探索高效、便捷和成本低廉的防范、化解社会矛盾的机制要做哪“三个方面”的工作?

答：积极探索预防和解决社会矛盾的新路子；充分发挥调解在解决社会矛盾中的作用；切实解决人民群众通过信访举报反映的问题。

24.《纲要》明确，完善行政监督制度和机制，强化对行政行为的监督要落实哪“八个方面”要求?

答：自觉接受人大监督和政协的民主监督；接受人民法院依照行政诉讼法的规定对行政机关实施的监督；加强对规章和规范性文件的监督；认真贯彻行政复议法，加强行政复议工作；完善并严格执行行政赔偿和补偿制度；创新层级监督新机制，强化上级行政机关对下级行政机关的监督；加强专门监督；强化社会监督。

25.《纲要》明确，自觉接受人大监督和政协的民主监督，具体内容是什么?

答：各级人民政府应当自觉接受同级人大及其常委会的监督，向其报告工作、接受质询，依法向有关人大常委会备案行政法规、规章；自觉接受政协的民主监督，虚心听取其对政府工作的意见和建议。

26.《纲要》明确，接受人民法院依照行政诉讼法的规定对行政机关实施的监督，具体内容是什么?

答：对人民法院受理的行政案件，行政机关应当积极出庭应诉、答辩。对人民法院依法作出的生效的行政判决和裁定，行政机关应当自觉履行。

27.《纲要》明确，加强对规章和规范性文件的监督，具体内容是什么?

答：规章和规范性文件应当依法报送备案。对报送备案的规章和规范性文件，政府法制机构应当依法严格审查，做到有件必备、有备必审、有错必纠。公民、法人和其他组织对规章和规范性文件提出异议的，制定机关或者实施机关应当依法及时研究处理。

28.《纲要》明确，认真贯彻行政复议法，加强行政复议工作，具体内容是什么？

答：对符合法律规定的行政复议申请，必须依法受理；审理行政复议案件，要重依据、重证据、重程序，公正作出行政复议决定，坚决纠正违法、明显不当的行政行为，保护公民、法人和其他组织的合法权益。要完善行政复议工作制度，积极探索提高行政复议工作质量的新方式、新举措。对事实清楚、争议不大的行政复议案件，要探索建立简易程序解决行政争议。加强行政复议机构的队伍建设，提高行政复议工作人员的素质。完善行政复议责任追究制度，对依法应当受理而不受理行政复议申请，应当撤销、变更或者确认具体行政行为违法而不撤销、变更或者确认具体行政行为违法，不在法定期限内作出行政复议决定以及违反行政复议法的其他规定的，应当依法追究其法律责任。

29.《纲要》明确，创新层级监督新机制，强化上级行政机关对下级行政机关的监督，具体内容是什么？

答：上级行政机关要建立健全经常性的监督制度，探索层级监督的新方式，加强对下级行政机关具体行政行为的监督。

30.《纲要》明确，加强专门监督，具体内容是什么？

答：各级行政机关要积极配合监察、审计等专门监督机关的工作，自觉接受监察、审计等专门监督机关的监督决定。拒不履行监督决定的，要依法追究有关机关和责任人员的法律责任。监察、审计等专门监督机关要切实履行职责，依法独立开展专门监督。监察、审计等专门监督机关要与检察机关密切配合，及时通报情况，形成监督合力。

31.《纲要》明确，强化社会监督，具体内容是什么？

答：各级人民政府及其工作部门要依法保护公民、法人和其他组织对行政行为实施监督的权利，拓宽监督渠道，完善监督机制，为公民、法人和其他组织实施监督创造条件。要完善群众举报违法行为的制度。要高度重视新闻舆论监督，对新闻媒体反映的问题要认真调查、核实，并依法及时作出处理。

32.《纲要》明确，不断提高行政机关工作人员依法行政的观念和能力要落实哪“四个方面”要求？

答：提高领导干部依法行政的能力和水平；建立行政机关工作人员学法制度，

增强法律意识，提高法律素质，强化依法行政知识培训；建立和完善行政机关工作人员依法行政情况考核制度；积极营造全社会尊法守法、依法维权的良好环境。

33.《纲要》明确，提高领导干部依法行政的能力和水平，具体内容是什么？

答：各级人民政府及其工作部门的领导干部要带头学习和掌握宪法、法律和法规的规定，不断增强法律意识，提高法律素养，提高依法行政的能力和水平，把依法行政贯穿于行政管理的各个环节，列入各级人民政府经济社会发展的考核内容。要实行领导干部的学法制度，定期或者不定期对领导干部进行依法行政知识培训。积极探索对领导干部任职前实行法律知识考试的制度。

34.《纲要》明确，建立行政机关工作人员学法制度，增强法律意识，提高法律素质，强化依法行政知识培训，具体内容是什么？

答：要采取自学与集中培训相结合、以自学为主的方式，组织行政机关工作人员学习通用法律知识以及与本职工作有关的专门法律知识。

35.《纲要》明确，建立和完善行政机关工作人员依法行政情况考核制度，具体内容是什么？

答：要把依法行政情况作为考核行政机关工作人员的重要内容，完善考核制度，制定具体的措施和办法。

36.《纲要》明确，积极营造全社会尊法守法、依法维权的良好环境，具体内容是什么？

答：要采取各种形式，加强普法和法制宣传，增强全社会尊重法律、遵守法律的观念和意识，积极引导公民、法人和其他组织依法维护自身权益，逐步形成与建设法治政府相适应的良好社会氛围。

第八节 国务院办公厅关于施行《中华人民共和国政府信息公开条例》若干问题的意见

1.《国务院办公厅关于施行〈中华人民共和国政府信息公开条例〉若干问题的意见》（以下简称《意见》）是什么时间印发的?

答: 2008年4月29日。

2.《意见》就政府信息公开管理体制问题是如何规定的?

答: 县级以上人民政府各部门（单位）要在本级人民政府信息公开工作主管部门的统一指导、协调、监督下开展政府信息公开工作。实行垂直领导的部门（单位）要在其上级业务主管部门（单位）的领导下，在所在地地方人民政府统一指导、协调下开展政府信息公开工作。实行双重领导的部门（单位）要在所在地地方人民政府的领导下开展政府信息公开工作，同时接受上级业务主管部门（单位）的指导。

3.《意见》就建立政府信息发布协调机制问题是如何规定的?

答: 各级人民政府信息公开工作主管部门要组织、协调有关行政机关建立健全政府信息发布协调机制，形成畅通高效的信息发布沟通渠道。行政机关拟发布的政府信息涉及其他行政机关的，要与有关行政机关沟通协调，经对方确认后方可发布；沟通协调后不能达成一致意见的，由拟发布该政府信息的行政机关报请本级政府信息公开工作主管部门协调解决。根据法律、行政法规和国家有关规定，发布农产品质量安全状况、重大传染病疫情、重大动物疫情、重要地理信息数据、统计信息等政府信息，要严格按照规定权限和程序执行。

4.《意见》就发布政府信息的保密审查问题是如何规定的?

答: 行政机关在制作政府信息时，要明确该政府信息是否应当公开；对于不能确定是否可以公开的，要报有关业务主管部门（单位）或者同级保密工作部门确定。行政机关要严格依照《中华人民共和国保守国家秘密法》及其实施办法等相关规定，对拟公开的政府信息进行保密审查。凡属国家秘密或者公开后可能危及国家安全、公共安全、经济安全和社会稳定的政府信息，不得公开。对主要内容需要公众广泛知晓或参与，但其中部分内容涉及国家秘密的政府信息，应经法定程序解密并删除涉密内容后，予以公开。已经移交档案馆及档案工作机构的政府信息的管理，依照有关档案管理的法律、行政法规和国家有关规定执行。

5.《意见》就主动公开政府信息问题是如何规定的?

答：各级行政机关特别是国务院各部门（单位）、各省（区、市）人民政府及其部门（单位）要建立健全政府信息主动公开机制，增强工作的主动性和实效性。要充分利用政府网站、政府公报等各种便于公众知晓的方式，及时公开政府信息，并逐步完善政府信息公开目录及网上查询功能，为公众提供优质服务。因政府机构改革不再保留的部门（单位）的政府信息公开工作，由继续履行其职能的部门（单位）负责。

6.《意见》就依申请公开政府信息问题是如何规定的?

答：国务院各部门（单位）和地方各级人民政府及其部门（单位）要切实做好依申请公开政府信息的工作。要采取多种方式，方便公民、法人和其他组织申请公开政府信息。特别是设区的市级人民政府及其部门（单位）、县级人民政府及其部门（单位）、乡（镇）人民政府，直接面向基层群众，要充分利用现有的行政服务大厅、行政服务中心等行政服务场所，或者设立专门的接待窗口和场所，为人民群众提供便利，确保政府信息公开申请得到及时、妥善处理。省（区、市）人民政府、国务院各部门（单位）在做好本行政机关依申请公开政府信息工作的同时，要加强对下级政府和部门（单位）的指导。国务院办公厅不直接受理公民、法人和其他组织提出的政府信息公开申请。行政机关要按照条例规定的时限及时答复申请公开政府信息的当事人。同时，对于可以公开的政府信息，能够在答复时提供具体内容的，要同时提供；不能同时提供的，要确定并告知申请人提供的期限。在条例正式施行后，如一段时间内出现大量申请公开政府信息的情况，行政机关难以按照条例规定期限答复的，要及时向申请人说明并尽快答复。对于同一申请人向同一行政机关就同一内容反复提出公开申请的，行政机关可以不重复答复。行政机关对申请人申请公开与本人生产、生活、科研等特殊需要无关的政府信息，可以不予提供；对申请人申请的政府信息，如公开可能危及国家安全、公共安全、经济安全和社会稳定，按规定不予提供，可告知申请人不属于政府信息公开的范围。

7.《意见》就监督保障问题是如何规定的?

答：国务院各部门（单位）和地方各级人民政府要抓紧制订完善政府信息公

开工作考核办法，明确考核的原则、内容、标准、程序和方式。要建立社会评议制度，把政府信息公开工作纳入社会评议政风、行风的范围，并根据评议结果完善制度、改进工作。国务院各部门（单位）和地方各级人民政府及其部门（单位）要建立健全分层级受理举报的制度，及时研究解决政府信息公开工作中反映出来的问题。公民、法人或者其他组织认为行政机关不依法履行政府信息公开义务的，可向本级监察机关、政府信息公开工作主管部门举报；对本级监察机关和政府信息公开工作主管部门的处理不满意的，可向上一级业务主管部门、监察机关或者政府信息公开工作主管部门举报。国务院各部门（单位）和地方各级人民政府要按照《国务院办公厅关于做好施行〈中华人民共和国政府信息公开条例〉准备工作的通知》（国办发〔2007〕54 号）的要求，落实业务经费，加强队伍建设。国务院各部门（单位）和地方各级人民政府可以根据条例的规定，结合本部门（单位）、本地区的实际情况，制定施行条例的具体办法，保证条例的各项规定得到落实。

8.《意见》就公共企事业单位的信息公开工作是如何规定的？

答：国务院有关主管部门（单位）要按照条例的要求，把公共企事业单位的信息公开纳入本部门（单位）信息公开工作的总体部署，在 2008 年 10 月底前制定具体的实施办法，积极推动公共企事业单位的信息公开工作。同时，要加强对各省（区、市）人民政府有关部门的工作指导，把公共企事业单位信息公开工作全面推向深入。公共企事业单位要以涉及人民群众切身利益、社会普遍关心的内容为重点，切实做好信息公开工作。要创新公开形式，拓展公开渠道，完善公开制度，全面提高公开工作水平。

第九节　国务院关于加强市县政府依法行政的决定

1.《国务院关于加强市县政府依法行政的决定》（以下简称《决定》）是什么时间印发的？

答：2008 年 5 月 12 日。

2.《决定》指出，要从哪“两个方面”认识加强市县政府依法行政的重要性和紧迫性？

答：加强市县政府依法行政是建设法治政府的重要基础；提高市县政府依法

行政的能力和水平是全面推进依法行政的紧迫任务。

3.《决定》明确，如何认识加强市县政府依法行政是建设法治政府的重要基础?

答: 市县两级政府在我国政权体系中具有十分重要的地位，处在政府工作的第一线，是国家法律法规和政策的重要执行者。实际工作中，直接涉及人民群众具体利益的行政行为大多数由市县政府做出，各种社会矛盾和纠纷大多数发生在基层并需要市县政府处理和化解。市县政府能否切实做到依法行政，很大程度上决定着政府依法行政的整体水平和法治政府建设的整体进程。加强市县政府依法行政，事关巩固党的执政基础、深入贯彻落实科学发展观、构建社会主义和谐社会和加强政府自身建设，必须把加强市县政府依法行政作为一项基础性、全局性工作，摆在更加突出的位置。

4.《决定》明确，大力提高市县行政机关工作人员依法行政的意识和能力要做哪“四个方面”工作?

答: 健全领导干部学法制度；加强对领导干部任职前的法律知识考查和测试；加大公务员录用考试法律知识测查力度；强化对行政执法人员的培训。

5.《决定》明确，健全领导干部学法制度，具体内容是什么?

答: 市县政府领导干部要带头学法，增强依法行政、依法办事意识，自觉运用法律手段解决各种矛盾和问题。市县政府要建立健全政府常务会议学法制度；建立健全专题法制讲座制度，制订年度法制讲座计划并组织实施；建立健全集中培训制度，做到学法的计划、内容、时间、人员、效果“五落实”。

6.《决定》明确，加强对领导干部任职前的法律知识考查和测试，具体内容是什么?

答: 对拟任市县政府及其部门领导职务的干部，在任职前考察时要考查其是否掌握相关法律知识以及依法行政情况，必要时还要对其进行相关法律知识测试，考查和测试结果应当作为任职的依据。

7.《决定》明确，加大公务员录用考试法律知识测查力度，具体内容是什么?

答: 在公务员考试时，应当增加法律知识在相关考试科目中的比重。对从事行政执法、政府法制等工作的公务员，还要进行专门的法律知识考试。

8.《决定》明确，强化对行政执法人员的培训，具体内容是什么?

答：市县政府及其部门要定期组织对行政执法人员进行依法行政知识培训，培训情况、学习成绩应当作为考核内容和任职晋升的依据之一。

9.《决定》明确，完善市县政府行政决策机制要做哪“六个方面”工作?

答：完善重大行政决策听取意见制度；推行重大行政决策听证制度；建立重大行政决策的合法性审查制度；坚持重大行政决策集体决定制度；建立重大行政决策实施情况后评价制度；建立行政决策责任追究制度。

10.《决定》明确，建立健全规范性文件监督管理制度要做哪“三个方面”工作?

答：严格规范性文件制定权限和发布程序；完善规范性文件备案制度；建立规范性文件定期清理制度。

11.《决定》明确，严格行政执法要做哪“五个方面”工作?

答：改革行政执法体制；完善行政执法经费保障机制；规范行政执法行为；加强行政执法队伍建设；强化行政执法责任追究。

12.《决定》明确，改革行政执法体制，具体内容是什么?

答：要适当下移行政执法重心，减少行政执法层次。对与人民群众日常生活、生产直接相关的行政执法活动，主要由市、县两级行政执法机关实施。继续推进相对集中行政处罚权和综合行政执法试点工作，建立健全行政执法争议协调机制，从源头上解决多头执法、重复执法、执法缺位问题。

13.《决定》明确，完善行政执法经费保障机制，具体内容是什么?

答：市县行政执法机关履行法定职责所需经费，要统一纳入财政预算予以保障。要严格执行罚缴分离和收支两条线管理制度。罚没收入必须全额缴入国库，纳入预算管理。对下达或者变相下达罚没指标、违反罚缴分离的规定以及将行政事业性收费、罚没收入与行政执法机关业务经费、工作人员福利待遇挂钩的，要依照《违反行政事业性收费和罚没收入收支两条线管理规定行政处分暂行规定》第八条、第十一条、第十七条的规定，对直接负责的主管人员和其他直接责任人员给予处分。

14.《决定》明确，规范行政执法行为，具体内容是什么?

答：市县政府及其部门要严格执行法律、法规、规章，依法行使权力、履行职责。要完善行政执法程序，根据有关法律、法规、规章的规定，对行政执法环节、步骤进行具体规范，切实做到流程清楚、要求具体、期限明确。要抓紧组织行政执法机关对法律、法规、规章规定的有裁量幅度的行政处罚、行政许可条款进行梳理，根据当地经济社会发展实际，对行政裁量权予以细化，能够量化的予以量化，并将细化、量化的行政裁量标准予以公布、执行。要建立监督检查记录制度，完善行政处罚、行政许可、行政强制、行政征收或者征用等行政执法案卷的评查制度。市县政府及其部门每年要组织一次行政执法案卷评查，促进行政执法机关规范执法。

15.《决定》明确，加强行政执法队伍建设，具体内容是什么?

答：实行行政执法主体资格合法性审查制度。健全行政执法人员资格制度，对拟上岗行政执法的人员要进行相关法律知识考试，经考试合格的才能授予其行政执法资格、上岗行政执法。进一步整顿行政执法队伍，严格禁止无行政执法资格的人员履行行政执法职责，对被聘用履行行政执法职责的合同工、临时工，要坚决调离行政执法岗位。健全纪律约束机制，加强行政执法人员思想建设、作风建设，确保严格执法、公正执法、文明执法。

16.《决定》明确，强化行政执法责任追究，具体内容是什么?

答：全面落实行政执法责任制，健全民主评议制度，加强对市县行政执法机关及其执法人员行使职权和履行法定义务情况的评议考核，加大责任追究力度。对不依法履行职责或者违反法定权限和程序实施行政行为的，依照《行政机关公务员处分条例》第二十条、第二十一条的规定，对直接责任人员给予处分。

17.《决定》明确，强化对行政行为的监督要做哪“三个方面”工作?

答：充分发挥社会监督的作用；加强行政复议和行政应诉工作；积极推进政府信息公开。

18.《决定》明确，充分发挥社会监督的作用，具体内容是什么?

答：市县政府要在自觉接受人大监督、政协的民主监督和司法机关依法实施的监督的同时，更加注重接受社会舆论和人民群众的监督。要完善群众举报投诉制度，拓宽群众监督渠道，依法保障人民群众对行政行为实施监督的权利。要认真调查、核实人民群众检举、新闻媒体反映的问题，及时依法做出处理；对社会影响较大的问题，要及时将处理结果向社会公布。对打击、报复检举、曝光违法或者不当行政行为的单位和个人的，要依法追究有关人员的责任。

19.《决定》明确，加强行政复议和行政应诉工作，具体内容是什么？

答：市县政府及其部门要认真贯彻执行行政复议法及其实施条例，充分发挥行政复议在行政监督、解决行政争议、化解人民内部矛盾和维护社会稳定方面的重要作用。要畅通行政复议渠道，坚持便民利民原则，依法应当受理的行政复议案件必须受理。要改进行政复议审理方式，综合运用书面审查、实地调查、听证、和解、调解等手段办案。要依法公正做出行政复议决定，对违法或者不当的行政行为，该撤销的坚决予以撤销，该变更的坚决予以变更。要按照行政复议法实施条例的规定，健全市县政府行政复议机构，充实行政复议工作人员，行政复议机构审理行政复议案件，应当由 2 名以上行政复议人员参加；推行行政复议人员资格管理制度，切实提高行政复议能力。要认真做好行政应诉工作，鼓励、倡导行政机关负责人出庭应诉。行政机关要自觉履行人民法院做出的判决和裁定。

20.《决定》明确，积极推进政府信息公开，具体内容是什么？

答：市县政府及其部门要加强对政府信息公开条例的学习宣传，切实做好政府信息公开工作。要建立健全本机关政府信息公开工作制度，指定机构负责本机关政府信息公开的日常工作，理顺内部工作机制，明确职责权限。要抓紧清理本机关的政府信息，做好政府信息公开指南和公开目录的编制、修订工作。要健全政府信息公开的发布机制，加快政府网站信息的维护和更新，落实政府信息公开载体。要建立健全政府信息公开工作考核、社会评议、年度报告、责任追究等制度，定期对政府信息公开工作进行考核、评议。要严格按照政府信息公开条例规定的内容、程序和方式，及时、准确地向社会公开政府信息，确保公民的知情权、参与权、表达权、监督权。

21.《决定》明确，增强社会自治功能要做哪“三个方面”工作？

答：建立政府行政管理与基层群众自治有效衔接和良性互动的机制；充分发挥社会组织的作用；营造依法行政的良好社会氛围。

22.《决定》明确，加强领导，明确责任，扎扎实实地推进市县政府依法行政要落实哪“四个方面”要求?

答: 省级政府要切实担负起加强市县政府依法行政的领导责任;市县政府要狠抓落实;加强市县政府法制机构和队伍建设;完善推进市县政府依法行政报告制度。

23.《决定》明确,省级政府要切实担负起加强市县政府依法行政的领导责任,具体内容是什么?

答: 各省(区、市)人民政府要把加强市县政府依法行政作为当前和今后一个时期建设法治政府的重点任务来抓,加强工作指导和督促检查。要大力培育依法行政的先进典型,及时总结、交流和推广经验,充分发挥典型的示范带动作用。要建立依法行政考核制度,根据建设法治政府的目标和要求,把是否依照法定权限和程序行使权力、履行职责作为衡量市县政府及其部门各项工作好坏的重要标准,把是否依法决策、是否依法制定发布规范性文件、是否依法实施行政管理、是否依法受理和办理行政复议案件、是否依法履行行政应诉职责等作为考核内容,科学设定考核指标,一并纳入市县政府及其工作人员的实绩考核指标体系。依法行政考核结果要与奖励惩处、干部任免挂钩。加快实行以行政机关主要负责人为重点的行政问责和绩效管理制度。要合理分清部门之间的职责权限,在此基础上落实工作责任和考核要求。市县政府不履行对依法行政的领导职责,导致本行政区域一年内发生多起严重违法行政案件、造成严重社会影响的,要严肃追究该市县政府主要负责人的责任。

24.《决定》明确,市县政府要狠抓落实,具体内容是什么?

答: 市县政府要在党委的领导下对本行政区域内的依法行政负总责,统一领导、协调本行政区域内依法行政工作,建立健全领导、监督和协调机制。要把加强依法行政摆上重要位置,主要负责人要切实担负起依法行政第一责任人的责任,加强领导、狠抓落实,确保把加强依法行政的各项要求落实到政府工作的各个方面、各个环节,认真扎实地加以推进。要严格执行依法行政考核制度。对下级政府和政府部门违法行政、造成严重社会影响的,要严肃追究该政府或者政府部门主要负责人的责任。

25.《决定》明确,加强市县政府法制机构和队伍建设,具体内容是什么?

答: 健全市县政府法制机构,使机构设置、人员配备与工作任务相适应。要加大对政府法制干部的培养、教育、使用和交流力度，充分调动政府法制干部的积极性、主动性和创造性。要按照中办、国办有关文件的要求，把政治思想好、业务能力强、有较高法律素质的干部充实到基层行政机关领导岗位。政府法制机构及其工作人员要切实增强做好新形势下政府法制工作的责任感和使命感，不断提高自身的政治素质、业务素质和工作能力，努力当好市县政府及其部门领导在依法行政方面的参谋、助手和顾问，在推进本地区依法行政中充分发挥统筹规划、综合协调、督促指导、政策研究和情况交流等作用。

26.《决定》明确，完善推进市县政府依法行政报告制度，具体内容是什么？

答：市县政府每年要向本级人大常委会和上一级政府报告本地区推进依法行政的进展情况、主要成效、突出问题和下一步工作安排。省（区、市）人民政府每年要向国务院报告本地区依法行政的情况。

27.《决定》明确，上级政府及其部门要带头依法行政，督促和支持市县政府依法行政，并为市县政府依法行政创造条件、排除障碍、______。

答：解决困难。

第十节　国务院关于贯彻实施《中华人民共和国行政强制法》的通知

1.《国务院关于贯彻实施〈中华人民共和国行政强制法〉的通知》（以下简称《通知》）是什么时间印发的？

答：2011 年 8 月 14 日。

2.《通知》明确，充分认识行政强制法施行的重要意义，具体内容是什么？

答：行政强制法是继行政处罚法、行政复议法、行政许可法等之后又一部规范政府共同行为的重要法律，与行政机关关系重大。它的公布施行，对保障和监督行政机关严格依法履行职责，提高行政管理效率，维护公共利益和社会秩序，保护公民、法人和其他组织的合法权益具有重要意义。地方各级人民政府、国务院各部门要从深入贯彻落实科学发展观，加快建设社会主义法治国家和法治政府，构建社会主义和谐社会的高度，充分认识行政强制法施行的重要意义，采取有效措施，作出具体部署，狠抓贯彻落实，扎实做好行政强制法的贯彻实施工作。

3.《通知》明确，加强对行政强制法的学习、宣传和培训，具体内容是什么?

答: 在总结多年来我国行政强制实践的基础上，行政强制法确立了行政强制的基本原则，规定了行政强制的种类和方式、行政强制设定、行政强制措施实施程序、行政机关强制执行程序、申请人民法院强制执行、实施行政强制的法律责任等重要制度。这些原则和制度，对行政强制作了系统规范和全面调整。各级行政机关工作人员特别是领导干部，要带头认真学习行政强制法，深刻领会行政强制法的精神，充分认识施行行政强制法对政府管理将产生的影响，准确把握行政强制法对行政执法提出的新任务、新要求。要抓紧组织行政执法人员开展行政强制法培训，使他们全面掌握行政强制法的各项规定，并在行政执法中自觉贯彻执行。要充分利用各种宣传舆论工具，采取多种形式，向人民群众广泛宣传行政强制法，让人民群众了解这部法律，监督这部法律的实施，依照这部法律维护自身的合法权益。

4.《通知》明确，认真做好有关行政强制规定的清理工作，具体内容是什么?

答: 根据行政强制法的规定，现行有关行政强制的规定与行政强制法不一致的，都要修改或者废止。国务院各部门要抓紧对自己负责执行的行政法规中有关行政强制的规定进行梳理，对需要修改或者废止的提出处理意见，于 2011 年 9 月底前送国务院法制办。各地区、各部门要抓紧组织力量，对规章和规范性文件开展一次专项清理。规章、规范性文件存在设定行政强制措施或者行政强制执行，对法律、法规规定的行政强制措施的对象、条件、种类作扩大规定，与行政强制法规定的行政强制措施实施程序或者行政强制执行程序不一致等情形的，要及时予以修改或者废止；确需保留的，要依法及时上升为法律、法规。规章和规范性文件的清理工作要在 2012 年 1 月 1 日前全部完成，并向社会公布清理结果。凡与行政强制法不一致的有关行政强制的规定，自行政强制法实施之日起一律停止执行。

5.《通知》明确，行政强制执行由______的行政机关实施或者由行政机关申请人民法院实施。

答：具有行政强制执行权。

6.《通知》明确，法律、______授权的具有管理公共事务职能的组织可以在法定授权范围内以自己的名义实施行政强制。

答：行政法规。

7.《通知》明确，行政强制措施依法由行使相对集中行政处罚权的行政机关行使后，______不得再实施这些行政强制措施，防止出现不同行政机关重复实施行政强制的现象。

答：原有关行政机关。

8.《通知》明确，各地区、各部门要加强对行政执法人员的资格管理，把具备______的人员配备在实施行政强制权的执法岗位上。对不具备资格的人员，要坚决______。

答：资格；调离执法岗位。

9.《通知》明确，严格遵守行政强制程序，具体内容是什么？

答：行政强制法既规定了行政强制措施、行政机关强制执行以及行政机关申请人民法院强制执行的一般程序，又对查封、扣押和冻结等行政强制措施以及加处罚款和滞纳金、代履行等行政强制执行的程序作了专门规定。各地区、各部门都要严格遵守这些程序规定，大力强化程序意识，并结合实际，建立健全有关配套制度，保证把行政强制法的各项程序规定落到实处。对行政决定的强制执行，现行体制是行政机关申请人民法院强制执行，或者依法强制执行。行政强制法规定，行政强制执行只能由法律设定，法律没有规定行政机关自己强制执行的，作出行政决定的行政机关应当申请人民法院强制执行。同时，从行政管理实际需要出发，行政强制法直接规定了行政机关可以自己执行的情况。各级行政机关要准确把握行政强制法对行政强制执行体制问题的立法精神，严格执行有关规定，正确运用行政强制法赋予的行政强制执行权，既要有效维护公共利益和社会秩序，又要切实保护公民、法人和其他组织的合法权益。

10.《通知》明确，强化对实施行政强制的监督，具体内容是什么？

答：行政强制法加强了对行政机关实施行政强制的监督，对行政机关及其工作人员违法实施行政强制应当承担的法律责任作了明确规定。各地区、各部门要采取有力措施，确保这些规定得到执行。要将有关行政强制的规定作为法规规章备案审查的重点，加大审查力度，对违法设定或者规定行政强制的，要坚决予以纠正。要完善当事人对行政机关实施行政强制进行陈述申辩的制度，尊重并保障当事人申请行政复议、提起行政诉讼、要求损害赔偿的权利。要健全行政强制执行的补救制度，对据以执行的行政决定被撤销、变更，或者执行错误的，行政机关应当恢复原状或者退还财物，或者依法给予赔偿。县级以上地方人民政府要建立重大行政强制决定的备案制度，切实加强对实施行政强制的监督检查，发现违法实施行政强制的，坚决予以纠正；应当追究法律责任的，依法追究有关责任人员的法律责任。

11.《通知》明确，要完善当事人对行政机关实施行政强制进行______的制度，尊重并保障当事人申请行政复议、提起行政诉讼、要求损害赔偿的权利。

答：陈述申辩。

12.《通知》明确，贯彻实施行政强制法，需要清理行政强制的规定，建立健全配套制度，强化对行政强制行为的监督，______强，任务重。各地区、各部门要充分发挥______的作用，政府法制机构也要不断加强自身建设，切实担负起作为政府和政府部门领导参谋、助手的职责。

答：专业性；政府法制机构。

第十一节　中共中央办公厅 国务院办公厅关于推行地方各级政府工作部门权力清单制度的指导意见

1.《中共中央办公厅 国务院办公厅关于推行地方各级政府工作部门权力清单制度的指导意见》(以下简称《意见》)是什么时间印发的?

答：2015 年 3 月 24 日。

2.《意见》明确，推行地方各级政府工作部门权力清单制度，是党中央、国务院部署的重要改革任务，是国家治理体系和治理能力现代化建设的重要举措，对于深化行政体制改革，建设______、创新政府、廉洁政府具有重要意义。

答：法治政府。

3.《意见》明确，推行地方各级政府工作部门权力清单制度的工作目标是什么?

答：将地方各级政府工作部门行使的各项行政职权及其依据、行使主体、运行流程、对应的责任等，以清单形式明确列示出来，向社会公布，接受社会监督。通过建立权力清单和相应责任清单制度，进一步明确地方各级政府工作部门职责权限，大力推动简政放权，加快形成边界清晰、分工合理、权责一致、运转高效、依法保障的政府职能体系和科学有效的权力监督、制约、协调机制，全面推进依法行政。

4.《意见》明确，推行地方各级政府工作部门权力清单制度的实施范围是什么?

答：地方各级政府工作部门作为地方行政职权的主要实施机关，是这次推行权力清单制度的重点。依法承担行政职能的事业单位、垂直管理部门设在地方的具有行政职权的机构等，也应推行权力清单制度。

5.《意见》明确，推行地方各级政府工作部门权力清单制度主要任务有哪“八个方面”?

答：全面梳理现有行政职权；大力清理调整行政职权；依法律法规审核确认；优化权力运行流程；公布权力清单；建立健全权力清单动态管理机制；积极推进责任清单工作；强化权力监督和问责。

6.《意见》明确，谁要对行使的直接面对公民、法人和其他组织的行政职权，分门别类进行全面彻底梳理，逐项列明设定依据，汇总形成部门行政职权什么?

答：地方各级政府工作部门；目录。

7.《意见》明确，______要对其工作部门清理后拟保留的行政职权目录，按照严密的工作程序和统一的审核标准，依法逐条逐项进行合法性、合理性和必要性审查。需修改法律法规的，要先______再______行政职权，先立后破，有序推进。在审查过程中，要广泛听取基层、______和社会公众的意见。审查结果按规定程序由______和______确认。

答：地方各级政府；修法；调整；专家学者；同级党委；政府。

8.《意见》明确，对确认保留的行政职权，______要按照透明、高效、便民原则，制定行政职权运行流程图，切实减少工作环节，规范行政裁量权，明确每个环节的承办机构、办理要求、办理时限等，提高行政职权运行的规范化水平。

答：地方各级政府工作部门。

9.《意见》明确，地方各级政府对其工作部门经过确认保留的行政职权，除保密事项外，要以清单形式将每项职权的名称、编码、类型、______、______、流程图和______等，及时在政府网站等载体公布。垂直管理部门设在地方的具有行政职权的机构，其权力清单由______进行合法性、合理性和必要性审核确认，并在本机构业务办理窗口、上级部门网站等载体公布。

答：依据；行使主体；监督方式；其上级部门。

10.《意见》明确，权力清单公布后，要根据法律法规______情况、机构和职能调整情况等，及时调整权力清单，并向社会公布。对权力清单未明确但应由政府管理的事项，政府部门要______，需列入权力清单的，按程序办理。建立权力清单的______和长效管理机制。

答：立改废释；切实负起责任；动态调整。

11.《意见》明确，在建立权力清单的同时，要按照权责一致的原则，逐一厘清与行政职权相对应的责任事项，建立______清单，明确责任主体，健全问责机制。已经建立______清单的，要加快建立责任清单。尚未建立权力清单的，要把建立责任清单作为一项重要改革内容，与______清单一并推进。

答：责任；权力；权力。

12.《意见》明确，权力清单公布后，地方各级政府工作部门、依法承担行政职能的事业单位、垂直管理部门设在地方的具有行政职权的机构等，都要严格按照权力清单______，切实维护权力清单的严肃性、规范性和权威性。要大力推进行政职权网上运行，加大公开透明力度，建立有效的权力运行______机制。对不按权力清单履行职权的单位和人员，依纪依法______?

答：行使职权；监督；追究责任。

13.《意见》明确，______要高度重视推行权力清单制度工作，切实履行对改革的领导责任，把这项工作列入重要议事日程，研究重大问题，把握改革方向。______要制定本地区推行权力清单制度工作方案，明确工作步骤，细化政策措施，认真研究部署。

答：各级党委；各省（自治区、直辖市）政府。

14.《意见》明确，上级政府要加强对下级政府的指导和______，重要事项及时向党委报告。______要支持地方推行权力清单制度工作，实行垂直管理的部门要指导督促本系统设在地方的具有行政职权的机构落实权力清单制度。

答：督促检查；国务院各部门。

15.《意见》明确，要把有利于服务人民、有利于群众办事作为推行权力清单制度______，抓好______、______、______、______等主要环节，把与企业生产经营活动关系紧密、______权力集中的部门作为重点，把与群众生活密切相关的职权事项放在优先位置，着力解决行政许可、行政处罚、行政强制等领域社会反映强烈的______，让公众切身感受到改革带来的变化。

答：基本出发点；清权；减权；制权；晒权；审批；突出问题。

16.《意见》明确，省级政府______年底前、市县两级政府______年底前要基本完成政府工作部门、依法承担行政职能的事业单位权力清单的公布工作。乡镇政府推行权力清单制度工作由______结合实际研究确定。垂直管理部门设在地方的具有行政职权的机构的权力清单公布，要与______相衔接。

答：2015 年；2016 年；各省（自治区、直辖市）；当地政府工作部门权力清单公布。

17.《意见》明确，中央编办、国务院法制办要加强对地方的指导，地方各级______部门和______部门要切实负起责任，在同级党委和政府领导下，会同有关部门积极做好推行权力清单制度工作。对推行权力清单制度情况，相关部门要适时组织______？

答：机构编制；政府法制；督查。

第十二节　国务院办公厅关于清理规范国务院部门行政审批中介服务的通知

1.《国务院办公厅关于清理规范国务院部门行政审批中介服务的通知》（以下简称《通知》）是什么时间印发的？

答：2015 年 4 月 27 日。

2.《通知》指出，行政审批中介服务存在哪些问题？

答：存在着环节多、耗时长、收费乱、垄断性强等问题，一些从事中介服务的机构与政府部门存在利益关联，在一定程度上消解了行政审批制度改革的成效，加重了企业和群众负担，扰乱了市场秩序，甚至成为腐败滋生的土壤。

3.《通知》明确，行政审批中介服务清理规范的范围是什么？

答：国务院部门开展行政审批时，要求申请人委托企业、事业单位、社会组织等机构（以下统称中介服务机构）开展的作为行政审批受理条件的有偿服务（以下称中介服务），包括各类技术审查、论证、评估、评价、检验、检测、鉴证、鉴定、证明、咨询、试验等。

4.《通知》明确，行政审批中介服务清理规范的措施有哪“六项措施”？

答：清理中介服务事项；破除中介服务垄断；切断中介服务利益关联；规范中介服务收费；实行中介服务清单管理；加强中介服务监管。

5.《通知》明确，对国务院部门行政审批涉及的______进行全面清理。除法律、行政法规、国务院决定和部门规章按照行政许可法有关行政许可______要求规定的中介服务事项外，审批部门不得以任何形式要求______委托中介服务机构开展服务，也不得要求申请人提供相关______材料。

答：中介服务事项；条件；申请人；中介服务。

6.《通知》明确，审批部门能够通过征求相关部门意见、加强事中事后监管解决以及申请人可按要求______的事项，一律不得设定中介服务。

答：自行完成。

7.《通知》明确，现有或已取消的行政审批事项，一律不得转为______。

答：中介服务。

8.《通知》明确，严禁将一项中介服务拆分为______。

答：多个环节。

9.《通知》明确，依照规定应由审批部门委托相关机构为其审批提供的技术性服务，纳入行政审批程序，一律由______委托开展，不得增加或变相增加______的义务。

答：审批部门；申请人。

10.《通知》明确，各部门设定的区域性、行业性或部门间中介服务机构执业限制______。

答：一律取消。

11.《通知》明确，进一步放开中介服务市场，严禁通过______控制中介服务机构数量，各部门现有的限额管理规定一律取消。

答：限额管理。

12.《通知》明确，审批部门所属事业单位、主管的社会组织及其举办的企业，不得开展______的中介服务，需要开展的应转企改制或与主管部门脱钩。对专业性强、______，短期内仍需由审批部门所属（主管）单位开展的中介服务，审批部门必须明确______，提出改革方案，由国务院审改办组织专家论证后按程序报批。

答：与本部门行政审批相关；市场暂时无力承接；过渡期限。

13.《通知》明确，审批部门不得以任何形式______中介服务机构，对各类中介服务机构提供的服务应同等对待；对申请人已委托中介服务机构开展的服务事项，不得再委托______开展该事项的技术性审查。

答：指定；同一机构。

14.《通知》明确，行业协会商会类______一律与审批部门脱钩，平等参与中介服务市场竞争。

答：中介服务机构。

15.《通知》明确，谁一律不得在中介服务机构兼职（任职），政府机关离退休人员在中介服务机构兼职（任职）的，必须符合国家有关规定且不得______。

答：政府机关工作人员；领取报酬。

16.《通知》明确，对于市场发育成熟、价格形成机制健全、竞争充分规范的中介服务事项，一律通过______调节价格；对于垄断性较强，短期内无法形成充分竞争的，实行______管理，同时深入推进中介服务收费改革，最大限度地缩小政府定价范围。

答：市场；政府定价。

17.《通知》明确，事业单位提供中介服务的，纳入______管理。

答：行政事业性收费。

18.《通知》明确，审批部门在审批过程中委托开展的技术性服务活动，必须通过______方式选择服务机构，服务费用一律由审批部门支付并纳入部门预算。

答：竞争。

19.《通知》明确，对清理规范后保留为行政审批受理条件的中介服务事项，实行______管理，明确项目名称、设置依据、服务时限，其中实行政府定价或作为行政事业性收费管理的项目，同时明确收费依据和______。

答：清单；收费标准。

20.《通知》明确，国务院审改办会同发展改革委、民政部、财政部、法制办等有关部门对审批部门提出拟保留的中介服务事项进行研究论证，在听取各方面意见、组织专家评估的基础上，编制______并向社会公布，接受社会监督。凡未纳入清单的中介服务事项，一律不得再作为行政审批的______。今后确需新设的，必须进行______、合理性、合法性审查论证，依照法定程序设定并纳入清单管理。

答：中介服务事项清单；受理条件；必要性。

21.《通知》明确，各审批部门要在本部门网站将______及相关信息与行政审批事项一并向社会公开。

答：中介服务事项。

22.《通知》明确，各行业主管部门要制定完善中介服务的规范和标准，指导监督本行业中介服务机构建立服务承诺、限时办结、执业公示、______、执业记录等制度，细化服务项目、优化服务流程、提高服务质量。

答：一次性告知。

23.《通知》明确，完善中介服务机构信用体系和考核评价机制，相关信用状况和考评结果定期______。

答：向社会公示。

24.《通知》明确，行政审批中介服务清理规范组织实施要落实哪"三个方面"要求？

答：加强组织领导；明确任务分工；严格监督检查。

25.《通知》明确，______要会同发展改革委、民政部、财政部、法制办等部门，及时跟踪各审批部门工作进展情况，加强统筹协调和督促检查，确保清理规范中介服务工作取得实效。

答： 国务院审改办。

26.《通知》明确，谁要参照《通知》要求，结合实际，研究制定本地区清理规范中介服务工作的具体措施并组织实施？

答： 地方各级人民政府。

第十三节　国务院办公厅关于推广随机抽查规范事中事后监管的通知

1.《国务院办公厅关于推广随机抽查规范事中事后监管的通知》（以下简称《通知》）是什么时间印发的？

答： 2015 年 7 月 29 日。

2.《通知》明确，推广随机抽查规范事中事后监管的基本原则是什么？

答： 坚持依法监管；坚持公正高效；坚持公开透明；坚持协同推进。

3.《通知》明确，大力推广随机抽查监管有哪“四个方面”要求？

答： 制定随机抽查事项清单；建立“双随机”抽查机制；合理确定随机抽查的比例和频次；加强抽查结果运用。

4.《通知》明确，制定随机抽查事项清单，具体要求是什么？

答： 法律法规规章没有规定的，一律不得擅自开展检查。对法律法规规章规定的检查事项，要大力推广随机抽查，不断提高随机抽查在检查工作中的比重。要制定随机抽查事项清单，明确抽查依据、抽查主体、抽查内容、抽查方式等。随机抽查事项清单根据法律法规规章修订情况和工作实际进行动态调整，及时向社会公布。

5.《通知》明确，建立“双随机”抽查机制，具体要求是什么？

答： 要建立随机抽取检查对象、随机选派执法检查人员的“双随机”抽查机制，严格限制监管部门自由裁量权。建立健全市场主体名录库和执法检查人员名录库，通过摇号等方式，从市场主体名录库中随机抽取检查对象，从执法检查人员名录库中随机选派执法检查人员。推广运用电子化手段，对“双随机”抽查做到全程留痕，实现责任可追溯。

6.《通知》明确，合理确定随机抽查的比例和频次，具体要求是什么?

答：要根据当地经济社会发展和监管领域实际情况，合理确定随机抽查的比例和频次，既要保证必要的抽查覆盖面和工作力度，又要防止检查过多和执法扰民。对投诉举报多、列入经营异常名录或有严重违法违规记录等情况的市场主体，要加大随机抽查力度。

7.《通知》明确，加强抽查结果运用，具体要求是什么?

答：对抽查发现的违法违规行为，要依法依规加大惩处力度，形成有效震慑，增强市场主体守法的自觉性。抽查情况及查处结果要及时向社会公布，接受社会监督。

8.《通知》明确，加快配套制度机制建设有哪“三个方面”要求?

答：抓紧建立统一的市场监管信息平台；推进随机抽查与社会信用体系相衔接；探索开展联合抽查。

9.《通知》明确，抓紧建立统一的市场监管信息平台，具体要求是什么?

答：加快政府部门之间、上下之间监管信息的互联互通，依托全国企业信用信息公示系统，整合形成统一的市场监管信息平台，及时公开监管信息，形成监管合力。

10.《通知》明确，推进随机抽查与社会信用体系相衔接，具体要求是什么?

答：建立健全市场主体诚信档案、失信联合惩戒和黑名单制度。在随机抽查工作中，要根据市场主体的信用情况，采取针对性强的监督检查方式，将随机抽查结果纳入市场主体的社会信用记录，让失信者一处违规、处处受限。

11.《通知》明确，探索开展联合抽查，具体要求是什么?

答：县级以上地方人民政府要结合本地实际，协调组织相关部门开展联合抽查。按照“双随机”要求，制定并实施联合抽查计划，对同一市场主体的多个检查事项，原则上应一次性完成，提高执法效能，降低市场主体成本。

12.《通知》明确，工作要求有哪“三个方面”？

答: 加强组织领导；严格落实责任；加强宣传培训。

第十四节　国务院关于“先照后证”改革后加强事中事后监管的意见

1.《国务院关于“先照后证”改革后加强事中事后监管的意见》(以下简称《意见》) 是什么时间印发的?

答: 2015 年 10 月 13 日。

2.《意见》明确，“先照后证”改革后加强事中事后监管的指导思想是什么?

答: 全面贯彻党的十八大和十八届二中、三中、四中全会精神，认真落实党中央、国务院决策部署，深化商事制度改革，转变市场监管理念，明确监管职责，创新监管方式，构建权责明确、透明高效的事中事后监管机制，正确处理政府和市场的关系，维护公平竞争的市场秩序。

3.《意见》明确，“先照后证”改革后加强事中事后监管的基本原则是什么?

答: 职责法定；信用约束；协同监管；社会共治。

4.《意见》明确，严格行政审批事项管理有哪“两个方面”要求?

答: 实行行政审批事项目录管理；确保审批行为严格依法、公开透明。

5.《意见》明确，除法律、行政法规和国务院决定外，一律不得设定工商登记什么事项，也不得通过备案等方式实施变相前置审批?

答: 前置审批。

6.《意见》明确，经营者从事工商登记前置审批事项目录中事项的，应当依法报经相关审批部门审批后，凭许可文件、证件向工商部门申请登记注册，工商部门依法核发什么？

答：营业执照。

7.《意见》明确，经营者从事工商登记______目录外事项的，直接向工商部门申请登记注册，工商部门依法核发营业执照。

答：前置审批事项。

8.《意见》明确，省级人民政府应当于 2015 年底前依法制定工商登记______事项目录，并向社会公布。

答：后置审批。

9.《意见》明确，各审批部门要严格按照法定条件和法定程序，逐项制定______并予以公示。

答：审批标准。

10.《意见》明确，按照______的原则切实履行市场监管职责，加强"先照后证"改革后的事中事后监管，防止出现监管真空。

答：谁审批、谁监管，谁主管、谁监管。

11.《意见》明确，厘清市场监管职责有哪"两个方面"的要求？

答：工商部门履行"双告知"职责；明确市场监管责任。

12.《意见》明确，在办理登记注册时，工商部门要根据省级人民政府公布的工商登记后置审批事项目录告知申请人需要申请审批的______和相应的______，并由申请人书面承诺在取得审批前不擅自从事相关经营活动。

答：经营项目；审批部门。

13.《意见》明确，完善协同监管机制有哪"六个方面"的要求？

答：做好信息公示工作；建立信息互联共享机制；加强监管风险监测研判；防范化解风险；建立健全联合惩戒机制；探索综合执法模式。

14.《意见》明确，做好信息公示工作，具体要求是什么？

答：大力建设企业信用信息公示"全国一张网"。工商部门要通过企业信用信息公示系统，认真履行公示市场主体信息的法定职责，督促市场主体履行信息公示义务。其他政府部门要通过企业信用信息公示系统、“信用中国”网站向社会公示行政许可、行政处罚等信息。2016年底前，地方政府要初步实现归集各政府部门在履行职责过程中产生的行政许可、行政处罚以及其他依法应当公示的企业信息。

15.《意见》明确，建立信息互联共享机制，具体要求是什么？

答：2016年底前，地方政府要初步实现工商部门、审批部门、行业主管部门及其他部门之间的信息实时传递和无障碍交换。区分涉密信息和非涉密信息，依法实施对企业信息在采集、共享、使用等环节的分类管理，依法予以公示，并将有关信息记于相对应企业名下。通过构建双向告知机制、数据比对机制，把握监管风险点，将证照衔接、监管联动、执法协作等方面的制度措施有机贯通，支撑事中事后监管。各部门要建立健全与同级人民法院、人民检察院等司法机关之间的信息共享和协调合作机制，有效形成工作合力。

16.《意见》明确，加强监管风险监测研判，具体要求是什么？

答：工商部门、审批部门、行业主管部门要按照法定职责牵头组织有关部门加强研判分析，充分运用大数据、物联网等现代信息技术，整合抽查抽检、网络市场定向监测、违法失信、投诉举报等相关信息，掌握相关领域违法活动特征，提高发现问题和防范化解区域性、行业性及系统性风险的能力，做到早发现、早预警。要建立健全网络市场监管分工协作机制，强化线上线下一体化监管。

17.《意见》明确，防范化解风险，具体要求是什么？

答：工商部门、审批部门、行业主管部门要通过信息公示、抽查、抽检等方式，综合运用提醒、约谈、告诫等手段，强化对市场主体及有关人员的事中监管，及时化解市场风险。要针对存在违法违规行为的市场主体强化事后监管，依法及时认定违法违规行为的种类和性质，组织有关部门依据各自职能共同参与处置。普遍推广随机抽取检查对象、随机选派执法检查人员的“双随机”抽查机制，建立健全市场主体名录库和执法检查人员名录库，通过摇号等方式，从市场主体名录库中随机抽取检查对象，从执法检查人员名录库中随机选派执法检查人员。

18.《意见》明确，建立健全联合惩戒机制，具体要求是什么？

答：对违法市场主体加大行政处罚和信用约束力度，依法实施吊销营业执照、吊销注销撤销许可证、列入经营异常名录和黑名单等惩戒措施。2016 年底前，要建立健全跨部门联动响应机制和失信惩戒机制，在经营、投融资、取得政府供应土地、进出口、出入境、注册新公司、招投标、政府采购、获得荣誉、安全许可、生产经营许可、从业任职资格、资质审核等工作中，将信用信息作为重要考量因素，对被列入经营异常名录、严重违法失信企业名单、重大税收违法案件当事人名单、失信被执行人名单、行贿犯罪档案等失信主体依法予以限制或禁入，形成“一处违法，处处受限”的联合惩戒机制。

19.《意见》明确，探索综合执法模式，具体要求是什么?

答: 探索推进统一市场监管和综合执法模式，按照减少层次、整合队伍、提高效率的原则，配置执法力量。大幅减少市县两级政府执法队伍种类。加强执法联动，形成监管合力。2015 年底前，已经建立综合执法机构的地方，要充分发挥执法力量整合优势，通过企业信用信息公示系统和“信用中国”网站公示市场主体登记注册、行政许可、行政处罚等信息，实现联合惩戒。

20.《意见》明确，构建社会共治格局有哪“三个方面”要求?

答: 引导市场主体自治；推进行业自律；鼓励社会监督。

21.《意见》明确，引导市场主体自治，具体要求是什么?

答: 各地区各部门要采取守信激励和失信惩戒措施，促使市场主体强化主体责任，在安全生产、质量管理、营销宣传、售后服务、信息公示等各方面切实履行法定义务。引导市场主体充分认识信用状况对自身发展的关键作用，主动接受社会监督，提高诚信自治水平。鼓励支持市场主体通过互联网为交易当事人提供公平、公正的信用评价服务，客观公正记录、公开交易评价和消费评价信息。

22.《意见》明确，推进行业自律，具体要求是什么?

答: 各地区各部门要高度重视并切实创造有利条件，充分发挥行业协会商会对促进行业规范发展的重要作用。将行业协会商会的意见建议作为制定法规、重大政策及评估执行效果的重要参考。建立政府与行业协会商会间的信用信息互联共享机制。在事中事后监管的各个环节建立行业协会商会的参与机制。发挥和借重行业协会商会在权益保护、资质认定、纠纷处理、失信惩戒等方面的作用。支持行业协会商会开展行业信用评价工作，建立健全企业信用档案，完善行业信用体系。通过政府购买服务等方式，委托行业协会商会开展信用评价、咨询服务、法律培训、监管效果评估，推进监管执法和行业自律的良性互动。

23.《意见》明确，鼓励社会监督，具体要求是什么?

答: 各地区各部门要充分发挥市场专业化服务组织的监督作用。大力依靠消费者协会等社会组织，及时了解市场监管领域的突出问题，有针对性地加强监督检查。积极发挥会计师事务所、律师事务所、公证机构、检验检测认证机构等专业服务机构的监督作用。支持仲裁机构、调解组织等通过裁决、调解等方式解决市场主体之间的争议。积极构建第三方评估机制，培育、发展社会信用评价机构，支持开展信用评级，提供客观公正的市场主体资信信息。支持探索开展社会化的信用信息公示服务。各地区各部门要充分发挥社会舆论的监督作用，健全公众参与监督的激励机制，形成消费者“用脚投票”的倒逼机制，创造条件鼓励群众积极举报违法经营行为，充分利用新媒体等手段及时收集社会反映的问题。

24.《意见》明确，加强组织实施有哪“三个方面”要求?

答: 加强组织协调；加强宣传引导；强化督促检查。

25. 谁会同有关部门负责对《意见》落实工作的统筹协调、跟踪了解、督促检查，确保改革各项工作平稳有序?

答: 工商总局。

第十五节　中共中央办公厅 国务院办公厅关于深入推进经济发达镇行政管理体制改革的指导意见

1.《中共中央办公厅 国务院办公厅关于深入推进经济发达镇行政管理体制改革的指导意见》（以下简称《意见》）是哪一年印发的?

答: 2016 年。

2.《意见》明确，深入推进经济发达镇行政管理体制改革的总体目标是什么?

答: 全面贯彻党的十八大和十八届三中、四中、五中、六中全会精神，以马克思列宁主义、毛泽东思想、邓小平理论、“三个代表”重要思想、科学发展观为指导，深入贯彻习近平总书记系列重要讲话精神和治国理政新理念新思想新战略，以加强基层政权建设、巩固党的执政基础为核心，以扩大经济社会管理权限、完善基层政府功能为重点，以探索建立简约精干的组织架构、务实高效的用编用人制度和适应经济发达镇实际的财政管理模式为保障，构建符合基层政权定位、适应城镇化发展需求的新型行政管理体制，进一步激发经济发达镇发展内生动力，充分发挥其对周边辐射带动作用，为推进基层治理体系和治理能力现代化、提高新型城镇化质量水平和加快实现城乡统筹发展提供体制机制保障。

3.《意见》明确，深入推进经济发达镇行政管理体制改革任务有哪“六个方面”？

答：扩大经济社会管理权限；构建简约精干的组织架构；推进集中审批服务和综合行政执法；建立务实高效的用编用人制度；探索适应经济发达镇实际的财政管理模式；创新基层服务管理方式。

4.《意见》明确，省（自治区、直辖市）政府可以将基层管理迫切需要且能够有效承接的一些______管理权限包括行政审批、行政处罚及相关行政强制和监督检查权等赋予经济发达镇，制定目录向社会______，明确镇政府为权力实施______。

答：县级；公布；主体。

5.《意见》明确，法律规定的县级政府及其部门上述管理权限需要赋予经济发达镇的，按______程序和要求办理。暂时不具备条件下放的管理权限，要积极创造条件，成熟一批，赋予一批。

答：法定。

6.《意见》明确，建立并公布行政权力清单和行政权力事项责任清单，明确权力下放后的运行程序、规则和权责关系，健全权力______机制，确保下放权力接得住、用得好。

答：监督。

7.《意见》明确，加强行政执法和综合服务等______建设，统一履行直接面对公民、法人的行政审批、公共服务和行政执法职责，提高服务管理效能。整合内部决策、管理、监督、服务职责和工作力量，为______工作提供支持和保障。

答：前台机构；前台。

8.《意见》明确，公开办事依据和标准，精简程序和环节，规范______。

答：自由裁量权。

9.《意见》明确，推广首问负责、办事代理、限时办结、服务承诺等经验做法，积极推行行政审批和公共服务______办理，方便群众办事。

答：网上。

10.《意见》明确，整合现有的站、所、分局力量和资源，由经济发达镇统一管理并实行______。

答：综合行政执法。

11.《意见》明确，全面落实______，严格执行行政事业性收费和罚没收入收支两条线制度，规范执法程序和行为。建立健全镇政府与县直部门行政执法______机制，强化监督问责。

答：行政执法责任制；协调配合。

12.《意见》明确，深入推进经济发达镇行政管理体制改革要落实哪“四个方面”要求？

答：加强组织领导；坚持因地制宜；坚持统筹协调；坚持积极稳妥。

13.《意见》明确，经济发达镇认定标准是什么？

答：东部地区经济发达镇建成区常住人口一般在10万人左右，中部和东北地区一般在5万人左右，西部地区一般在3万人左右；常住人口城镇化率、公共财政收入等指标连续2年位居本省（自治区、直辖市）所辖乡镇前10%以内。对落实国家重大战略、完善区域城镇体系和促进区域协调发展具有特殊地位和作用的镇，以及历史文化名镇等特色小镇，应予重点考虑。

第十六节　中共中央办公厅 国务院办公厅关于实行国家机关“谁执法谁普法”普法责任制的意见

1.《中共中央办公厅 国务院办公厅关于实行国家机关“谁执法谁普法”普法责任制的意见》(以下简称《意见》)是哪一年印发的?

答: 2017 年。

2.《意见》明确，谁是国家法律的制定和执行主体，同时肩负着普法的重要职责?

答: 国家机关。

3.《意见》明确，实行国家机关“谁执法谁普法”普法责任制指导思想是什么?

答: 认真贯彻落实党的十八大和十八届三中、四中、五中、六中全会精神，坚持以邓小平理论、“三个代表”重要思想、科学发展观为指导，深入贯彻落实习近平总书记系列重要讲话精神和治国理政新理念新思想新战略，紧紧围绕统筹推进“五位一体”总体布局和协调推进“四个全面”战略布局，全面贯彻落实党中央关于法治宣传教育的决策部署，按照“谁执法谁普法”的要求，进一步明确国家机关普法职责任务，健全工作制度，加强督促检查，不断推进国家机关普法工作深入开展，努力形成党委统一领导，部门分工负责、各司其职、齐抓共管的工作格局，为全面依法治国作出积极贡献。

4.《意见》明确，实行国家机关“谁执法谁普法”普法责任制基本原则是什么?

答: 坚持普法工作与法治实践相结合；坚持系统内普法与社会普法并重；坚持条块结合、密切协作；坚持从实际出发、注重实效。

5.《意见》明确，实行国家机关“谁执法谁普法”普法责任制职责任务有哪“七个方面”?

答: 建立普法责任制；明确普法内容；切实做好本系统普法；充分利用法律

法规规章和司法解释起草制定过程向社会开展普法；围绕热点难点问题向社会开展普法；建立法官、检察官、行政执法人员、律师等以案释法制度；创新普法工作方式方法。

6.《意见》明确，建立普法责任制，具体内容是什么？

答：国家机关要把普法作为推进法治建设的基础性工作来抓，纳入本部门工作总体布局，做到与其他业务工作同部署、同检查、同落实。按照普法责任制的要求，制定本部门普法规划、年度普法计划和普法责任清单，明确普法任务和工作要求。建立健全普法领导和工作机构，明确具体责任部门和责任人员。

7.《意见》要求，明确普法内容，具体内容是什么？

答：深入学习宣传习近平总书记关于全面依法治国的重要论述，宣传以习近平同志为核心的党中央关于全面依法治国的重要部署。突出学习宣传宪法，弘扬宪法精神，树立宪法权威。深入学习宣传中国特色社会主义法律体系，深入学习宣传与本部门职责相关的法律法规，增强国家工作人员依法履职能力，特别是领导干部运用法治思维和法治方式开展工作的能力，提高社会公众对相关法律法规的知晓度。深入学习宣传党内法规，增强广大党员党章党规党纪意识。坚持普治并举，积极推进国家机关法治实践活动，不断提高社会治理法治化水平。

8.《意见》明确，切实做好本系统普法，具体内容是什么？

答：健全完善国家机关党组（党委）理论学习中心组学法制度，坚持领导干部带头尊法学法守法用法。健全完善日常学法制度，推进国家工作人员学法经常化。加强对国家工作人员的法治培训，把宪法法律和党内法规作为重要内容，建立新颁布的国家法律和党内法规学习培训制度，不断提高培训质量。加强对国家工作人员学法用法的考试考核，完善评估机制。大力开展“法律进机关”、机关法治文化建设等活动，营造良好的机关学法氛围。

9.《意见》明确，充分利用法律法规规章和司法解释起草制定过程向社会开展普法，具体内容是什么？

答：在法律法规规章和司法解释起草制定过程中，对社会关注度高、涉及公众切身利益的重大事项，要广泛听取公众意见。除依法需要保密的外，法律法规规章和司法解释草案要向社会公开征求意见，并说明相关制度设计，动员社会各方面广泛参与。加强与社会公众的沟通，及时向社会通报征求意见的有关情况，增强社会公众对法律的理解和认知。法律法规规章和司法解释出台后，以通俗易懂的语言将公民、法人和其他组织的权利义务、权利救济方式等主要内容，通过政府网站、新闻媒体公布或在公共场所陈列，方便社会公众理解掌握。

10.《意见》明确，围绕热点难点问题向社会开展普法，具体内容是什么?

答：执法司法机关在处理教育就业、医疗卫生、征地拆迁、食品安全、环境保护、安全生产、社会救助等群众关心的热点难点问题过程中，要加强对当事人等诉讼参与人、行政相对人、利害关系人以及相关重点人群的政策宣讲和法律法规讲解，把矛盾纠纷排查化解与法律法规宣传教育有机结合起来，把普法教育贯穿于事前、事中、事后全过程，让群众在解决问题中学习法律知识，树立法律面前人人平等、权利义务相一致等法治观念。针对网络热点问题和事件，组织执法司法人员和专家学者进行权威的法律解读，组织普法讲师团、普法志愿者广泛开展宣传讲解，弘扬法治精神，正确引导舆论。

11.《意见》明确，建立法官、检察官、行政执法人员、律师等以案释法制度，具体内容是什么?

答：法官、检察官在司法办案过程中要落实好以案释法制度，利用办案各个环节宣讲法律，及时解疑释惑。判决书、裁定书、抗诉书、决定书等法律文书应当围绕争议焦点充分说理，深入解读法律。要通过公开开庭、巡回法庭、庭审现场直播、生效法律文书统一上网和公开查询等生动直观的形式，开展以案释法。行政执法人员在行政执法过程中，要结合案情进行充分释法说理，并将行政执法相关的法律依据、救济途径等告知行政相对人。各级司法行政机关要加强对律师的教育培训，鼓励和支持律师在刑事辩护、诉讼代理和提供法律咨询、代拟法律文书、担任法律顾问、参与矛盾纠纷调处等活动中，告知当事人相关的法律权利、义务和有关法律程序等，及时解答有关法律问题；在参与涉法涉诉信访案件处理过程中，切实做好释法析理工作，引导当事人依法按程序表达诉求，理性维护合法权益，自觉运用法律手段解决矛盾纠纷。审判机关、检察机关、行政执法机关、司法行政机关要加强典型案例的收集、整理、研究和发布工作，建立以案释法资源库，充分发挥典型案例的引导、规范、预防与教育功能。要以法律进机关、进乡村、进社区、进学校、进企业、进单位等为载体，组织法官、检察官、行政执法人员、律师开展经常性以案释法活动。

12. 判决书、裁定书、抗诉书、______等法律文书应当围绕争议焦点充分说理，深入解读法律。

答: 决定书。

13. 行政执法人员在行政执法过程中，要结合案情进行______，并将行政执法相关的法律依据、救济途径等告知行政相对人。

答: 充分释法说理。

14. 审判机关、检察机关、______、司法行政机关要加强典型案例的收集、整理、研究和发布工作，建立以案释法资源库，充分发挥典型案例的引导、规范、预防与教育功能。

答: 行政执法机关。

15.《意见》明确，创新普法工作方式方法，具体内容是什么?

答: 在巩固国家机关橱窗、板报等基础宣传阵地的同时，积极探索电子显示屏、电子触摸屏等新型载体在普法宣传中的运用，建好用好法治宣传教育基地，切实将法治教育纳入国民教育体系，在中小学设立法治知识课程。充分发挥广播、电视、报刊等传统媒体优势，不断创新普法节目、专栏、频道，开展形式多样、丰富多彩的法治宣传教育。进一步深化司法公开，依托现代信息技术，打造阳光司法工程。注重依托政府网站、专业普法网站和微博、微信、微视频、客户端等新媒体新技术开展普法活动，努力构建多层次、立体化、全方位的法治宣传教育网络。坚持以社会主义核心价值观为引领，大力加强法治文化建设，在做好日常宣传的同时，充分利用国家宪法日、法律颁布实施纪念日等时间节点，积极组织开展集中普法活动，不断增强法治宣传实效。

16.《意见》明确，在实行国家机关“谁执法谁普法”普法责任制组织领导上，各级党委（党组）、各级国家机关要做哪些工作?

答: 各级党委（党组）要高度重视，切实加强对普法工作的领导。各级国家机关要充分认识普法责任制在健全普法宣传教育机制、推进社会主义法治国家建设中的重要作用，把建立普法责任制摆上重要日程，及时研究解决普法工作中的重大问题，加强人员、经费、物质保障，为普法工作开展创造条件。要把普法责任制落实情况作为法治建设的重要内容，纳入国家机关工作目标考核和领导干部政绩考核，推动本部门普法责任制的各项要求落到实处。上级国家机关要加强对下级国家机关普法责任制建立和落实情况的督促检查，强化工作指导，确保普法工作取得实效。对于综合性法律，各有关部门要加强协调配合，增强法治宣传社会整体效果。

17.《意见》明确，在实行国家机关“谁执法谁普法”普法责任制组织领导上，各级司法行政机关和普法依法治理领导小组办公室要做哪些工作？

答：各级司法行政机关和普法依法治理领导小组办公室要充分发挥职能作用，加强对国家机关普法工作的指导检查，对涉及多部门的法律法规，要加强组织协调，形成工作合力。要定期召开联席会议，研究解决部门普法工作遇到的困难和问题，推动普法责任制的落实。要健全完善普法工作考核激励机制，建立考核评估体系，对照年度普法计划和普法责任清单，加强对国家机关普法责任制落实情况的检查考核，对责任落实到位、普法工作成效显著的部门，按照国家有关规定予以表彰奖励；对责任不落实、普法工作目标未完成的部门，予以通报。要注重总结落实普法责任制好的做法，积极推广普法工作好的经验，加强宣传，不断提高国家机关普法工作水平。

第十七节　中共中央办公厅 国务院办公厅关于深入推进审批服务便民化的指导意见

1.《中共中央办公厅 国务院办公厅关于深入推进审批服务便民化的指导意见》（以下简称《意见》）是哪一年印发的？

答：2018年。

2.《意见》明确，主要任务有哪“八个方面”？

答：全面推行审批服务“马上办、网上办、就近办、一次办”；深入推进审批服务标准化；持续开展“减证便民”行动；大力推行审批服务集中办理；着力提升“互联网+政务服务”水平；创新便民利企审批服务方式；深化行政审批中介服务改革；切实加强事中事后监管。

3.《意见》明确，全面推行审批服务“马上办、网上办、就近办、一次办”，具体要求是什么？

答：在梳理公布政府权责清单和公共服务事项清单基础上，以企业和群众办好“一件事”为标准，进一步提升审批服务效能。合法合规的事项“马上办”，减少企业和群众现场办理等候时间。积极推行“网上办”，凡与企业生产经营、群众生产生活密切相关的审批服务事项“应上尽上、全程在线”，切实提高网上办理比例。除法律法规有特别规定外，有条件的市县和开发区 80% 以上审批服务事项实现网上能办。已在实体大厅办理的事项，不得要求企业和群众补填网上流程。面向个人的事项“就近办”，完善基层综合便民服务平台功能，将审批服务延伸到乡镇（街道）、城乡社区等，实现就近能办、多点可办、少跑快办。推动一般事项“不见面”、复杂事项“一次办”，符合法定受理条件、申报材料齐全的原则上一次办结；需要现场踏勘、技术审查、听证论证的，实行马上响应、联合办理和限时办结。以省为单位公布各层级政府“马上办、网上办、就近办、一次办”审批服务事项目录，具体形式可结合各自实际确定，成熟一批、公布一批，2018 年 10 月底前实现全覆盖。

4.《意见》明确，深入推进审批服务标准化，具体要求是什么?

答：聚焦不动产登记、市场准入、企业投资、建设工程、民生事务等办理量大、企业和群众关注的重点领域重点事项，按照减环节、减材料、减时限、减费用的要求，逐项编制标准化工作规程和办事指南，推行一次告知、一表申请。按照国家推进审批服务标准化的有关要求，科学细化量化审批服务标准，压减自由裁量权，完善适用规则，推进同一事项无差别受理、同标准办理。构建和完善形式直观、易看易懂的审批服务事项办理流程图（表），实现网上可查、电话可询，为企业和群众办事提供清晰指引。有条件的地方可以探索制定审批服务运行评价标准，建立相应考核评价机制。消除审批服务中的模糊条款，属于兜底性质的“其他材料”“有关材料”等，应逐一加以明确，不能明确且不会危害国家安全和公共安全的，不得要求申请人提供。上一个审批服务环节已收取的申报材料，不再要求重复提交。

5.《意见》明确，持续开展“减证便民”行动，具体要求是什么?

答：全面清理烦扰企业和群众的“奇葩”证明、循环证明、重复证明等各类无谓证明，大力减少盖章、审核、备案、确认、告知等各种繁琐环节和手续。凡没有法律法规依据的一律取消，能通过个人现有证照来证明的一律取消，能采取申请人书面承诺方式解决的一律取消，能被其他材料涵盖或替代的一律取消，能通过网络核验的一律取消，开具单位无法调查核实的证明一律取消。清理过程中需要修改法律法规的，及时提出修改建议，按照法定程序提请修改。大力推进中央和地方之间、职能部门之间政务信息共享，从源头上避免“奇葩”证明等现象。确需保留的证明事项，要广泛征求意见，充分说明理由并对外公布清单，逐项列明设定依据、索要单位、开具单位、办理指南等，严格实行清单式管理。对保留的证明，要加强互认共享，减少不必要的重复举证。

6.《意见》明确，大力推行审批服务集中办理，具体要求是什么？

答：优化提升各级政务服务大厅“一站式”功能，进一步推动审批服务事项进驻大厅统一办理。将部门分设的办事窗口整合为综合窗口，完善“前台综合受理、后台分类审批、综合窗口出件”工作模式，实行一窗受理、集成服务，实现“一窗通办”。根据企业和群众办件频率、办事习惯，不断优化调整窗口设置。对涉及多个部门的事项，建立健全部门联办机制，探索推行全程帮办制。通过预约、轮休等办法，为企业和群众办事提供错时、延时服务和节假日受理、办理通道，有条件的地方可探索实行“5+X”工作日模式。对重点区域重点项目可有针对性地提供个性化定制化服务。健全市县审批服务部门与同级监管部门及上下级部门间的工作协调配合机制。完善政务服务效能监督，全面推行审批服务过程和结果公开公示，接受社会监督。深化和扩大相对集中行政许可权改革试点，整合优化审批服务机构和职责，有条件的市县和开发区可设立行政审批局，实行“一枚印章管审批”。依法设立的行政审批局办理的行政许可等事项具有法律效力，原主管部门不得要求企业和群众再加盖本部门印章，杜绝重复盖章。

7.《意见》明确，着力提升“互联网＋政务服务”水平，具体要求是什么？

答：打破信息孤岛，统一明确各部门信息共享的种类、标准、范围、流程，加快推进部门政务信息联通共用。按照“整合是原则、孤网是例外”的要求，清理整合分散、独立的政务信息系统，统一接入国家数据共享交换平台，构建网络安全防护体系，实现跨部门跨地区跨层级政务信息可靠交换与安全共享，并依法依规向社会开放。完善网上实名身份认证体系，明确电子证照、电子公文、电子印章法律效力，建立健全基本标准规范，实现“一次采集、一库管理、多方使用、即调即用”。中央和省级部门审批服务系统尽快向各级政务服务机构开放端口、权限和共享数据，打通数据查询互认通道，实现对自然人和企业身份核验、纳税证明、不动产登记、学位学历证明、资格资质、社会保险等数据查询需求。整合省级各部门信息建设资金资源和管理职能，探索建立统一的政务数据管理机构，加快实现全省域“一平台、一张网、一个库”。除有特殊保密要求外，各业务部门原则上不再单独建设审批服务业务平台系统。探索对适宜的事项开展智能审批，实现即报即批、即批即得。深度开发各类便民应用，推动更多审批服务事项通过互联网移动端办理。开展市民个人网页和企业专属网页建设，提高网上办事精细化水平。运用大数据精准分析和评估审批服务办件情况，有针对性地改进办理流程，让办事更快捷、服务更优质。加大非紧急类热线整合力度，建设统一的政务咨询投诉举报平台，除因专业性强、集成度高、咨询服务量大确需保留的热线外，其他热线力争做到“一号响应”企业和群众诉求。以审批智能化、服务自助化、办事移动化为重点，把实体大厅、网上平台、移动客户端、自助终端、服务热线等结合起来，实现线上线下功能互补、融合发展。

8.《意见》明确，创新便民利企审批服务方式，具体要求是什么？

答：在全国推开“证照分离”改革，扎实推进“照后减证”，进一步压缩企业开办时间。全面推动在建设工程领域实行联合勘验、联合审图、联合测绘、联合验收。实行企业投资项目“多评合一”、并联审批。对国家鼓励类企业投资项目探索不再审批。对不新增用地“零土地”技改项目推行承诺备案制。在各类开发区推行由政府统一组织对一定区域内土地勘测、矿产压覆、地质灾害、水土保持、文物保护、洪水影响、地震安全性、气候可行性等事项实行区域评估，切实减轻企业负担。在实行“多规合一”基础上，探索“规划同评”。加快推进居民身份证、驾驶证、出入境证件、医保社保、住房公积金等便民服务事项互联互通、在线可查、异地可办。推广容缺后补、绿色通道、首席服务官和数字化审图、告知承诺、邮政或快递送达等便利化措施，推行预约办理、同城通办、异地代办、跨层联办、智能导办、一对一专办等多种服务方式，多渠道多途径提高办理效率和服务水平，切实解决企业和群众反映突出的排号等号、耗时长、来回跑等问题。对量大面广的个人事项可利用银行、邮政等网点实现服务端口前移。针对交通不便、居住分散、留守老人多等农村地区实际，积极开展代缴代办代理等便民服务，在村庄普遍建立网上服务站点，加快完善乡村便民服务体系。

9.《意见》明确，深化行政审批中介服务改革，具体要求是什么？

答：进一步减少不必要的行政审批中介服务事项，无法定依据的一律取消。对已取消的中央指定地方实施行政审批中介服务事项和证明材料，各地不再作为行政审批的前置条件。对保留的审批中介服务事项要明确办理时限、工作流程、申报条件、收费标准并对外公开。加快推进中介服务机构与主管部门脱钩，切断利益关联。放宽中介服务市场准入，鼓励支持各类资本进入中介服务行业和领域，破除中介服务垄断。对导致垄断的行业政策进行合法性合理性审查清理，除法律法规有特别规定外，各部门设定的区域性、行业性和部门间中介服务机构执业限制一律取消。严禁限额管理中介服务机构数量，营造服务高效、公平竞争、监督有力的中介服务市场。企业自主选择中介服务机构，政府部门不得强制指定或变相指定。依托政务服务网开发建设中介服务网上交易平台，中介服务机构“零门槛、零限制”入驻，实现网上展示、网上竞价、网上中标、网上评价。政府部门在审批过程中委托开展的技术性服务活动，必须通过竞争方式选择服务机构，服务费用一律由部门支付并纳入部门预算。强化中介服务监管，全面开展中介服务信用评价，建立健全中介服务机构退出机制。

10.《意见》明确，切实加强事中事后监管，具体要求是什么?

答: 改变重审批轻监管的行政管理方式，把更多行政资源从事前审批转到加强事中事后监管上来。按照权责对等、权责一致和“谁审批谁监管、谁主管谁监管”原则，厘清审批和监管权责边界，强化落实监管责任，健全工作会商、联合核验、业务协同和信息互通的审管衔接机制。以“双随机、一公开”为原则，积极推进综合监管和检查处罚信息公开。加快建立以信用承诺、信息公示为特点的新型监管机制，加强市场主体信用信息归集、共享和应用，推动全国信用信息共享平台向各级政府监管部门开放数据，并与政府审批服务、监管处罚等工作有效衔接。探索智慧监管、包容审慎监管，提高监管的公平性、规范性、简约性。联动推进行政审批制度改革、综合行政执法体制改革和社会信用体系建设，建立健全失信联合惩戒机制，实现“事前管标准、事中管检查、事后管处罚、信用管终身”。梳理行政处罚、行政强制、行政征收、行政检查等执法类职权事项，规范程序、行为和自由裁量权，推进严格公正规范文明执法。深入推进综合行政执法体制改革，整合各类执法机构、职责和队伍，大幅减少市县政府执法队伍种类，进一步推动力量下沉、重心下移。整合优化基层治理网格，实现“多网合一、一员多能”，提升基层监管执法能力。

11.《意见》明确，组织实施有哪“四个方面”要求?

答: 加强组织领导；做好上下结合；抓好督查落实；强化宣传引导。

第十八节 中共中央办公厅 国务院办公厅关于健全行政裁决制度加强行政裁决工作的意见

1. 中共中央办公厅、国务院办公厅印发了《关于健全行政裁决制度加强行政裁决工作的意见》(以下简称《意见》)《意见》明确，行政裁决是什么?

答: 行政裁决是行政机关根据当事人申请，根据法律法规授权，居中对与行政管理活动密切相关的民事纠纷进行裁处的行为。

2.《意见》明确，健全行政裁决制度加强行政裁决工作的指导思想是什么?

答: 要以习近平新时代中国特色社会主义思想为指导，深入贯彻党的十九大和十九届二中、三中全会精神，按照坚持依法治国、依法执政、依法行政共同推进，坚持法治国家、法治政府、法治社会一体建设的要求，建立健全通过行政裁决化解矛盾纠纷的制度，逐步形成党委领导、政府负责、各职能部门为主体的行政裁决工作体制，为促进人民安居乐业、社会公平正义、国家长治久安提供有力保障。

3.《意见》明确，健全行政裁决制度加强行政裁决工作的基本原则是什么?

答: 必须坚持党的领导、多方参与，坚持以人为本、高效便民，坚持依法依规、稳妥推进，坚持立足国情、改革创新。

4.《意见》明确，健全行政裁决制度加强行政裁决工作的主要目标是什么?

答: 行政裁决职责得到切实履行，行政裁决工作积极推进；行政裁决制度不断健全，行政裁决、调解、仲裁、行政复议、诉讼等有机衔接、相互协调的多元化纠纷解决机制持续完善；行政机关在解决民事纠纷上的重要作用得到充分发挥，能够及时有效化解矛盾纠纷，保障人民群众合法权益。

5.《意见》明确，推进行政裁决工作要落实哪“四个方面”要求?

答: 积极履行裁决职责；着力细化程序规定；不断创新工作方式；探索开展改革试点。

6.《意见》明确，积极履行裁决职责，具体内容是什么?

答: 行政机关开展行政裁决工作要遵循依法依规原则，即只有法律法规授权行政机关可以进行行政裁决的，行政机关才有行政裁决的职权，并要将行政裁决事项纳入权力清单向社会公开。依法承担行政裁决职责的行政机关，在当事人提出申请后，应当切实履行职责，努力将民事纠纷化解在行政管理活动中，绝不允许敷衍塞责、推诿扯皮，坚决防止行政不作为、乱作为。

7.《意见》明确，着力细化程序规定，具体内容是什么?

答: 法律法规规定行政裁决职责的，国务院有关部门、省级政府应当参照民事诉讼法、行政诉讼法以及相关司法解释的规定，以规章的形式出台具体程序性规定，逐步完善符合本部门本地区实际的行政裁决程序。程序性规定应当包括行政裁决的申请、受理、回避、证据、调解、审理、执行、期间和送达等方面的内容，遵循平等、规范、简便、高效的原则，便于当事人依法提出行政裁决申请，保障当事人合法权益。

8.《意见》明确，不断创新工作方式，具体内容是什么?

答: 依法承担行政裁决职责的行政机关，要勇于探索、大胆创新，逐步提高新时代行政裁决工作的适应性和灵活性。要大力推广现代信息技术在行政裁决工作中的运用，积极推进行政裁决在线立案、在线办理、信息共享、数据分析等，努力适应人民群众便捷、高效化解矛盾纠纷的需要。

9.《意见》明确，探索开展改革试点，具体内容是什么?

答: 对专业性和技术性较强、与行政管理活动密切相关、由行政机关裁决更简便快捷的民事纠纷，国务院部门经国务院授权、各省级政府及其部门经本级人民代表大会常务委员会授权，可以在各自行政管理权限内，开展行政裁决制度试点，积极探索可复制可推广的做法和制度。

10.《意见》明确，完善行政裁决制度体系要做哪“四个方面”工作?

答: 严格规范制度表述；稳步扩大适用范围；认真开展规章清理；适时推进行

政裁决统一立法。

11.《意见》明确，严格规范制度表述，具体内容是什么？

答：起草、修改法律法规时，对行政机关通过行政裁决化解民事纠纷事项作出规定的，应当明确使用“作出行政裁决”的表述，不能使用“作出处理”“作出决定”“作出裁定”“作出裁处”等模糊表述，以免在实践中产生歧义和混淆。

12.《意见》明确，稳步扩大适用范围，具体内容是什么？

答：起草、修改法律法规时，对于可以通过行政裁决化解的民事纠纷，起草部门应当认真研究设定行政裁决的必要性、可行性，积极建立行政裁决制度；拟删除有关行政裁决规定的，应当加强相关论证和审查。

13.《意见》明确，认真开展规章清理，具体内容是什么？

答：各地区各部门要抓紧清理有关行政裁决的规章，按照本意见的要求建立健全配套制度，细化相关规定，减少模糊地带；对于没有法律法规依据的行政裁决事项，要尽快推动上升为法律法规。司法部要及时跟踪了解进展情况，研究解决共性问题，加强指导。

14.《意见》明确，适时推进行政裁决统一立法，具体内容是什么？

答：以法律或者行政法规的形式对行政裁决制度的内涵外延、适用范围、裁决程序等进行规范。注重完善行政裁决救济制度，在修改行政复议法、民事诉讼法、行政诉讼法时统筹考虑，努力构建既能调动行政机关履行行政裁决职责的积极性、主动性，又能充分保障纠纷当事人救济权利的机制制度。

15.《意见》明确，促进行政裁决与其他矛盾纠纷化解方式的衔接协调要做哪“四个方面”工作？

答：建立行政裁决告知制度；健全行政裁决救济程序的衔接机制；加强行政裁决调解工作；搭建“一站式”纠纷解决服务平台。

16.《意见》明确，建立行政裁决告知制度，具体内容是什么？

答：对于能够通过行政裁决解决纠纷的，人民法院在登记立案前应当向当事人提供通过行政裁决化解纠纷的建议。人民调解委员会、律师、基层法律服务工作者等参与矛盾纠纷化解时，应当告知行政裁决渠道供当事人选择。

17.《意见》明确，健全行政裁决救济程序的衔接机制，具体内容是什么?

答：当事人不服行政机关对民事纠纷作出的行政裁决的，在法定期限内，既可以以民事争议的对方当事人为被告提起民事诉讼，也可以对行政裁决行为提起行政诉讼，并申请法院一并解决相关民事争议。法律另有规定的，依照其规定。

18.《意见》明确，加强行政裁决调解工作，具体内容是什么?

答：行政机关裁决民事纠纷应当先行调解，当事人经调解达成协议的，由行政机关制作调解协议书；调解不能达成协议的，行政机关应当及时作出裁决。

19.《意见》明确，搭建“一站式”纠纷解决服务平台，具体内容是什么?

答：在自然资源权属、知识产权侵权和补偿、政府采购活动等行政裁决纠纷多发领域，行政机关、人民调解组织、行业调解组织、律师调解组织等可以整合资源，探索建立“一站式”纠纷解决服务平台，切实减轻人民群众在依法维权中的负担。

20.《意见》明确，加强组织领导，具体内容是什么?

答：地方各级党委要充分发挥领导作用，承担行政裁决职责的行政机关要把健全行政裁决工作机制作为推进法治政府建设的重要抓手，纳入本地区本部门法治政府建设考核评价体系，并将行政裁决事项纳入权力清单向社会公布。国务院各部门、地方各级政府在编制年度预算时，应当考虑行政裁决工作任务需求合理安排经费。

21.《意见》明确，推进队伍建设，具体内容是什么?

答：司法部要加强对从事行政裁决的行政机关工作人员的教育培训。各地区各部门要通过配强工作队伍、发挥法律顾问和公职律师作用、建立专家库等方式，加强行政裁决工作队伍建设。

22.《意见》明确，强化宣传引导，具体内容是什么?

答：承担行政裁决职责的行政机关要将行政裁决工作纳入本部门普法规划、年度普法计划和普法责任清单。要注重运用政府网站、微博、微信等新媒体新技术，大力宣传行政裁决的优势特点、工作成效和典型案例，鼓励引导人民群众通过行政裁决解决有关民事纠纷。

23.《意见》明确，严格督促落实，具体内容是什么?

答：各地区各部门应当结合实际情况，认真贯彻落实《意见》要求。上级行政机关要加强对下级行政机关行政裁决工作的督促、检查和指导。司法部要加强对行政裁决工作的综合协调和督促落实，适时组织对《意见》实施情况进行评估，及时发现问题并提出建议。

第十九节 国务院关于在市场监管领域全面推行部门联合“双随机、一公开”监管的意见

1.《国务院关于在市场监管领域全面推行部门联合“双随机、一公开”监管的意见》(以下简称《意见》)是什么时间印发的?

答：2019 年 1 月 27 日。

2.《意见》明确，在市场监管领域全面推行“双随机、一公开”监管的指导思想是什么?

答：以习近平新时代中国特色社会主义思想为指导，全面贯彻党的十九大和十九届二中、三中全会精神，认真落实党中央、国务院决策部署，适应建设现代化经济体系、推动经济高质量发展、推进国家治理体系和治理能力现代化的需要，切实转变监管理念，创新监管方式。实行抽查事项清单管理，避免多头执法、重复检查，规范执法行为，提高监管效能，减轻企业负担，强化信用支撑。在市场监管领域健全以“双随机、一公开”监管为基本手段、以重点监管为补充、以信用监管为基础的新型监管机制，切实做到监管到位、执法必严，使守法守信者畅行天下、违法失信者寸步难行，进一步营造公平竞争的市场环境和法治化、便利化的营商环境。

3.《意见》明确，在市场监管领域全面推行“双随机、一公开”监管要做到哪“四个坚持”?

答：坚持全面覆盖；坚持规范透明；坚持问题导向；坚持协同推进。

4.《意见》明确，坚持全面覆盖，具体内容是什么?

答：将“双随机、一公开”作为市场监管的基本手段和方式，除特殊重点领

域外，原则上所有行政检查都应通过双随机抽查的方式进行，取代日常监管原有的巡查制和随意检查，形成常态化管理机制。对抽查中发现的问题线索一查到底、依法处罚，并将处罚结果记于相应市场主体名下，形成对违法失信行为的长效制约。

5.《意见》明确，坚持规范透明，具体内容是什么？

答：严格依法依规落实市场监管责任，形成科学规范、公平公正、公开透明的“双随机、一公开”监管工作机制。除法律法规明确规定外，抽查事项、抽查计划、抽查结果都要及时、准确、规范向社会公开，实现阳光监管，杜绝任性执法。

6.《意见》明确，坚持问题导向，具体内容是什么？

答：实施信用风险分类监管，针对突出问题和风险开展双随机抽查，提高监管精准性。在按照抽查计划做好“双随机、一公开”监管的同时，对通过投诉举报、转办交办、数据监测等发现的具体问题要进行有针对性的检查，对发现的问题线索依法依规处理。

7.《意见》明确，坚持协同推进，具体内容是什么？

答：落实地方各级人民政府责任，建立健全工作机制，全面推行部门联合“双随机、一公开”监管。建立双随机抽查结果部门间共享交换和互认互用机制。

8.《意见》明确，在市场监管领域全面推行“双随机、一公开”监管的主要目标是什么？

答：通过在市场监管领域全面推行部门联合“双随机、一公开”监管，增强市场主体信用意识和自我约束力，对违法者“利剑高悬”；切实减少对市场主体正常生产经营活动的干预，对守法者“无事不扰”。强化企业主体责任，实现由政府监管向社会共治的转变，以监管方式创新提升事中事后监管效能。到2019年底，市场监管部门完成双随机抽查全流程整合，实现“双随机、一公开”监管全覆盖、常态化。到2020年底，实现市场监管领域相关部门“双随机、一公开”监管全覆盖，地方各级人民政府相关部门在市场监管领域联合“双随机、一公开”监管常态化。力争三到五年时间内，市场监管领域新型监管机制更加完善，实现综合监管、智慧监管。

9.《意见》明确，在市场监管领域全面推行“双随机、一公开”监管

有哪“七个方面”重点任务?

答: 统筹建设监管工作平台；实行抽查事项清单管理；建立健全随机抽查“两库”；统筹制定抽查计划；科学实施抽查检查；强化抽查检查结果公示运用；做好个案处理和专项检查工作。

10.《意见》明确，统筹建设监管工作平台，具体内容是什么?

答: 各省（区、市）人民政府要以国家企业信用信息公示系统和全国信用信息共享平台等为依托，建设本辖区统一的“双随机、一公开”监管工作平台（以下称省级平台），为抽查检查、结果集中统一公示和综合运用提供技术支撑。各地已经建设并使用的工作平台要与省级平台整合融合，避免数据重复录入、多头报送。部门相关监管信息通过省级平台实现互联互通，满足部门联合双随机抽查需求。着力规范计划制定、名单抽取、结果公示、数据存档等各项抽查检查工作程序，做到全程留痕、责任可追溯。

11.《意见》明确，______要以国家企业信用信息公示系统和全国信用信息共享平台等为依托，建设本辖区统一的“双随机、一公开”监管工作平台（以下称省级平台），为抽查检查、结果集中统一公示和综合运用提供技术支撑。

答: 各省（区、市）人民政府。

12.《意见》明确，着力规范______、______、______、数据存档等各项抽查检查工作程序，做到全程留痕、责任可追溯。

答: 计划制定；名单抽取；结果公示。

13.《意见》明确，实行抽查事项清单管理，具体内容是什么?

答: 各有关部门要依照法律、法规、规章规定，建立本部门随机抽查事项清单，明确抽查依据、主体、内容、方式等。市场监管总局要会同有关部门制定联合抽查事项清单、标准和实施办法。各省（区、市）人民政府要统筹建立本辖区统一的市场监管领域随机抽查事项清单。随机抽查事项分为重点检查事项和一般检查事项。重点检查事项针对涉及安全、质量、公共利益等领域，抽查比例不设上限；抽查比例高的，可以通过随机抽取的方式确定检查批次顺序。一般检查事项针对一般监管领域，抽查比例应根据监管实际情况设置上限。要严格控制重点检查事项的数量和一般检查事项的抽查比例。随机抽查事项清单应根据法律、法规、规章立改废释和工作实际情况等进行动态调整，并及时通过相关网站和平台向社会公开。

14.《意见》明确，各有关部门要依照法律、法规、规章规定，建立本部门______清单，明确抽查依据、主体、内容、方式等。

答：随机抽查事项。

15.《意见》明确，各省（区、市）人民政府要统筹建立本辖区统一的市场监管领域______清单。

答：随机抽查事项。

16.《意见》明确，重点检查事项针对涉及安全、______、______等领域，抽查比例不设______。抽查比例高的，可以通过随机抽取的方式确定______顺序。

答：质量；公共利益；上限；检查批次。

17.《意见》明确，一般检查事项针对一般监管领域，抽查比例应根据监管实际情况设置______。

答：上限。

18.《意见》明确，要严格控制重点检查事项的______和一般检查事项的______。

答：数量；抽查比例。

19.《意见》明确，随机抽查事项清单应根据法律、法规、规章立改废释和工作实际情况等进行动态调整，并及时通过相关网站和平台______。

答：向社会公开。

20.《意见》明确，建立健全随机抽查“两库”，具体内容是什么？

答：各省（区、市）人民政府要统筹建立健全覆盖本辖区各层级、与抽查事项相对应的检查对象名录库和执法检查人员名录库（统称“两库”）。要根据法律法规和部门职责分工，按照“谁审批、谁监管，谁主管、谁监管”的原则，通过分类标注、批量导入等方式，在省级平台分别建立与部门职责相对应的检查对象名录库，避免出现监管真空。检查对象名录库既可以包括企业、个体工商户等市场主体，也可以包括产品、项目、行为等。执法检查人员名录库应包括所有相关的行政执法类公务员、具有行政执法资格的工作人员和从事日常监管工作的人员，并按照执法资质、业务专长进行分类标注，提高抽查检查专业性。对特定领域的抽查，可在满足执法检查人数要求的基础上，吸收检测机构、科研院所和专家学者等参与，通过听取专家咨询意见等方式辅助抽查，满足专业性抽查需要。要根据检查对象和执法检查人员变动情况，对“两库”进行动态管理。

21.《意见》明确，各省（区、市）人民政府要统筹建立健全覆盖本辖区各层级、与抽查事项相对应的______库和______库（统称“两库”）。

答：检查对象名录；执法检查人员名录。

22.《意见》明确，统筹制定抽查计划，具体内容是什么?

答：县级以上地方人民政府结合本地实际及行业主管部门的抽查要求，统筹制定本辖区年度抽查工作计划，涵盖一般检查事项和重点检查事项，明确工作任务和参与部门。年度抽查工作计划可根据工作实际动态调整。要科学确定部门联合抽查的事项和发起、参与部门，实现“进一次门、查多项事”。要按照法律法规规定和当地经济社会发展及监管领域、执法队伍的实际情况，针对不同风险等级、信用水平的检查对象采取差异化分类监管措施，合理确定、动态调整抽查比例、频次和被抽查概率，既保证必要的抽查覆盖面和监管效果，又防止任意检查和执法扰民。

23.《意见》明确，要科学确定部门______的事项和发起、参与部门，实现“进一次门、查多项事”。

答：联合抽查。

24.《意见》明确，科学实施抽查检查，具体内容是什么?

答：县级以上地方人民政府根据年度抽查工作计划，组织领导本辖区内的部门联合“双随机、一公开”监管工作。根据抽查涉及的对象范围和参与部门，通过公开、公正的方式从检查对象名录库中随机抽取检查对象，并根据实际情况随机匹配执法检查人员。抽查可以采取实地核查、书面检查、网络监测等方式；涉及专业领域的，可以委托有资质的机构开展检验检测、财务审计、调查咨询等工作，或依法采用相关机构作出的鉴定结论。鼓励运用信息化手段提高问题发现能力，实现全过程留痕。各有关部门可以根据实际情况，制定详细的随机抽查工作细则和工作指引，对抽查工作程序、项目、方法等作出明确规定，方便基层执法检查人员操作，提高抽查检查规范化水平。

25.《意见》明确，根据抽查涉及的对象范围和参与部门，通过公开、公正的方式从检查对象名录库中______检查对象，并根据实际情况______执法检查人员。

答：随机抽取；随机匹配。

26.《意见》明确，抽查可以采取实地核查、______、______等方式。涉及专业领域的，可以______有资质的机构开展检验检测、财务审计、调查咨询等工作，或依法采用相关机构作出的鉴定结论。

答：书面检查；网络监测；委托。

27.《意见》明确，强化抽查检查结果公示运用，具体内容是什么？

答：按照“谁检查、谁录入、谁公开”的原则，将抽查检查结果通过国家企业信用信息公示系统和全国信用信息共享平台等进行公示，接受社会监督。对抽查发现的违法违规行为依法加大惩处力度，涉嫌犯罪的及时移送司法机关。实现抽查检查结果政府部门间互认，促进“双随机、一公开”监管与信用监管有效衔接，对抽查发现的违法失信行为依法实施联合惩戒，形成有力震慑，增强市场主体守法自觉性。

28.《意见》明确，按照______的原则，将抽查检查结果通过国家企业信用信息公示系统和全国信用信息共享平台等进行公示，接受社会监督。

答：“谁检查、谁录入、谁公开”。

29.《意见》明确，做好个案处理和专项检查工作，具体内容是什么？

答：在做好“双随机、一公开”监管工作的同时，对通过投诉举报、转办交办、数据监测等发现的违法违规个案线索，要立即实施检查、处置；需要立案查处的，要按照行政处罚程序规定进行调查处理。要坚持问题导向，对通过上述渠道发现的普遍性问题和市场秩序存在的突出风险，要通过双随机抽查等方式，对所涉抽查事项开展有针对性的专项检查，并根据实际情况确定抽查比例，确保不发生系统性、区域性风险。要将抽查检查结果归集至国家企业信用信息公示系统和全国信用信息共享平台等，为开展协同监管和联合惩戒创造条件。对无证无照经营，有关部门应当按照《无证无照经营查处办法》等法律法规的规定予以查处。

30.《意见》明确，在做好“双随机、一公开”监管工作的同时，对通过______、______、______等发现的违法违规个案线索，要立即实施检查、处置。

答：投诉举报；转办交办；数据监测。

31.《意见》明确，______要发挥牵头作用，加强统筹协调，会同各有关部门共同推进各项工作。

答：市场监管总局。

32.《意见》明确，地方各级人民政府要切实加强对本辖区“双随机、一公开”监管工作的组织领导，出台具体实施办法，建立市场监管部门牵头的______制度，根据实际情况确定参与部门。

答：联席会议。

33.《意见》明确，通过现有渠道统筹做好部门联合“双随机、一公开”监管经费保障，将各有关部门“双随机、一公开”监管工作情况纳入______考核体系，加强督查督导。

答：政府绩效。

34.《意见》明确，按照______原则，对严格依据抽查事项清单和相关工作要求开展“双随机、一公开”监管，市场主体出现问题的，应结合执法检查人员工作态度、工作程序方法、客观条件等进行综合分析，该免责的依法依规免予追究相关责任。

答：“尽职照单免责、失职照单问责”。

35.《意见》明确，加大宣传力度，提升“双随机、一公开”监管的社会影响力和公众知晓度，加快形成政府______、企业诚信自律、社会公众监督的良好氛围。

答：公正监管。

第二十节　中共中央办公厅 国务院办公厅关于推进基层整合审批服务执法力量的实施意见

1.《中共中央办公厅 国务院办公厅关于推进基层整合审批服务执法力量的实施意见》(以下简称《意见》)是哪一年印发的?

答:2019 年。

2.《意见》明确,______是党和政府联系人民群众的纽带、服务人民群众的平台。

答:基层。

3.《意见》明确,______直接关系人民群众生产生活,决定着党执政的社会基础和执政能力、国家治理的根基和水平。

答:基层管理水平。

4.《意见》明确,要以习近平新时代中国特色社会主义思想为指导,全面贯彻党的十九大和十九届二中、三中全会精神,坚持和加强党的全面领导,适应乡镇和街道工作特点及______需要,加强党的基层组织建设,改革和完善基层管理体制,使基层各类机构、组织在服务保障群众需求上有更大作为。

答:便民服务。

5.《意见》明确,统筹优化和综合设置乡镇和街道党政机构、事业单位,强化乡镇和街道党(工)委领导作用,构建______、简约精干的基层组织架构。

答:更好服务群众。

6.《意见》明确,在整合基层行政审批和公共服务职责基础上,进一步加强乡镇和街道党政综合(便民)服务机构与服务平台建设,实行"一站式服务""一门式办理",充分发挥什么作用?

答:综合便民服务。

7.《意见》明确，紧扣城乡基层治理，聚焦基层党的建设、乡村振兴、精准脱贫、新型城镇化等重点工作以及就业和社会保障、医疗保障、不动产登记、社会救助、户籍管理、乡村建设、危（旧）房改造、古村（屋）修缮、改水改厕等______的重点事项，建立和完善适应基层实际的办事指南和工作规程，实行“马上办、网上办、就近办、一次办”。

答：群众关心关注。

8.《意见》明确，加强村（社区）综合服务站点建设，推动______进驻村（社区）办理，推进村级便民服务点和网上服务站点全覆盖，积极开展______等便民服务，逐步扩大公共服务事项网上受理、网上办理、网上反馈范围。

答：基本公共服务事项；代缴代办代理。

9.《意见》明确，充分发挥市场机制作用，推动公共服务提供主体和提供方式多元化，加快建立政府主导、社会参与、______并举的公共服务供给模式。

答：公办民办。

10.《意见》明确，承接审批服务职责较多、任务较重的经济发达镇和重点镇，在整合现有机构和人员的基础上，可探索设立专门的审批服务机构，实行______。整合乡镇和街道内部决策、管理、监督职责及力量，为审批服务等工作提供支持和______。

答：“一枚印章管审批（服务）”；保障。

11.《意见》明确，推进行政执法权限和力量向基层延伸和下沉，强化乡镇和街道的______和统筹协调职责。

答：统一指挥。

12.《意见》明确，整合现有站所、分局执法力量和资源，组建统一的______，按照有关法律规定相对集中行使行政处罚权，以______名义开展执法工作，并接受有关县级主管部门的业务______，逐步实现基层一支队伍管执法。

答：综合行政执法机构；乡镇和街道；指导和监督。

13.《意见》明确，加强对乡镇和街道综合行政执法机构、执法人员的业务指导和______，规范执法检查、受立案、调查、审查、决定等程序和行为，建立执法全过程记录制度，实现______、可追溯、可追责。

答：培训；全程留痕。

14.《意见》明确，全面推行行政执法______制度，做到依据公开、决策公开、执行公开、结果公开、过程公开。严格确定行政执法责任和责任追究机制，加强______，坚决惩治执法腐败现象，确保权力不被滥用。

答：公示；执法监督。

15.《意见》明确，建立健全乡镇和街道与______行政执法案件移送及协调协作机制。

答：县直部门。

16.《意见》明确，除党中央明确要求实行派驻体制的机构外，县直部门设在乡镇和街道的机构原则上实行属地管理。继续实行派驻体制的，要建立健全纳入乡镇和街道统一指挥协调的工作机制，工作考核和主要负责同志任免要听取______的意见。

答：所在乡镇和街道党（工）委。

17.《意见》明确，整合基层网格管理和指挥平台，具体内容是什么？

答：将上级部门在基层设置的多个网格整合为一个综合网格，依托村（社区）合理划分基本网格单元，统筹网格内党的建设、社会保障、综合治理、应急管理、社会救助等工作，实现“多网合一”。强化党建引领，将党支部或党小组建在网格上，选优配强支部书记或党小组组长。合理确定网格监管任务和事项，科学配置网格员力量，实行定人、定岗、定责。推进网格化服务管理标准化建设，提高网格管理规范化精细化水平。整合现有设在乡镇和街道的党的建设、综合治理、社区治理、数字城管等各系统指挥信息资源，建立一体化的信息系统和综合指挥平台。强化信息共享和技术支撑，上级相关部门的视频监控等要尽可能接入基层综合指挥平台，实现互联互通、信息共享、实时监控、综合监测。建立健全发现问题、流转交办、协调联动、研判预警、督查考核等综合指挥工作机制，实现基层管理跨部门、跨层级协同运转。

18.《意见》明确，将上级部门在基层设置的多个网格整合为______，依托村（社区）合理划分基本网格单元，统筹网格内党的建设、社会保障、综合治理、应急管理、社会救助等工作，实现“多网合一”。

答：一个综合网格。

19.《意见》明确，按照依法下放、宜放则放原则，将点多面广、基层管理迫切需要且能有效承接的审批服务执法等权限赋予乡镇和街道，由______统一制定赋权清单，依法明确乡镇和街道______地位。

答：省级政府；执法主体。

20.《意见》明确，各省区市可在试点基础上逐步统一和规范赋权事项，成熟一批，赋予一批，确保______、______、______、______。法律规定的县级政府及其部门的管理权限需要赋予乡镇和街道的，按______程序和要求办理。

答：放得下；接得住；管得好；有监督；法定。

21.《意见》明确，推进编制资源向乡镇和街道倾斜，鼓励______跨层级调剂使用行政和事业编制，充实加强基层一线工作力量。完善机构编制实名制管理，根据基层对人才的需求，按编制员额______补充人员，制定用编用人计划优先保障空编的乡镇和街道。

答：从上往下；及时。

22.《意见》明确，整合条线辅助人员，按照属地化管理原则，由乡镇和街道______。创新基层人员编制管理，统筹使用各类编制资源，赋予乡镇和街道更加灵活的______。

答：统筹指挥调配；用人自主权。

23.《意见》明确，坚持重心下移、力量下沉、保障下倾，加强下放给乡镇和街道事权的人才、技术、资金、网络端口等方面的保障，做到权随事转、______、钱随事转，使基层有人有物有权，保证基层事情基层办、基层权力给基层、基层事情有人办。

答：人随事转。

24.《意见》明确，完善______工作人员待遇保障机制，采取有效措施，进一步调动基层干部队伍积极性，激励担当作为、干事创业。

答：事业单位。

25.《意见》明确，建立健全乡镇和街道机构______、“多对一”的制度机制，理顺与县直部门的工作对接、请示汇报和沟通衔接关系。

答：“一对多”。

26.《意见》明确，严格乡镇和街道______管理，具体由省级党委研究确定。

答：机构限额。

27.《意见》明确，探索建立乡镇和街道职责准入制度，县级职能部门将______内的行政事务委托或交由乡镇和街道承担的，需审核报批并充分听取基层意见。

答：职责范围。

28.《意见》明确，上级部门不得以签订“责任状”、分解下达指标、考核验收等方式，将______转嫁乡镇和街道承担。

答：工作责任。

29.《意见》明确，除中央和______明确要求外，各部门不得以任何形式对乡镇和街道设置“一票否决”事项。

答：省级党委。

30.《意见》明确，上级部门要积极支持基层改革创新，严禁对基层机构编制事项进行______，不得要求乡镇和街道对口______，不得要求在村（社区）设立机构和加挂牌子。

答：干预；设立机构。

31.《意见》明确，对不符合基层实际和发展需要的法律法规及政策规定要及时清理、修订、完善，为基层改革创新提供______支持。

答：制度。

32.《意见》明确，地方各级党委和政府要切实履行领导责任，践行以人民为中心的发展思想，全面贯彻______原则，把推进基层整合审批服务执法力量工作列入重要议事日程，结合本地区实际细化政策措施，作出统筹安排，不断完善服务基层、服务群众、服务民生的体制机制。做好与基层党的建设、乡村振兴、精准脱贫、新型城镇化等重点工作和相关改革的配套衔接，形成工作合力，增强改革______效应。

答："先立后破、不立不破"；整体。

第二十一节　国务院关于加强和规范事中事后监管的指导意见

1.《国务院关于加强和规范事中事后监管的指导意见》(以下简称《意见》)是什么时间印发的?

答：2019 年 9 月 6 日。

2.《意见》明确，加强和规范事中事后监管的基本原则是什么?

答：依法监管；公平公正；公开透明；分级分类；科学高效；寓管于服。

3.《意见》明确，夯实监管责任有哪"两个方面"要求?

答：明确监管对象和范围；厘清监管事权。

4.《意见》明确，明确监管对象和范围，具体要求是什么?

答：要严格按照法律法规和"三定"规定明确的监管职责和监管事项，依法对市场主体进行监管，做到监管全覆盖，杜绝监管盲区和真空。除法律法规另有规定外，各部门对负责审批或指导实施的行政许可事项，负责事中事后监管；实行相对集中行政许可权改革的，要加强审管衔接，把监管责任落到实处，确保事有人管、责有人负；对已经取消审批但仍需政府监管的事项，主管部门负责事中事后监管；对下放审批权的事项，要同时调整监管层级，确保审批监管权责统一；对审批改为备案的事项，主管部门要加强核查，对未经备案从事相关经营活动的市场主体依法予以查处；对没有专门执法力量的行业和领域，审批或主管部门可通过委托执法、联合执法等方式，会同相关综合执法部门查处违法违规行为，相关综合执法部门要积极予以支持。

5.《意见》明确，厘清监管事权，具体要求是什么？

答：各部门要充分发挥在规则和标准制定、风险研判、统筹协调等方面的作用，指导本系统开展事中事后监管。对涉及面广、较为重大复杂的监管领域和监管事项，主责部门要发挥牵头作用，相关部门要协同配合，建立健全工作协调机制。省级人民政府要统筹制定本行政区域内监管计划任务，指导和督促省级部门、市县级人民政府加强和规范监管执法；垂直管理部门要统筹制定本系统监管计划任务，并加强与属地政府的协同配合。市县级人民政府要把主要精力放在加强公正监管上，维护良好的市场秩序。

6.《意见》明确，健全监管规则和标准有哪“两个方面”要求？

答：健全制度化监管规则；加强标准体系建设。

7.《意见》明确，健全制度化监管规则，具体要求是什么？

答：各部门要围绕服务企业发展，分领域制订全国统一、简明易行的监管规则和标准，并向社会公开，以科学合理的规则标准提升监管有效性，降低遵从和执法成本。对边界模糊、执行弹性大的监管规则和标准，要抓紧清理规范和修订完善。要结合权责清单编制，在国家“互联网＋监管”系统监管事项目录清单基础上，全面梳理各级政府和部门职责范围内的监管事项，明确监管主体、监管对象、监管措施、设定依据、处理方式等内容，纳入国家“互联网＋监管”系统统一管理并动态更新，提升监管规范化、标准化水平。强化竞争政策的基础性地位，落实并完善公平竞争审查制度，加快清理妨碍全国统一市场和公平竞争的各种规定和做法。

8.《意见》明确，加强标准体系建设，具体要求是什么？

答：加快建立完善各领域国家标准和行业标准，明确市场主体应当执行的管理标准、技术标准、安全标准、产品标准，严格依照标准开展监管。精简整合强制性标准，重点加强安全、卫生、节能、环保等领域的标准建设，优化强制性标准底线。鼓励企业、社会团体制定高于强制性标准的标准，开展标准自我声明公开并承诺执行落实，推动有关产品、技术、质量、服务等标准与国际接轨互认。适应新经济新技术发展趋势，及时修订调整已有标准，加快新产业新业态标准的研究制定。加强质量认证体系建设，对涉及安全、健康、环保等方面的产品依法实施强制性认证。

9.《意见》明确，创新和完善监管方式有哪“六个方面”要求？

答：深入推进“互联网 + 监管”；提升信用监管效能；全面实施“双随机、一公开”监管；对重点领域实行重点监管；落实和完善包容审慎监管；依法开展案件查办。

10.《意见》明确，深入推进“互联网 + 监管”，具体要求是什么？

答：依托国家“互联网 + 监管”系统，联通汇聚全国信用信息共享平台、国家企业信用信息公示系统等重要监管平台数据，以及各级政府部门、社会投诉举报、第三方平台等数据，加强监管信息归集共享，将政府履职过程中形成的行政检查、行政处罚、行政强制等信息以及司法判决、违法失信、抽查抽检等信息进行关联整合，并归集到相关市场主体名下。充分运用大数据等技术，加强对风险的跟踪预警。探索推行以远程监管、移动监管、预警防控为特征的非现场监管，提升监管精准化、智能化水平。

11.《意见》明确，提升信用监管效能，具体要求是什么？

答：以统一社会信用代码为标识，依法依规建立权威、统一、可查询的市场主体信用记录。大力推行信用承诺制度，将信用承诺履行情况纳入信用记录。推进信用分级分类监管，依据企业信用情况，在监管方式、抽查比例和频次等方面采取差异化措施。规范认定并设立市场主体信用“黑名单”，建立企业信用与自然人信用挂钩机制，强化跨行业、跨领域、跨部门失信联合惩戒，对失信主体在行业准入、项目审批、获得信贷、发票领用、出口退税、出入境、高消费等方面依法予以限制。建立健全信用修复、异议申诉等机制。在保护涉及公共安全、国家秘密、商业秘密和个人隐私等信息的前提下，依法公开在行政管理中掌握的信用信息，为社会公众提供便捷高效的信用查询服务。

12.《意见》明确，全面实施“双随机、一公开”监管，具体要求是什么？

答：在市场监管领域全面实行随机抽取检查对象、随机选派执法检查人员、抽查情况及查处结果及时向社会公开，除特殊行业、重点领域外，原则上所有日常涉企行政检查都应通过“双随机、一公开”的方式进行。不断完善“双随机、一公开”监管相关配套制度和工作机制，健全跨部门随机抽查事项清单，将更多事项纳入跨部门联合抽查范围。将随机抽查的比例频次、被抽查概率与抽查对象的信用等级、风险程度挂钩，对有不良信用记录、风险高的要加大抽查力度，对信用较好、风险较低的可适当减少抽查。抽查结果要分别通过国家企业信用信息公示系统、“信用中国”网站、国家“互联网+监管”系统等全面进行公示。

13.《意见》明确，对重点领域实行重点监管，具体要求是什么?

答: 对直接涉及公共安全和人民群众生命健康等特殊重点领域，依法依规实行全覆盖的重点监管，强化全过程质量管理，加强安全生产监管执法，严格落实生产、经营、使用、检测、监管等各环节质量和安全责任，守住质量和安全底线。对食品、药品、医疗器械、特种设备等重点产品，建立健全以产品编码管理为手段的追溯体系，形成来源可查、去向可追、责任可究的信息链条。地方各级政府可根据区域和行业风险特点，探索建立重点监管清单制度，严格控制重点监管事项数量，规范重点监管程序，并筛选确定重点监管的生产经营单位，实行跟踪监管、直接指导。

14.《意见》明确，落实和完善包容审慎监管，具体要求是什么?

答: 对新技术、新产业、新业态、新模式，要按照鼓励创新原则，留足发展空间，同时坚守质量和安全底线，严禁简单封杀或放任不管。加强对新生事物发展规律研究，分类量身定制监管规则和标准。对看得准、有发展前景的，要引导其健康规范发展；对一时看不准的，设置一定的“观察期”，对出现的问题及时引导或处置；对潜在风险大、可能造成严重不良后果的，严格监管；对非法经营的，坚决依法予以查处。推进线上线下一体化监管，统一执法标准和尺度。

15.《意见》明确，依法开展案件查办，具体要求是什么?

答: 对监管中发现的违法违规问题，综合运用行政强制、行政处罚、联合惩戒、移送司法机关处理等手段，依法进行惩处。对情节轻微、负面影响较小的苗头性问题，在坚持依法行政的同时，主要采取约谈、警告、责令改正等措施，及时予以纠正。对情节和后果严重的，要依法责令下架召回、停工停产或撤销吊销相关证照，涉及犯罪的要及时移送司法机关处理。建立完善违法严惩制度、惩罚性赔偿和巨额罚款制度、终身禁入机制，让严重违法者付出高昂成本。

16.《意见》明确，构建协同监管格局有哪“四个方面”要求?

答: 加强政府协同监管；强化市场主体责任；提升行业自治水平；发挥社会监督作用。

17.《意见》明确，加强政府协同监管，具体要求是什么？

答：加快转变传统监管方式，打破条块分割，打通准入、生产、流通、消费等监管环节，建立健全跨部门、跨区域执法联动响应和协作机制，实现违法线索互联、监管标准互通、处理结果互认。深化市场监管、生态环境保护、交通运输、农业、文化市场综合行政执法改革，在其他具备条件的领域也要积极推进综合行政执法改革，统筹配置行政处罚职能和执法资源，相对集中行政处罚权，整合精简执法队伍，推进行政执法权限和力量向基层乡镇街道延伸下沉，逐步实现基层一支队伍管执法，解决多头多层重复执法问题。

18.《意见》明确，强化市场主体责任，具体要求是什么？

答：建立完善市场主体首负责任制，促使市场主体在安全生产、质量管理、营销宣传、售后服务、诚信纳税等方面加强自我监督、履行法定义务。督促涉及公众健康和安全等的企业建立完善内控和风险防范机制，落实专人负责，强化员工安全教育，加强内部安全检查。规范企业信息披露，进一步加强年报公示，推行“自我声明＋信用管理”模式，推动企业开展标准自我声明和服务质量公开承诺。加快建立产品质量安全事故强制报告制度，切实保障公众知情权。

19.《意见》明确，提升行业自治水平，具体要求是什么？

答：推动行业协会商会建立健全行业经营自律规范、自律公约和职业道德准则，规范会员行为。鼓励行业协会商会参与制定国家标准、行业规划和政策法规，制定发布行业产品和服务标准。发挥行业协会商会在权益保护、纠纷处理、行业信用建设和信用监管等方面的作用，支持行业协会商会开展或参与公益诉讼、专业调解工作。规范行业协会商会收费、评奖、认证等行为。

20.《意见》明确，发挥社会监督作用，具体要求是什么？

答：建立“吹哨人”、内部举报人等制度，对举报严重违法违规行为和重大风险隐患的有功人员予以重奖和严格保护。畅通群众监督渠道，整合优化政府投诉举报平台功能，力争做到“一号响应”。依法规范牟利性“打假”和索赔行为。培育信用服务机构，鼓励开展信用评级和第三方评估。发挥会计、法律、资产评估、认证检验检测、公证、仲裁、税务等专业机构的监督作用，在监管执法中更多参考专业意见。强化舆论监督，持续曝光典型案件，震慑违法行为。

21.《意见》明确，提升监管规范性和透明度有哪“三个方面”要求？

答：规范涉企行政检查和处罚；全面推进监管执法公开；健全尽职免责、失职问责办法。

22.《意见》明确，健全尽职免责、失职问责办法，具体要求是什么？

答：全面落实行政执法责任制和问责制，促进监管执法部门和工作人员履职尽责、廉洁自律、公平公正执法。对忠于职守、履职尽责的，要给予表扬和鼓励；对未履行、不当履行或违法履行监管职责的，严肃追责问责；涉嫌犯罪的，移送有关机关依法处理。加快完善各监管执法领域尽职免责办法，明确履职标准和评判界线，对严格依据法律法规履行监管职责、监管对象出现问题的，应结合动机态度、客观条件、程序方法、性质程度、后果影响以及挽回损失等情况进行综合分析，符合条件的要予以免责。

23.《意见》明确，强化组织保障有哪“三个方面”要求？

答：认真抓好责任落实；加强法治保障；加强监管能力建设。

第二十二节　国务院办公厅关于全面推行证明事项和涉企经营许可事项告知承诺制的指导意见

1.《国务院办公厅关于全面推行证明事项和涉企经营许可事项告知承诺制的指导意见》(以下简称《意见》)是什么时间印发的？

答：2020年10月27日。

2.《意见》明确，全面推行证明事项和涉企经营许可事项告知承诺制的基本原则是什么？

答：坚持问题导向；坚持高效便民；坚持协同推进；坚持风险可控。

3.《意见》明确，坚持问题导向原则的具体要求是什么？

答：以方便企业和群众办事创业为导向，聚焦企业和群众办事创业的“堵点”“痛点”，切实解决企业和群众办证多、办事难等问题。

4.《意见》明确，坚持高效便民原则的具体要求是什么？

答：以社会普遍关注的领域和事项为重点，优化办事流程，完善便民服务措施，进一步提高工作的针对性、实效性，力戒形式主义、官僚主义。

5.《意见》明确，坚持协同推进原则的具体要求是什么?

答: 加强与政务信息资源共享、信用体系建设、“互联网 + 政务服务”等工作的衔接，充分发挥叠加效应，形成协同推进的体制机制。

6.《意见》明确，全面推行证明事项和涉企经营许可事项告知承诺制的工作目标是什么?

答: 在各级行政机关或者法律法规授权的具有管理公共事务职能的组织（以下统称行政机关）办理行政许可、行政确认、行政给付等依申请的行政事项（以下简称行政事项）要求提供证明材料时实行证明事项告知承诺制，在行政机关办理涉企经营许可事项时实行告知承诺制，以行政机关清楚告知、企业和群众诚信守诺为重点，推动形成标准公开、规则公平、预期明确、各负其责、信用监管的治理模式，从制度层面进一步解决企业和群众办证多、办事难等问题。

7.《意见》明确，全面推行证明事项和涉企经营许可事项告知承诺制主要任务有哪“七个方面”?

答: 明确实行告知承诺制的证明事项；明确实行告知承诺制的涉企经营许可事项范围；确定告知承诺制的适用对象；规范告知承诺制工作流程；加强事中事后核查；加强信用监管；强化风险防范措施。

8.《意见》所称证明是指什么?

答: 是指公民、法人和其他组织在依法向行政机关申请办理行政事项时，提供的需要由行政机关或者其他机构出具、用以描述客观事实或者表明符合特定条件的材料。

9.《意见》明确，证明事项告知承诺制是指什么?

答: 是指公民、法人和其他组织在向行政机关申请办理行政事项时，行政机关以书面形式（含电子文本，下同）将证明义务、证明内容以及不实承诺的法律责任一次性告知申请人，申请人书面承诺已经符合告知的相关要求并愿意承担不实承诺的法律责任，行政机关不再索要有关证明并依据书面承诺办理相关行政事项的工作机制。

10.《意见》明确，要按照______原则，有针对性地选取与企业和群众生产生活密切相关、使用频次较高或者______的证明事项实行告知承诺制，特别是在户籍管理、市场主体准营、______、______、______、健康体检、法律服务等方面，要抓紧推行、尽快落实。直接涉及国家安全、国家秘密、公共安全、金融业审慎监管、生态环境保护，直接关系人身健康、生命财产安全，以及重要涉外等______、______、______的证明事项不适用告知承诺制。

答：最大限度利民便民；获取难度较大；资格考试；社会保险；社会救助；风险较大；纠错成本较高；损害难以挽回。

11.《意见》明确，对涉企经营许可事项，申请人就其符合许可条件作出承诺，通过事中事后监管能够纠正不符合许可条件行为、______的，实行告知承诺制。

答：有效防范风险。

12.《意见》明确，______设定的涉企经营许可事项实行告知承诺制的，由国务院审改办会同国务院有关部门研究提出建议，报国务院批准。地方性法规、地方政府规章设定的涉企经营许可事项实行告知承诺制的，由省、自治区、直辖市或者设区的市、自治州审改办会同有关部门研究提出建议，报______批准。涉及法律法规规章调整的，要依法获得______，推动相关法律法规规章立改废释。涉企经营许可事项以外的行政许可事项，可参照______实行告知承诺制。

答：法律、行政法规、国务院决定；本级人民政府；授权；《意见》。

13.《意见》明确，对于实行告知承诺制的证明事项和涉企经营许可事项，申请人可______是否采用告知承诺制方式办理。申请人不愿承诺或者无法承诺的，应当提交法律法规或者国务院决定要求的______，或者按照一般程序办理涉企经营许可事项。申请人有较严重的不良信用记录或者存在曾作出______等情形的，在信用修复前不适用告知承诺制。

答：自主选择；证明；虚假承诺。

14.《意见》明确，要公布实行告知承诺制的证明事项和涉企经营许可事项______，按照全面准确、权责清晰、通俗易懂的要求，科学编制告知承诺制工作规程，修改完善办事指南，制作______。告知承诺制办事指南、告知承诺书格式文本要通过相关服务场所、网站和全国一体化政务服务平台等渠道公布，方便申请人查阅、索取或者______。

答：目录；告知承诺书格式文本；下载。

15.《意见》明确，书面告知的内容应当包括事项名称，设定依据，证明内容或者许可条件和______要求，承诺方式，不实承诺可能承担的民事、行政、刑事责任，行政机关核查权力，承诺书是否公开、公开范围及时限等。要坚持实事求是，相关要求要可量化、易操作，不含模糊表述或______。书面承诺的内容应当包括申请人已知晓告知事项、已符合______、愿意承担不实承诺的法律责任以及承诺的意思表示______等。

答：材料；兜底条款；相关条件；真实。

16.《意见》明确，涉企经营许可事项实行告知承诺制的，如申请人自愿签署告知承诺书并按要求提交材料，行政机关应当______作出行政许可决定。实行告知承诺制的涉企经营许可事项，其许可材料同时实行证明事项告知承诺制的，要______告知和承诺，按涉企经营许可事项告知承诺制程序办理。对有关告知承诺制的投诉举报要______。

答：当场；一次性；及时处理。

17.《意见》明确，要针对事项特点等分类确定核查办法，将承诺人的______作为确定核查办法的重要因素，明确核查时间、标准、方式以及是否______。对免予核查的事项，行政机关要综合运用“双随机、一公开”监管、重点监管、“互联网 + 监管”、智慧监管等方式实施日常监管，不得对通过告知承诺制方式办理的企业和群众采取______监管措施。对在核查或者日常监管中发现承诺不实的，行政机关要依法终止办理、责令限期整改、撤销______或者予以______，并纳入信用记录。涉嫌犯罪的，依法移送______。

答：信用状况；免予核查；歧视性；行政决定；行政处罚；司法机关。

18.《意见》明确，______要认真贯彻落实《国务院关于在线政务服务的若干规定》。国务院各部门要及时解决部门与省、自治区、直辖市人民政府间政务信息资源共享不畅问题，各地区要扎实推进本地区政务信息共享工作，依托全国一体化政务服务平台等实现跨地区、跨部门、跨层级数据共享和业务协同，建立告知承诺制在线______体系。

答：各地区、各部门；核查支撑。

19.《意见》明确，确需进行现场核查的，要依托“互联网＋监管”平台和应用程序等，将承诺情况及时准确推送给______，为一线监管执法提供信息支撑，同时要优化工作程序、加强业务协同，避免烦企扰民。相关数据尚未实现网络共享、难以通过上述方式核查的，可以请求其他行政机关______，被请求协助的行政机关应当及时履行______义务，不得推诿或者拒绝。确有原因不能提供协助的，应当书面告知请求协助的行政机关并______。

答：有关监管人员；协助核查；协助；说明理由。

20.《意见》明确，要梳理工作环节______，制定______措施，切实提高风险防范能力。要加强行政指导，强化告知和______义务。建立承诺退出机制，在行政事项办结前，申请人有合理理由的，可以撤回承诺申请，撤回后应当按______办理。

答：风险点；防控；指导；原程序。

21.《意见》明确，对涉及社会公共利益、______或者______难度较大的证明事项和涉企经营许可事项，行政机关要根据政府信息公开等规定，通过相关服务场所、网站和全国一体化政务服务平台等向社会公开告知承诺书，接受社会监督。具备条件的地区和部门可以探索建立事前信用预警系统，对申请人进行______评估，加强事前风险防控。对涉及经济利益价值较高、事中事后核查难度较大的事项，可以探索引入______制度，降低实行告知承诺制可能引发的行政赔偿风险。

答：第三人利益；核查；信用；责任保险。

22.《意见》明确，______要切实加强对本地区、本部门全面推行告知承诺制工作的领导，抓好组织实施。地方各级人民政府及其部门的______作为本地区、本部门全面推行告知承诺制工作的第一责任人，要及时了解掌握有关工作情况，研究解决工作中的重大问题，确保工作有方案、部署有进度、推进有举措、结果有______。

答：各地区、各部门；主要负责同志；考核。

23.《意见》明确，县级以上地方人民政府要建立审改、司法行政、政务服务、信息公开、电子政务、发展改革、公安、财政、税务、市场监管等单位参加的全面推行告知承诺制工作协调机制，明确牵头单位，指导协调、督促检查工作推进情况。国务院各部门要切实做到______、以上带下，加强对本系统全面推行告知承诺制工作的督促指导，及时研究解决本部门、本系统推行告知承诺制过程中遇到的问题，在本系统内适时复制推广全面推行告知承诺制的典型经验做法。同时，及时建章立制，加强______建设。

答：率先推行；制度。

24.《意见》明确，要组织开展告知承诺制学习培训，加强______。要加强对全面推行告知承诺制的宣传，通过报刊、广播、电视、互联网等渠道，全方位宣传全面推行告知承诺制的重要意义、主要做法、典型经验和实施效果等，发挥示范带动作用，合理引导社会预期，及时回应社会关切，为全面推行告知承诺制营造良好社会氛围。

答：业务交流。

25.《意见》明确，要把全面推行告知承诺制工作推进情况纳入法治政府建设考评指标体系和______考核体系，列为年度法治政府建设督察内容，充分调动各方面积极性、主动性。对工作中表现突出、企业和群众评价满意度高的单位及人员，要按照国家有关规定予以______和奖励。建立督察情况通报制度，对工作中违纪违法的单位及人员要______。按照“权责一致、尽职免责、失职追责”原则，建立健全改革______机制，属于合理容错情形的，对相关单位及人员依纪依法______相关责任或者减轻、从轻处理。

答：年底效能目标；表彰；依纪依法问责；容错；免除。

第二十三节　国务院关于进一步贯彻实施《中华人民共和国行政处罚法》的通知

1.《国务院关于进一步贯彻实施〈中华人民共和国行政处罚法〉的通知》（以下简称《通知》）是什么时间印发的?

答: 2021 年 11 月 15 日。

2.《通知》明确，贯彻实施行政处罚法的重要意义有哪些?

答: 行政处罚法是规范政府行为的一部重要法律。贯彻实施好新修订的行政处罚法，对推进严格规范公正文明执法，保障和监督行政机关有效实施行政管理，优化法治化营商环境，保护公民、法人或者其他组织的合法权益，加快法治政府建设，推进国家治理体系和治理能力现代化，具有重要意义。新修订的行政处罚法体现和巩固了近年来行政执法领域取得的重大改革成果，回应了当前的执法实践需要，明确了行政处罚的定义，扩充了行政处罚种类，完善了行政处罚程序，强化了行政执法责任。各地区、各部门要从深入学习贯彻习近平法治思想，加快建设法治国家、法治政府、法治社会的高度，充分认识新修订的行政处罚法施行的重要意义，采取有效措施，作出具体部署，扎实做好贯彻实施工作。

3.《通知》明确，各地区、各部门要将行政处罚法宣传纳入本地区、本部门的______规划，面向社会广泛开展宣传，增强全民法治观念，提高全民守法意识，引导各方面______行政处罚行为、维护自身合法权益。要按照“谁执法谁普法”普法责任制的要求，落实有关属地管理责任和部门主体责任，深入开展行政执法人员、行政复议人员等______活动。

答:“八五”普法；监督；以案释法。

4.《通知》明确，起草法律、法规、规章草案时，对违反行政管理秩序的公民、法人或者其他组织，以减损权益或者增加义务的方式实施______的，要依法设定行政处罚，不得以其他行政管理措施的名义______设定，规避行政处罚设定的要求。对上位法设定的行政处罚作出具体规定的，不得通过______违反行政管理秩序的行为和行政处罚种类、在法定幅度之外调整罚款______等方式层层加码或者“立法放水”。

答：惩戒；变相；增减；上下限。

5.《通知》明确，对现行法律、法规、规章中的行政管理措施是否属于行政处罚有争议的，要依法及时予以______或者提请有权机关解释答复。

答：解释答复。

6.《通知》明确，根据行政处罚法规定，尚未制定法律、行政法规的，国务院部门规章对违反行政管理秩序的行为，可以按照______规定的限额设定一定数额的罚款。

答：国务院。

7.《通知》明确，尚未制定法律、行政法规，因行政管理迫切需要依法先以部门规章设定罚款的，设定的罚款数额最高不得超过______元，且不得超过法律、行政法规对相似违法行为的罚款数额，涉及公民生命健康安全、金融安全且有______的，设定的罚款数额最高不得超过______元。超过上述限额的，要报______批准。上述情况下，部门规章实施一定时间后，需要______其所设定的罚款且需要上升为法律、行政法规的，有关部门要及时报请国务院提请全国人大及其常委会制定法律，或者提请国务院制定行政法规。

答：10万；危害后果；20万；国务院；继续实施。

8.《通知》明确，国务院部门和______要认真落实行政处罚定期评估制度，结合立法计划规划每______分类、分批组织一次评估。对评估发现有不符合上位法规定、不适应经济社会发展需要、明显______、缺乏______和实用性等情形的行政处罚规定，要及时按照立法权限和程序自行或者建议有权机关予以修改、废止。

答：省、自治区、直辖市人民政府及其有关部门；5年；过罚不当；针对性。

9.《通知》明确，要加强行政规范性文件合法性审核，行政规范性文件不得设定______。违法规定行政处罚的，相关规定______，不得作为行政处罚依据。

答：行政处罚；一律无效。

10.《通知》明确，行政机关要坚持执法为民，通过行政处罚预防、纠正和惩戒违反行政管理秩序的行为，维护公共利益和社会秩序，保护公民、法人或者其他组织的合法权益，不得违法实施行政处罚，不得为了______而处罚，坚决杜绝逐利执法，严禁下达______。

答：处罚；罚没指标。

11.《通知》明确，财政部门要加强对罚缴分离、收支两条线等制度实施情况的监督，会同______等部门按规定开展专项监督检查。

答：司法行政。

12.《通知》明确，要持续规范行政处罚行为，推进事中事后监管法治化、制度化、规范化，坚决避免______执法等执法乱象。

答：运动式。

13.《通知》明确，各地区、各部门要严格遵守法定程序，结合实际制定、修改行政处罚什么制度，确保行政处罚法的有关程序要求落到实处？

答：配套。

14.《通知》明确，要进一步完善地域管辖、职能管辖等规定，建立健全管辖争议______机制。两个以上行政机关属于同一主管部门，发生行政处罚管辖争议、协商不成的，由______指定管辖。两个以上行政机关属于不同主管部门，发生行政处罚管辖争议、协商不成的，______要会同有关单位进行协调，在本级人民政府领导下做好指定管辖工作。

答：解决；共同的上一级主管部门；司法行政部门。

15.《通知》明确，要建立健全立案制度、完善立案______，对违反行政管理秩序的行为，按规定及时立案并严格遵守______时限要求，确保案件得到及时有效查处。确需通过立法对办案期限作出______规定的，要符合有利于及时查清案件事实、尽快纠正违法行为、______行政管理秩序的要求。

答：标准；办案；特别；迅速恢复正常。

16.《通知》明确，要建立健全行政处罚听证程序规则，细化听证范围和流程，严格落实根据______作出行政处罚决定的规定。

答: 听证笔录。

17.《通知》明确，要逐步提高送达地址确认书的利用率，细化电子送达工作流程，大力推进通过______缴纳罚款，加强信息安全保障和技术支撑。

答: 电子支付系统。

18.《通知》明确，行政机关设置电子技术监控设备要确保符合标准、设置合理、标志明显，严禁违法要求当事人承担或者分摊______，严禁交由市场主体设置电子技术监控设备并由市场主体直接或者间接收取______。

答: 设置电子技术监控设备的费用；罚款。

19.《通知》明确，除有证据证明当事人存在破坏或者恶意干扰电子技术监控设备、伪造或者篡改数据等______的，不得因______给予其行政处罚。

答: 过错；设备不正常运行。

20.《通知》明确，要严格限制电子技术监控设备收集信息的使用范围，不得______或者向他人非法提供。

答: 泄露。

21.《通知》明确，各地区、各部门要全面推行行政裁量基准制度，规范行政处罚裁量权，确保______，防止畸轻畸重。

答: 过罚相当。

22.《通知》明确，要加大______、______、自然资源、生态环境、安全生产、劳动保障等关系群众切身利益的重点领域执法力度。

答: 食品药品；公共卫生。

23.《通知》明确，发生重大传染病疫情等突发事件，行政机关对违反突发事件应对措施的行为依法快速、从重处罚时，也要______。

答: 依法合理保护当事人的合法权益。

24.《通知》明确，各地区、各部门要细化______制度，依法合理保护利害关系人的合法权益。当事人______，消除或者减轻违法行为危害后果的，依法予以从轻或者减轻行政处罚。

答：责令退赔违法所得；主动退赔。

25.《通知》明确，要全面贯彻落实《行政执法机关移送涉嫌犯罪案件的规定》，加强行政机关和司法机关协调配合，按规定畅通案件移送渠道，完善案件移送______和证据______保全、信息共享、工作协助等机制，统筹解决涉案物品______和______等问题。积极推进行政执法与刑事司法衔接______建设。对______等，情节严重构成犯罪的，依法追究刑事责任。

答：标准；认定；归口处置；检验鉴定；信息平台；有案不移。

26.《通知》明确，省、自治区、直辖市人民政府要统筹协调推进综合行政执法改革工作，建立健全配套制度，组织编制并公开本地区什么清单?

答：综合行政执法事项。

27.《通知》明确，有条件的地区可以在统筹考虑综合性、______以及防范风险的基础上，积极稳妥探索开展更大范围、更多领域集中行使行政处罚权以及与之相关的行政检查权、行政强制权。

答：专业性。

28.《通知》明确，建立健全综合行政执法机关与业务主管部门、其他行政机关行政执法信息互联互通共享、______工作机制。同时实施相对集中行政许可权和行政处罚权的，要建立健全相关制度机制，确保有序衔接，防止出现______。

答：协作配合；监管真空。

29.《通知》明确，省、自治区、直辖市根据当地实际情况，采取授权、委托、______等方式向______的乡镇人民政府、街道办事处赋权，要注重听取基层意见，关注基层需求，积极稳妥、科学合理下放行政处罚权，成熟一批、下放一批，确保放得下、接得住、管得好、有监督。要定期组织______，需要调整的及时调整。

答：相对集中行政处罚权；能够有效承接；评估。

30.《通知》明确，______要加强对乡镇人民政府、街道办事处行政处罚工作的组织协调、业务指导、执法监督，建立健全______等配套制度，持续开展业务培训，研究解决实际问题。乡镇人民政府、街道办事处要不断加强______建设，依法实施行政处罚。

答：有关市、县级人民政府及其部门；评议考核；执法能力。

31.《通知》明确，委托行政处罚要有______依据，严格依法采用书面委托形式，委托行政机关和受委托组织要将委托书向社会公布。

答：法律、法规、规章。

32.《通知》明确，对已经委托行政处罚，但是不符合行政处罚法要求的，要______。不符合书面委托规定、确需继续实施的，要依法及时______。委托行政机关要向本级人民政府或者实行垂直管理的上级行政机关备案______，______等部门要加强指导、监督。

答：及时清理；完善相关手续；委托书；司法行政。

33.《通知》明确，逐步完善联合执法机制，复制推广______经验，探索推行多个行政机关同一时间、针对同一执法对象开展联合检查、调查，防止执法扰民。

答：“综合查一次”。

34.《通知》明确，要健全行政处罚协助制度，明确协助的______、时限要求、工作程序等内容。对其他行政机关请求协助、属于______范围内的事项，要积极履行协助职责，不得无故拒绝、拖延。无正当理由拒绝、拖延的，由上级行政机关______，对相关责任人员依法依规予以处理。

答：实施主体；自身职权；责令改正。

35.《通知》明确，要综合运用大数据、物联网、云计算、区块链、人工智能等技术，先行推进______行政处罚事项协助，实现违法线索互联、监管标准互通、处理结果互认。

答：高频。

36.《通知》明确，有关地区可积极探索______执法一体化合作的制度机制，建立健全行政处罚预警通报机制，完善管辖、调查、执行等方面的制度机制，为全国提供可复制推广的经验。

答：跨区域。

37.《通知》明确，要加快建设省市县乡四级全覆盖的行政执法协调监督工作体系，创新监督方式，强化______、______监督，提升行政执法质量。

答：全方位；全流程。

38.《通知》明确，要完善执法人员资格管理、执法行为动态监测、行政处罚案卷评查、重大问题调查督办、责任追究等制度机制，更新行政处罚______，完善办案信息系统，加大对行政处罚的______监督力度，切实整治______、______、______、______、______等顽瘴痼疾，发现问题及时整改。对行政处罚实施过程中出现的同类问题，及时研究______。

答：文书格式文本；层级；有案不立；有案不移；久查不结；过罚不当；怠于执行；规范。

39.《通知》明确，要完善评议考核、统计分析制度，不得以处罚数量、罚没数额等指标作为______。

答：主要考核依据。

40.《通知》明确，要综合评估行政处罚对维护经济社会秩序，保护公民、法人或者其他组织合法权益，提高政府管理效能的作用，探索建立行政处罚什么制度？

答：绩效评估。

41.《通知》明确，各级人民政府要不断加强行政执法协调监督队伍建设，确保______、工作条件、能力水平与工作任务相适应。

答：力量配备。

42.《通知》明确，______要把贯彻实施好新修订的行政处罚法作为当前和今后一段时期加快建设法治政府的重要抓手，切实加强和改进相关行政立法，规范行政执法，强化行政执法监督，不断提高依法行政的能力和水平。

答：各地区、各部门。

43.《通知》明确，此前发布的国务院文件有关规定与《通知》不一致的，以______为准。

答：《通知》。

第二十四节　国务院办公厅关于全面实行行政许可事项清单管理的通知[①]

1.《国务院办公厅关于全面实行行政许可事项清单管理的通知》（以下简称《通知》）是什么时间印发的？

答：2022 年 1 月 10 日。

2.《通知》明确，全面实行行政许可事项清单管理的工作目标是什么？

答：2022 年底前，构建形成全国统筹、分级负责、事项统一、权责清晰的行政许可事项清单体系，编制并公布国家、省、市、县四级行政许可事项清单，将依法设定的行政许可事项全部纳入清单管理，清单之外一律不得违法实施行政许可。对清单内事项逐项编制完成行政许可实施规范，大幅提升行政许可标准化水平，“十四五”时期基本实现同一事项在不同地区和层级同要素管理、同标准办理。

---

① 清单印发后，根据党中央、国务院决策部署，一些法律法规作了修订，有的机构职能发生调整，涉及清单中的部分行政许可事项，有关部门已经依法依规施行。按照清单管理工作机制，国务院办公厅会同有关部门对行政许可事项调整情况进行汇总，修订形成《法律、行政法规、国务院决定设定的行政许可事项清单（2023 年版）》，并于 2023 年 2 月 28 日发布。

3.《通知》对明确清单编制责任是如何规定的?

答: 国务院审改办负责组织国务院有关部门编制《法律、行政法规、国务院决定设定的行政许可事项清单》，报国务院审定后向社会公布。县级以上地方人民政府牵头推进行政审批制度改革工作的机构（以下称审改牵头机构）负责组织梳理上级设定、本地区实施的行政许可事项和本地区地方性法规、省级政府规章设定的行政许可事项，编制本地区行政许可事项清单，报同级人民政府审定后向社会公布，并抄送上一级审改牵头机构。

4.《通知》对统一清单编制要求是如何规定的?

答: 各级行政许可事项清单应当逐项明确事项名称、主管部门、实施机关、设定和实施依据等基本要素。各地区行政许可事项清单中上级设定、本地区实施的事项及其基本要素，不得超出上级清单的范围，确保事项同源、统一规范。省、市、县三级清单应当于2022年底前编制完成。依托全国一体化政务服务平台，建设全国行政许可管理系统，将国家、省、市、县级行政许可事项清单全部纳入系统管理。

5.《通知》对及时动态调整清单是如何规定的?

答: 法律、法规、规章草案拟新设或者调整行政许可的，起草部门应当充分研究论证，并在起草说明中专门作出说明；司法行政部门在草案审查阶段，应当征求同级审改牵头机构意见。行政许可正式实施前，有关部门应当提出调整行政许可事项清单的申请，审改牵头机构应当及时进行调整，行政许可实施机关做好实施前准备。因深化行政审批制度改革需要动态调整行政许可事项清单的，参照上述程序办理。上级清单作出动态调整的，下级清单要及时相应调整。

6.《通知》对做好有关清单衔接是如何规定的?

答: 市场准入负面清单、政务服务事项基本目录、“互联网+监管”事项清单、投资项目审批事项清单、工程建设项目审批事项清单等中涉及的行政许可事项，应当严格与行政许可事项清单保持一致并做好衔接。行政许可事项清单调整的，有关清单要适时作出相应调整。健全审改牵头机构与其他清单主管部门的沟通协调机制，协同做好清单内容对接匹配。

7.《通知》对科学制定行政许可实施规范是如何规定的?

答: 对清单内的行政许可事项要逐项制定实施规范，结合实施情况确定子项、办理项，明确许可条件、申请材料、中介服务、审批程序、审批时限、收费、许可证件、数量限制、年检年报等内容，并向社会公布。法律、行政法规、国务院决定设定的行政许可事项原则上由国务院有关部门制定实施规范。对各地区实施规范存在差异、影响跨区域通办的事项，国务院有关部门要研究提出解决方案，制定衔接办法。地方性法规、省级政府规章设定的行政许可事项，由省级、设区的市级人民政府有关部门制定实施规范。

8.《通知》对依法依规实施行政许可是如何规定的?

答: 行政许可实施机关要依照行政许可实施规范制定办事指南，并向社会公布。办事指南一经公布，必须严格遵照执行，不得随意增加许可条件、申请材料、中介服务、审批环节、收费、数量限制等，不得超时限办理行政许可，但可以作出有利于行政相对人的合理优化调整。在严格执行办事指南的同时，各地区、各部门要按照政务服务标准化、规范化、便利化要求，通过推行告知承诺、集成服务、一网通办、跨省通办等改革措施，更好满足企业和群众办事需求。

9.《通知》对严肃清查整治变相许可是如何规定的?

答: 各地区、各部门要严格落实清单之外一律不得违法实施行政许可的要求，大力清理整治变相许可。在行政许可事项清单之外，有关行政机关和其他具有管理公共事务职能的组织以备案、证明、目录、计划、规划、指定、认证、年检等名义，要求行政相对人经申请获批后方可从事特定活动的，应当认定为变相许可，要通过停止实施、调整实施方式、完善设定依据等予以纠正。

10.《通知》对依托清单明确监管重点是如何规定的?

答: 行政许可事项清单是完善事前事中事后全链条全领域监管的重要基础。对列入清单的事项，各地区、各部门要充分评估实际情况和风险隐患，科学划分风险等级，明确监管重点环节，实施有针对性、差异化的监管政策，提升监管的精准性和有效性。其中，对直接涉及公共安全、公众健康，以及潜在风险大、社会风险高的重点领域，要依法依规重点监管，守牢质量和安全底线。与行政许可事项对应的监管事项，要纳入“互联网+监管”平台监管事项动态管理系统。

11.《通知》就对清单内事项逐项明确监管主体是如何规定的?

答: 严格依照法律法规和“三定”规定，确定监管主体；法律法规和“三定”规定未明确监管职责的，按照“谁审批、谁监管，谁主管、谁监管”的原则，确定监管主体。实行相对集中行政许可权改革的地区，按照改革方案确定监管职责。对多部门共同承担监管职责的事项，行业主管部门应当会同相关部门实施综合监管。有关部门之间就监管主体存在争议的，报同级人民政府决定。

12.《通知》对结合清单完善监管规则标准是如何规定的?

答: 对于法律、行政法规、国务院决定设定的行政许可事项，国务院有关部门要逐事项或者分领域制定并公布全国统一、简明易行、科学合理的监管规则和标准。地方性法规、省级政府规章设定的行政许可事项，由省级、设区的市级人民政府有关部门制定并公布监管规则和标准。实行相对集中行政许可权改革的地区，要明晰审管边界，强化审管互动，确保无缝衔接。对取消和下放的行政许可事项，要明确监管层级、监管部门、监管规则和标准，对用不好授权、履职不到位的要问责，坚决杜绝一放了之、只批不管等问题。

13.《通知》对加强组织领导是如何要求的?

答: 各地区、各部门要高度重视全面实行行政许可事项清单管理工作，加强统筹协调，配齐配强审改工作力量，及时研究解决清单管理和行政许可实施中的重大问题，推动工作落地落实。国务院审改办要加强对各地区、各部门行政许可事项清单管理工作的指导、协调和督促，及时总结推广典型经验和做法。

14.《通知》对强化监督问责是如何要求的?

答: 各级审改牵头机构要加强对行政许可事项清单实施情况的动态评估和全程监督。要畅通投诉举报渠道，依托“12345 政务服务便民热线”、政务服务“好差评”系统、政府门户网站等接受社会监督。针对违法违规编制清单、实施行政许可或者实施变相许可等问题，要主动加大监督力度，责成有关部门限期整改，情节严重的要依法依规严肃问责。

15.《通知》对探索清单多元化运用是如何要求的?

答: 要依托全国行政许可管理系统，汇总公布清单内行政许可事项的线上线下办理渠道，逐步完善清单事项检索、办事指南查询、网上办理导流、疑难问题咨询、投诉举报留言等服务功能，方便企业和群众办理行政许可和开展监督。结合行政许可事项清单，推动各地区、各部门行政许可业务系统与全国行政许可管理系统深度对接，实现数据及时交互共享，对行政许可全流程开展“智慧监督”。鼓励各地区创新行政许可事项清单应用场景，提升企业和群众获得感、满意度。

第二十五节 国务院办公厅关于深入推进跨部门综合监管的指导意见

1.《国务院办公厅关于深入推进跨部门综合监管的指导意见》(以下简称《意见》)是什么时间印发的?

答: 2023年1月13日。

2. 出台《意见》的目的是什么?

答: 为进一步加强跨部门综合监管,维护公平有序的市场环境,切实降低市场主体制度性交易成本,推动高质量发展。

3.《意见》明确,深入推进跨部门综合监管的指导思想是什么?

答: 以习近平新时代中国特色社会主义思想为指导,深入贯彻落实党的二十大精神,完整、准确、全面贯彻新发展理念,加快构建新发展格局,坚持统筹发展和安全,健全监管体制机制,完善监管制度框架,创新监管方式方法,对涉及多个部门、管理难度大、风险隐患突出的监管事项,建立健全跨部门综合监管制度,强化条块结合、区域联动,完善协同监管机制,提升监管的精准性和有效性,维护公平竞争的市场秩序,为加快建设全国统一大市场、推动高质量发展提供有力支撑。

4.《意见》明确,深入推进跨部门综合监管的基本原则是什么?

答: 坚持系统观念、统筹推进;坚持协同联动、务实高效;坚持问题导向、突出重点;坚持创新驱动、数字赋能。

5.《意见》明确,深入推进跨部门综合监管的主要目标是什么?

答: 2023年底前,建立跨部门综合监管重点事项清单管理和动态更新机制,在部分领域开展跨部门综合监管试点,按事项建立健全跨部门综合监管制度,完善各司其职、各负其责、相互配合、齐抓共管的协同监管机制。到2025年,在更多领域、更大范围建立健全跨部门综合监管制度,进一步优化协同监管机制和方式,大幅提升发现问题和处置风险能力,推动市场竞争更加公平有序、市场活力充分释放。

6.《意见》明确，健全跨部门综合监管体制机制有哪“四个方面”要求？

答： 确定跨部门综合监管事项清单；明确跨部门综合监管责任分工；完善跨部门综合监管制度规则；健全跨部门综合监管工作机制。

7.《意见》明确，确定跨部门综合监管事项清单，具体要求是什么？

答： 行业主管部门或法律法规规定的主管部门（以下统称行业主管部门）要会同相关监管部门梳理需实施跨部门综合监管的重点事项，对食品、药品、医疗器械、危险化学品、燃气、特种设备、建筑工程质量、非法金融活动等直接关系人民群众生命财产安全、公共安全和潜在风险大、社会风险高的重点领域及新兴领域中涉及多部门监管的事项，要积极开展跨部门综合监管。各省（自治区、直辖市）要明确本地区跨部门综合监管重点事项。2023 年底前，各地区各部门通过“互联网 + 监管”系统对跨部门综合监管重点事项实施清单管理和动态更新。

8.《意见》要求，明确跨部门综合监管责任分工，具体要求是什么？

答： 行业主管部门要会同相关监管部门依照法律法规、“三定”规定和权责清单，逐项明确跨部门综合监管事项责任分工。对行业主管部门不明确、监管边界模糊、监管责任存在争议的新产业新业态新模式，与之相关的各部门都要主动履职、密切配合，防止出现监管空白；同时，要按照领域归口、业务相近原则和新产业新业态新模式的主要行为特征，会同有关方面及时对其研判定性、明确监管职责。县级以上地方人民政府要全面落实属地监管责任，对本地区涉及多部门监管的事项，要结合地方机构设置和监管力量配置等情况确定监管部门和职责划分，确保事有人管、责有人负。对存在部门管辖争议的行政执法事项，各级司法行政部门要加强协调。

9.《意见》明确，完善跨部门综合监管制度规则，具体要求是什么？

答： 各地区各部门要强化监管政策的协同性、有效性和可操作性，既要防止出现监管漏洞，又要避免政策叠加造成不利影响。行业主管部门要会同相关监管部门加快推进跨部门综合监管制度建设，明确牵头单位、配合单位、监管规则和标准等，完善配套监管措施；对现行监管标准不一致、相互不衔接的制度规则，要抓紧修订完善。支持各地区实施综合监管“一业一册”告知制度，一类事项制定一册合规经营指南，一次性告知市场主体合规经营要求，稳定市场主体监管预期。

10.《意见》明确，健全跨部门综合监管工作机制，具体要求是什么？

答：行业主管部门要会同相关监管部门根据监管需要，建立健全协同高效的跨部门综合监管工作机制，明确议事会商、情况通报等工作要求，有效整合监管资源，统筹监管政策制定，督促监管责任落实，推动监管信息共享，组织联合执法检查。已建立相关工作机制的，要进一步完善运行规则，加强业务统筹，强化跨部门综合监管职能作用。县级以上地方人民政府要结合区域实际，分事项建立健全相关跨部门综合监管工作机制，加强统筹协调，推动解决突出问题，防范化解重大风险。

11.《意见》明确，完善跨部门综合监管协同方式有哪“四个方面”要求？

答：加强风险隐患跨部门联合监测；开展市场主体跨部门联合抽查检查；推进问题线索跨部门联合处置；积极开展跨部门联合信用监管。

12.《意见》明确，加强风险隐患跨部门联合监测，具体要求是什么？

答：聚焦问题多发和高风险领域，构建科学高效、多部门联动响应的风险隐患监测预警机制，实现风险隐患动态监测、科学评估、精准预警和及时处置。要依托“互联网＋监管”等现有信息系统，针对具体监管事项的风险特点，构建跨部门联合监测预警模型，建立健全预警指标体系和预警标准，明确预警信息推送规则，制定预警响应和处置预案。要利用信息技术手段全面提升监测感知能力，有效归集分析相关部门监管信息，及早发现和处置各类风险隐患。对重大预警信息要开展跨部门综合研判、协同处置。

13.《意见》明确，开展市场主体跨部门联合抽查检查，具体要求是什么？

答：高效统筹监管执法资源，大力精简整合检查事项，积极推行联合抽查检查，持续提升协同监管能力。两个以上部门对同一监管对象实施不同行政检查且可以同时开展的，原则上应实行跨部门联合检查。开展跨部门联合抽查检查一般应采取“双随机、一公开”监管方式，要结合监管对象信用等级和风险分类，不断优化组织方式，合理确定抽查比例、频次和参与部门等。发现涉及行业性、区域性违法违规行为或存在普遍性、多发性问题的，应及时组织开展跨部门联合检查或专项整治。

14.《意见》明确，推进问题线索跨部门联合处置，具体要求是什么？

答：不断拓宽问题线索收集渠道，通过 12345 政务服务便民热线、全国一体化在线监管平台以及行业协会、新闻媒体等多种渠道广泛收集问题线索，加强大数据分析，形成社会多元共治合力。建立健全问题线索分办、转办和查处工作机制，对涉及多部门监管职责的问题线索，及时转送相关部门协同开展核查，依法依规进行处理，既要做到应查必查、有效处置，又要防止多头检查、重复处罚。各部门在工作中发现属于其他部门监管职责的违法违规行为，要及时将线索等推送给相关部门，相关部门要及时进行调查处理。

15.《意见》明确，积极开展跨部门联合信用监管，具体要求是什么？

答：根据跨部门综合监管对象的属性和风险特点，积极探索符合行业监管需要的信用监管模式，充分发挥信用监管在配置监管资源、防范化解风险等方面的重要作用。行业主管部门要会同相关监管部门建立健全跨部门综合监管事项信用评价指标体系，明确分级分类标准及相应的协同监管措施。相关部门在注册登记、资质审核、日常监管、公共服务、执法办案过程中，要准确、全面记录市场主体信用行为，及时归集共享信用信息。发现存在违法失信行为的，要及时通报相关部门，依法开展失信惩戒。

16.《意见》明确，提升跨部门综合监管联动效能有哪“三个方面”要求？

答：加强部门与地方监管联动；加强跨区域监管联动；加强行政执法与刑事司法联动。

17.《意见》明确，加强部门与地方监管联动，具体要求是什么？

答：各部门制定监管政策要充分听取地方的意见建议；加强对地方的业务指导，全面研判风险隐患，督促相关地区弥补监管短板；建立监管资源统筹调配机制，对需要调用异地监管执法资源处置违法违规问题以及有关地区提出监管协助需要的，及时协调开展跨区域监管执法。垂直管理部门要加强与地方政府之间的信息共享和执法协作。各地区要加强与相关部门的沟通联系，及时分析本地区监管突出问题，对本地区跨部门综合监管事项实施有效监管；有效整合监管资源，及时共享监管信息，支持和配合有关部门开展跨区域、跨层级监管工作。

18.《意见》明确，加强行政执法与刑事司法联动，具体要求是什么？

答：行政执法机关要与司法机关加强信息共享、线索移送、联合调查等方面协调配合，建立健全行刑衔接机制。根据不同领域监管实际需要，完善案件移送、双向咨询、情况通报、信息共享、检验鉴定结果互认等机制。行政执法机关在依法查处违法行为过程中发现涉嫌犯罪、依法需要追究刑事责任的，应及时移送有关机关处理；存在暴力抗法等情形的，可商请有关机关协助调查处理。有关机关立案后提请行政执法机关作出检验、鉴定、认定和涉案物品保存、销毁、处置等协助的，行政执法机关要积极配合。

19.《意见》明确，加强跨部门综合监管支撑能力建设有哪“两个方面”要求？

答：提升监管信息化建设水平；大力推进监管信息互通共享。

20.《意见》明确，提升监管信息化建设水平，具体要求是什么？

答：各地区各有关部门要依托全国一体化在线监管平台或现有信息化系统建设跨部门综合监管业务支撑模块，开发业务协同、资源共享的跨部门综合监管应用场景，完善监管事项清单管理、信息共享、监测预警、分析评估、证据互认、联合检查等相关功能。做好相关监管系统与全国一体化在线监管平台、全国行政执法综合管理监督信息系统等互联对接，统一接口标准。加快大数据、人工智能、物联感知、区块链等技术应用，积极开展以部门协同远程监管、移动监管、预警防控等为特征的非现场监管，通过多维数据关联分析，快速有效协同处置问题，提升跨部门综合监管智能化水平。

21.《意见》明确，大力推进监管信息互通共享，具体要求是什么？

答：各地区各部门要着力打通数据壁垒，以跨部门、跨区域、跨层级数据互通共享支撑跨部门综合监管。依托已有政务数据共享交换平台做好与自然人、法人、空间地理、电子证照、公共信用、监管行为等信息库的对接联通，按跨部门综合监管业务场景需要共享本地区本领域审批和监管数据，明确数据回流和交换规则，确保数据归集规范有序、使用安全高效。相关部门要结合跨部门综合监管具体事项风险监测、协同执法等业务需求，明确信息共享的范围、方式、程序、时限、频次和保密要求等。

22.《意见》明确，保障措施有哪“三个方面”要求?

答: 加强组织实施；开展试点示范；提升监管能力。

第二十六节　国务院办公厅关于印发《提升行政执法质量三年行动计划（2023—2025年）》的通知

1.《国务院办公厅关于印发〈提升行政执法质量三年行动计划（2023—2025年）〉的通知》（以下简称《计划》）是什么时间印发的?

答: 2023年8月9日。

2.《计划》明确，行政执法是行政机关履行政府职能、______的重要方式，行政执法______直接关系法治政府建设成效。

答: 管理经济社会事务；质量。

3.《计划》的指导思想是什么?

答: 以习近平新时代中国特色社会主义思想为指导，深入学习贯彻习近平法治思想，全面贯彻落实党的二十大精神，深刻领悟“两个确立”的决定性意义，增强“四个意识”、坚定“四个自信”、做到“两个维护”，以提升行政执法质量和效能为目标，着力提高行政执法队伍能力素质，规范行政执法行为，完善行政执法体制机制，强化行政执法监督问责，全面推进严格规范公正文明执法，防止不作为乱作为，更好保护人民群众合法权益，维护公平竞争市场秩序，加快推进法治政府建设。

4.《计划》的工作原则是什么?

答: 坚持党的领导，把坚持和加强党的领导贯穿于行政执法工作的全过程和各方面。坚持执法为民，努力让人民群众在每一个执法行为中都能看到风清气正、从每一项执法决定中都能感受到公平正义。坚持问题导向，聚焦重点领域行政执法中存在的突出问题，查找根源，切实解决。坚持注重实效，立足基层行政执法实际，增强措施的针对性和实效性，稳步提升行政执法质量。坚持统筹协调，着力增强系统性、整体性、协同性，推动行政执法与政府管理其他各项工作协调发展。

5.《计划》的主要目标是什么？

答：到2025年底，行政执法突出问题得到有效整治，行政执法工作体系进一步完善，行政执法队伍素质明显提升，行政执法监督机制和能力建设切实强化，行政执法信息化、数字化水平进一步提升，行政执法质量和效能显著提高，行政执法的权威性和公信力有力增强，人民群众对行政执法的满意度大幅上升。

6.《计划》明确，各级行政执法机关要把加强______放在首位，切实践行习近平法治思想，坚定拥护“两个确立”、坚决做到“两个维护”，正确把握政治方向，严格遵守政治纪律，加强政治历练，积累政治经验，不断提高政治判断力、政治领悟力、政治执行力。

答：党的政治建设。

7.《计划》明确，加强基层行政执法单位党组织建设，充分发挥______引领作用。推进行政执法队伍的______、______、______、______建设，持续提升做好行政执法工作的能力素养和本领，实现行政执法工作______、______和______的有机统一。

答：党建；革命化；正规化；专业化；职业化；政治效果；法律效果；社会效果。

8.《计划》明确，建立健全行政执法标准化制度化培训机制，开展分类分级分层培训，在完成政治理论教育和党性教育学时的基础上，确保行政执法人员每人每年接受不少于______的公共法律知识、业务知识和______培训，原则上于2024年6月前完成对本地区、______行政执法队伍的全员轮训。加强执法行为规范和______教育。

答：60学时；行政执法技能；本部门；职业道德。

9.《计划》明确，______要推进全国行政执法人员培训标准化体系建设。国务院有关部门要研究制定本系统行政执法人员的______。______要加强对下级业务部门培训工作的指导，乡镇、街道综合执法人员要参加上级有关业务部门组织的培训，对承担多个部门行政执法事项人员的培训，鼓励跨部门联合开展。

答：国务院司法行政部门；专门业务培训计划；上级业务部门。

10.《计划》明确，培训工作务求______，坚决避免各种形式主义，切实提升一线执法人员运用法治思维和______开展执法、维护稳定、化解矛盾的能力。

答：实效；法治方式。

11.《计划》明确，严格落实行政执法人员资格管理和持证上岗制度，未取得行政执法证件的人员不得______行政执法工作。

答：独立从事。

12.《计划》明确，全面落实行政执法责任制，健全完善行政执法人员什么制度？

答：年度考核。

13.《计划》明确，建立健全行政执法人员退出机制，对不符合执法要求的行政执法人员要依法暂扣、收回或者注销其______。人民警察证件的管理使用按照______的规定执行。

答：行政执法证件；人民警察法。

14.《计划》明确，聚焦人民群众反映强烈的运动式执法、“一刀切”执法、简单粗暴执法、野蛮执法、过度执法、机械执法、逐利执法等不作为乱作为问题，开展专项整治和______行动。

答：监督。

15.《计划》明确，各地区有关部门要于2023年底前梳理形成本地区各行政执法领域的______清单，并对照清单适时组织开展专项整治行动，专项整治情况报送______汇总。实行垂直管理或者双重领导并以上级单位领导为主的国务院部门的行政执法突出问题专项整治情况，由垂直管理或者双重领导并以上级单位领导为主部门汇总后报送______。2024年底前，由国务院司法行政部门牵头，组织有关地方和部门对各地区专项整治情况开展______，并将专项监督情况向国务院报告。

答：突出问题；本级司法行政部门；国务院司法行政部门；专项监督。

16.《计划》明确，全面落实行政裁量权基准制度，加强行政裁量权基准的______和备案审查。

答：动态管理。

17.《计划》明确，国务院司法行政部门要会同有关部门围绕行政处罚、行政检查、行政强制等执法种类，分批制定统一的行政执法文书基本格式标准，研究制定行政执法装备______及技术规范指引。

答：配备标准。

18.《计划》明确，严格行政执法程序，全面落实行政执法公示制度、执法全过程记录制度、______制度。

答：重大执法决定法制审核。

19.《计划》明确，依法健全以______为基础的新型执法机制，规范涉企行政检查，完善联合检查、“双随机、一公开”监管、非现场执法等工作机制，推动监管信息共享互认，避免多头执法、______。对直接涉及公共安全和人民群众生命健康等的特殊行业、重点领域，依法依规实行______的重点监管。

答：信用；重复检查；全覆盖。

20.《计划》明确，地方各级司法行政部门要切实履行行政执法体制改革的______职责，督促指导______于 2024 年底前研究制定本部门行政执法事项目录。

答：法治协调；各级行政执法部门。

21.《计划》明确，国务院有关部门和______要组织开展行政执法事项的清理工作，对虽有法定依据但近五年未发生的、极少发生且没有实施必要的、交叉重复的等行政执法事项进行清理，提出拟取消、调整或者暂停实施的意见，按规定程序处理。

答：省、自治区、直辖市人民政府。

22.《计划》明确，国务院有关部门制定本领域综合行政执法______，国务院司法行政部门研究制定综合行政执法改革______。

答：标准化指南；法治建设政策文件。

23.《计划》明确，省、自治区、直辖市人民政府司法行政部门要加强对赋权乡镇、街道行政执法事项的______，指导、监督同级有关行政部门分区域、分类别依法研究提出可以赋权的行政执法事项清单。对______的行政执法事项不再赋权乡镇、街道。

答：法制审核；拟予清理。

24.《计划》明确，完善赋权事项评估和动态调整制度，各地区2024年底前要对已经下放乡镇、街道的行政执法事项至少进行一次______，对基层接不住、监管跟不上的及时予以调整。各地区要组织开展乡镇、街道行政执法______。

答：评估；规范化试点。

25.《计划》明确，健全完善行政执法监督______工作制度，推进行政执法案卷评查、行政执法案例指导等工作。研究制定科学、合理的行政执法______指标体系，提高相关指标的针对性、______。

答：配套；考核评价；约束力。

26.《计划》明确，强化上级行政机关对下级行政机关行政执法工作的全方位、全流程监督，严格履行______、______监督，2024年底前基本建成制度完善、机制健全、职责明确、______、运转高效的省市县乡四级全覆盖的行政执法协调监督工作体系。积极探索______协助县级人民政府司法行政部门开展乡镇、街道行政执法监督工作的方式方法。

答：常态化；长效化；监督有力；司法所。

27.《计划》明确，县级以上人民政府司法行政部门要制定年度______，综合运用行政执法工作报告、统计分析、______等方式，对行政执法工作情况开展______监督，督促行政执法机关全面履行行政执法职能。

答：行政执法监督工作方案；评议考核；经常性。

28.《计划》明确，县级以上人民政府部门承担行政执法监督职责的机构，要加强对本部门本系统行政执法工作和重大行政执法案事件的______、______和______。

答：统筹协调；日常监督；业务指导。

29.《计划》明确，完善重大行政执法案件______机制。拓宽监督渠道，建立行政执法监督与______等监督渠道的信息共享工作机制。积极推进落实行政执法______制度。

答：专项监督调查处理；12345政务服务便民热线；监督员。

30.《计划》明确，国务院司法行政部门要加快推进全国行政执法综合管理监督信息系统应用，构建______和______一体化平台。按照国家统筹、省级组织、______集中部署、省市县乡四级一体化应用方式，推进行政执法和行政执法监督一体化平台集约化建设和部署应用，推行行政执法______掌上执法。

答：行政执法；行政执法监督；省市两级；移动应用程序（APP）。

31.《计划》明确，推进行政执法和行政执法监督一体化平台与国家“互联网＋监管”系统、全国信用信息共享平台、“双随机、一公开”系统等数据标准的相互兼容，形成全国统一的______标准体系。建立健全全国行政执法数据归集共享机制，深化行政执法大数据分析运用，加快推进各地区和国务院有关部门业务系统与全国行政执法综合管理监督信息系统执法数据的互联互通，2025年底前汇聚形成______。

答：行政执法数据；全国行政执法数据库。

32.《计划》明确，根据行政执法机构所承担的执法职责和工作任务，合理配备行政执法力量，并注重行政执法机构队伍______建设。

答：梯队。

33.《计划》明确，加强行政执法机构______和法律顾问队伍建设。整合有关行政执法机关的法制审核力量，建立重大执法决定法制审核______机制。

答：公职律师；协作。

34.《计划》明确，建立健全行政执法责任追究、______免予问责机制，细化追责、______情形和容错纠错程序。

答：尽职；免予问责。

35.《计划》明确，落实和完善行政执法人员工资待遇政策，强化行政执法人员职业保障，依法为基层一线行政执法人员办理______。

答：保险。

36.《计划》明确，完善行政执法人员______服务和危机干预机制。

答：心理咨询。

37.《计划》明确，要按照中央与地方财政事权和支出责任划分原则，将行政执法______、行政执法______纳入本级预算。结合当地财政实际，合理保障行政执法经费投入力度，______行政执法工作需要。

答：工作经费；装备配备费用；切实满足。

38.《计划》明确，各地区、各部门要切实加强本计划的组织实施，将本计划组织实施情况及时向______报告。县级以上地方人民政府要建立______、发展改革、财政、人力资源社会保障、政务服务管理、大数据管理以及其他有关行政执法部门参加的工作会商机制，加强对本计划落实的统筹协调和督促指导，及时研究解决本计划实施过程中的共性问题。

答：本级党委（党组）；司法行政。

39.《计划》明确，各地区、各部门要明确任务分工，压紧压实责任，将贯彻落实《计划》情况纳入法治政府建设督察、依法行政考核内容，作为对地方政府、政府部门及其______综合绩效考核的参考。适时组织开展行政执法人民群众满意度______测评。

答：领导干部；第三方。

40.《计划》明确，各地区、各部门要充分利用报刊、广播、电视等新闻媒体和网络新媒体，广泛宣传提升行政执法______和______的好举措好经验好做法，注重发现、培养和宣传行政执法先进人物、先进事迹，深入挖掘、总结推广基层鲜活经验，切实增强行政执法的______和______，在人民群众心中树立良好执法形象。

答：质量；效能；权威性；公信力。

41.《计划》明确，国务院司法行政部门要会同各有关方面加强对本计划实施情况的______和跟踪分析，组织开展实施情况评估，及时总结推广典型经验做法，研究解决工作中遇到的问题，重要事项及时向党中央、国务院报告。

答：指导监督。

第二十七节 中共中央办公厅 国务院办公厅关于加强行政执法协调监督工作体系建设的意见

1.《中共中央办公厅 国务院办公厅关于加强行政执法协调监督工作体系建设的意见》(以下简称《意见》)是哪一年印发的?

答：2024 年。

2.《意见》对什么工作作出系统部署?

答：加强新时代行政执法协调监督（以下简称行政执法监督）。

3.《意见》明确，构建全面完善的行政执法监督工作体系，对全面提升什么水平、加快法治政府建设、推进全面依法治国具有重要意义?

答：依法行政。

4.《意见》明确，加强行政执法监督工作体系建设，要坚持以习近平新时代中国特色社会主义思想特别是习近平法治思想为指导，深入贯彻党的二十大和二十届二中全会精神，深刻领悟“两个确立”的决定性意义，增强“四个意识”、坚定“四个自信”、做到“两个维护”，持续完善监督制度、严格落实监督职责、不断创新监督方式，充分发挥行政执法监督对行政执法工作的______、______、______、______作用，到______年底，基本建成省市县乡四级全覆盖的比较完善的行政执法监督工作体系，实现对行政执法工作的______、______、______、______监督。

答: 统筹协调；规范管理；指导监督；激励保障；2024年；全方位；全流程；常态化；长效化。

5.《意见》明确，要健全行政执法监督工作体制机制，推动______与其他各类监督有机贯通、相互协调。

答: 行政执法监督。

6.《意见》明确，司法行政部门作为______，代表本级政府承担行政执法监督具体事务。______在本级政府司法行政部门指导下，负责指导监督本行政区域内主管行业的行政执法工作。

答: 政府行政执法监督机构；县级以上政府部门。

7.《意见》明确，要完善行政执法监督法规制度体系，推进行政执法监督立法，健全行政执法监督______制度，完善行政执法行为______，健全行政执法______制度。

答: 工作；规范；管理。

8.《意见》明确，要严格履行行政执法监督职能，开展行政执法______监督，抓好行政执法专项监督，可根据工作需要对重要法律、法规、规章的执行情况组织开展______，强化涉企行政执法监督，强化对行政执法工作的______，做好对跨领域跨部门综合行政执法改革以及基层综合行政执法改革的______工作。

答: 常态化；行政执法检查；综合协调；指导。

9.《意见》明确，要充分运用行政执法监督结果，拓宽行政执法监督渠道，加强行政执法监督信息线索的______。

答: 汇集统筹。

10.《意见》明确，要强化工作保障，加强组织实施，加强行政执法监督队伍建设，推进行政执法和行政执法监督数字化建设，建立督促落实机制，加强协作配合，做到______、______、______。

答: 有部署；重落实；见成效。

11.《意见》明确，国务院司法行政部门要认真开展______，推广有关经验做法，研究协调、推动解决问题。

答：督促指导检查。

第二十八节　国务院关于进一步规范和监督罚款设定与实施的指导意见

1.《国务院关于进一步规范和监督罚款设定与实施的指导意见》(以下简称《意见》)是什么时间印发的?

答：2024年2月9日。

2.《意见》明确，进一步规范和监督罚款设定与实施的指导思想是什么?

答：以习近平新时代中国特色社会主义思想为指导，深入学习贯彻习近平法治思想，全面贯彻落实党的二十大精神，立足新发展阶段，完整、准确、全面贯彻新发展理念，加快构建新发展格局，严格规范和有力监督罚款设定与实施，强化对违法行为的预防和惩戒作用，提升政府治理能力，维护经济社会秩序，切实保护企业和群众合法权益，优化法治化营商环境，推进国家治理体系和治理能力现代化。

3.《意见》明确，进一步规范和监督罚款设定与实施的基本原则是什么?

答：坚持党的领导，把坚持和加强党的领导贯穿于规范和监督罚款设定与实施工作的全过程和各方面。坚持以人民为中心，努力让企业和群众在每一个执法行为中都能看到风清气正、从每一项执法决定中都能感受到公平正义。坚持依法行政，按照处罚法定、公正公开、过罚相当、处罚与教育相结合的要求，依法行使权力、履行职责、承担责任。坚持问题导向，着力破解企业和群众反映强烈的乱罚款等突出问题。

4.《意见》明确，进一步规范和监督罚款设定与实施的主要目标是什么?

答：罚款设定更加科学，罚款实施更加规范，罚款监督更加有力，全面推进严格规范公正文明执法，企业和群众的满意度显著提升。

5.《意见》明确，依法科学设定罚款要落实哪“五个方面”要求？

答： 严守罚款设定权限；科学适用过罚相当原则；合理确定罚款数额；定期评估清理罚款规定；及时修改废止罚款规定。

6.《意见》明确，法律、法规对违法行为已经作出行政处罚规定但未设定罚款的，规章不得______。法律、法规已经设定罚款但未规定______的，或者尚未制定法律、法规，因行政管理迫切需要依法先以规章设定罚款的，规章要在规定的罚款限额内作出具体规定。

答： 增设罚款；罚款数额。

7.《意见》明确，规章设定的罚款数额不得超过法律、法规对______规定的罚款数额，并要根据经济社会发展情况适时调整。鼓励跨行政区域按规定联合制定统一监管制度及标准规范，协同推动______、裁量基准等相对统一。

答： 相似违法行为；罚款数额。

8.《意见》明确，行政法规、规章新设罚款和确定罚款数额时，要坚持______，做到该宽则宽、当严则严，避免失衡。要综合运用各种管理手段，能够通过教育劝导、责令改正、______等方式管理的，一般不设定______。实施罚款处罚无法有效进行行政管理时，要依法确定更加适当的______。

答： 过罚相当；信息披露；罚款；处罚种类。

9.《意见》明确，设定罚款要结合违法行为的事实、性质、情节以及______，统筹考虑______、行业特点、地方实际、主观过错、获利情况、相似违法行为罚款规定等因素，区分情况、分类处理，确保有效遏制违法、______。

答： 社会危害程度；经济社会发展水平；激励守法。

10.《意见》明确，制定行政法规、规章时，可以根据行政处罚法第三十二条等规定，对当事人为盲人、又聋又哑的人或者______的人等，结合具体情况明确罚款的从轻、减轻情形；根据行政处罚法第三十三条等规定，细化不予、______罚款情形；参考相关法律规范对教唆未成年人等的______规定，明确罚款的从重情形。

答：已满75周岁；可以不予；从重处罚。

11.《意见》明确，设定罚款要符合行政处罚法和相关法律规范的立法目的，一般要明确______，科学采用数额罚、倍数（比例）罚等方法。规定处以一定幅度的罚款时，除涉及公民生命健康安全、金融安全等情形外，罚款的最低数额与最高数额之间一般不超过______。

答：罚款数额；10倍。

12.《意见》明确，______要根据地域、领域等因素，适时调整本地区、本部门规定的适用听证程序的______标准。

答：各地区、各部门；"较大数额罚款"。

13.《意见》明确，同一行政法规、规章对不同违法行为设定罚款的要______，不同行政法规、规章对同一个违法行为设定罚款的要______，避免畸高畸低。

答：相互协调；相互衔接。

14.《意见》明确，拟规定较高起罚数额的，要充分听取______等各方面意见，参考不同领域的相似违法行为或者同一领域的不同违法行为的罚款数额。起草法律、行政法规、地方性法规时，需要制定涉及罚款的配套规定的，有关部门要统筹考虑、______。

答：专家学者；同步研究。

15.《意见》明确，国务院部门和省、自治区、直辖市人民政府及其______在落实行政处罚定期评估制度、每5年分类分批组织行政处罚评估时，要重点评估______、______、______、______的______规定。对评估发现有不符合上位法规定、不适应经济社会发展需要、明显______、缺乏针对性和实用性等情形的罚款规定，要及时按照立法权限和程序自行或者建议有权机关予以修改或者废止。

答：有关部门；设定时间较早；罚款数额较大；社会关注度较高；与企业和群

众关系密切；罚款；过罚不当。

16.《意见》明确，各地区、各部门以______形式对违法所得计算方式作出例外规定的，要及时清理。确有必要保留的，要依法及时通过法律、行政法规、______予以明确。

答：行政规范性文件；部门规章。

17.《意见》明确，国务院决定取消行政法规、部门规章中设定的罚款事项的，自何日起暂时停止适用相关行政法规、部门规章中的有关罚款规定？

答：决定印发之日。

18.《意见》明确，国务院决定调整行政法规、部门规章中设定的罚款事项的，按照______的相关行政法规、部门规章中的有关罚款规定执行。国务院有关部门要自决定印发之日起______内向国务院报送相关行政法规修改方案，并完成相关部门规章修改或者废止工作，部门规章需要根据修改后的行政法规调整的，要自相关行政法规公布之日起______内完成修改或者废止工作。因特殊原因无法在上述期限内完成部门规章修改或者废止工作的，可以适当延长，但延长期限最多不得超过______。

答：修改后；60日；60日；30日。

19.《意见》明确，罚款事项取消后，______要依法认真研究，严格落实______，着力加强事中事后监管，完善监管方法，规范监管程序，提高监管的科学性、______和______，进一步提升监管效能。

答：有关部门；监管责任；简约性；精准性。

20.《意见》明确，严格规范罚款实施要落实哪"四个方面"要求？

答：坚持严格规范执法；坚持公正文明执法；坚持处罚与教育相结合；持续规范非现场执法。

21.《意见》明确，要严格按照法律规定和______实施罚款，不得随意给予______或者______，不得随意降低对违法行为的______，不得随意扩大违法行为的______。

答：违法事实；顶格罚款；高额罚款；认定门槛；范围。

22.《意见》明确，对违法行为的事实、性质、情节以及社会危害程度______的案件，要确保罚款裁量尺度符合法定要求，避免类案不同罚。

答：基本相似。

23.《意见》明确，严禁逐利罚款，严禁对已超过______的违法行为给予罚款。

答：法定追责期限。

24.《意见》明确，加大对重点领域的执法力度，对严重违法行为，要依法落实______要求，坚决维护企业和群众合法权益。

答："处罚到人"。

25.《意见》明确，行政机关实施处罚时应当责令当事人改正或者限期改正违法行为，不得______而不纠正违法行为。

答：只罚款。

26.《意见》明确，国务院部门和省、自治区、直辖市人民政府及其______要根据不同地域、领域等实际情况，科学______行政处罚法第三十二条、第三十三条规定的适用情形。

答：有关部门；细化。

27.《意见》明确，行政机关实施罚款等处罚时，要统筹考虑相关法律规范与行政处罚法的适用关系，符合行政处罚法第三十二条规定的从轻、减轻处罚或者第三十三条等规定的不予、可以不予处罚情形的，要适用______依法作出相应处理。

答：行政处罚法。

28.《意见》明确，鼓励行政机关制定不予、可以不予、减轻、从轻、从重罚款等处罚清单，依据行政处罚法、相关法律规范定期梳理、发布典型案例，加强______、______。

答：指导；培训。

29.《意见》明确，制定罚款等处罚清单或者实施罚款时，要统筹考虑法律制度与客观实际、合法性与合理性、具体条款与______，确保过罚相当、______。

答：原则规定；法理相融。

30.《意见》明确，行政执法人员要文明执法，尊重和保护当事人合法权益，准确使用文明执法用语，注重提升行政执法______，依法______应对突发情况。______要根据实际情况，细化对行政执法人员的追责免责相关办法。

答：形象；文明；行政机关。

31.《意见》明确，认真落实“谁执法谁普法”普法责任制，将______贯穿于行政处罚全过程，引导企业和群众依法经营、自觉守法，努力预防和化解______。

答：普法教育；违法风险。

32.《意见》明确，要充分考虑社会公众的______，确保罚款决定符合法理，并考虑相关______和______，优化罚款决定延期、分期履行制度。

答：切身感受；事理；情理。

33.《意见》明确，总结证券等领域经验做法，在部分领域研究、探索运用______等非强制行政手段。

答：行政和解。

34.《意见》明确，鼓励行政机关建立与企业和群众常态化沟通机制，加强跟进帮扶指导，探索构建______等执法模式。

答：“预防为主、轻微免罚、重违严惩、过罚相当、事后回访”。

35.《意见》明确，利用监控设备收集、固定违法事实的，应当经过______和______审核，根据______需要确定监控设备的设置地点、间距和数量等，设置地点要有______的标识，投入使用前要及时向社会______，严禁为______脱离实际监管需要随意设置。要确保计量准确，未经______、逾期未检定或者检定不合格的，不得使用。要充分运用大数据分析研判，对违法事实采集量、罚款数额______的监控设备开展重点监督，违法违规设置或者滥用监控设备的立即停用，限期核查评估整改。

答：法制；技术；监管；明显可见；公布；增加罚款收入；依法检定；畸高。

36.《意见》明确，坚决防止______、______、逐利罚款等行为，严格规范罚款，推进事中事后监管法治化、制度化、规范化。

答：以罚增收；以罚代管。

37.《意见》明确，对社会关注度较高、______集中、______频繁发生等罚款事项，要综合分析研判，优化管理措施，不能______。行政机关不作为的，上级行政机关要______，符合问责规定的，严肃问责。

答：投诉举报；违法行为；只罚不管；加强监督。

38.《意见》明确，要坚持系统观念，对涉及公共安全和群众生命健康等行业、领域中的普遍性问题，要推动从______到______再到______，实现“办理一案、治理一类、影响一域”。

答：个案办理；类案管理；系统治理。

39.《意见》明确，行政机关要将应当上缴的罚款收入，按照规定缴入国库，任何部门、单位和个人不得截留、私分、占用、______或者______。对当事人不及时足额缴纳罚款的，行政机关要______，履行追缴职责。

答：挪用；拖欠；及时启动追缴程序。

40.《意见》明确，坚决防止罚款收入不合理增长，严肃查处罚款收入______、违规处置罚款收入等问题。财政部门要加强对罚缴分离、收支两条线等制度实施情况的监督，会同有关部门按规定开展______。

答：不真实；专项监督检查。

41.《意见》明确，要依法加强对罚款收入的规范化管理，强化对罚款收入______的监督，同一地区、同一部门罚款收入______的，必要时开展实地核查。强化中央与地方监督上下联动，压实______、______等部门的监督责任。

答：异常变化；同比异常上升；财政；审计。

42.《意见》明确，______要健全和完善重大行政处罚备案制度和行政执法统计年报制度。

答：各地区、各部门。

43.《意见》明确，县级以上地方人民政府司法行政部门要加强案卷评查等行政执法监督工作，对违法或者明显过罚不当的，要督促有关行政机关______。对不及时改正的，要报请本级人民政府______。

答：予以改正；责令改正。

44.《意见》明确，拓宽监督渠道，建立行政执法监督与______等监督渠道的信息共享工作机制。

答：12345 政务服务便民热线。

45.《意见》明确，充分发挥行政复议化解行政争议的______作用，促进行政复议案件繁简分流，依法纠正违法或者不当的罚款决定。对罚款决定被依法变更、撤销、确认违法或者确认无效的，有关行政机关和财政部门要及时办理______等手续。

答：主渠道；罚款退还。

46.《意见》明确，加大规章备案审查力度，审查发现规章违法变更法律、行政法规、地方性法规规定的罚款实施主体、对象范围、行为种类或者______的，要及时予以纠正，切实维护国家法制统一。

答：数额幅度。

47.《意见》明确，要加强分析研判和指导监督，收集梳理高频投诉事项和网络舆情，对设定或者实施罚款中的典型违法问题予以及时通报和______，依法依规对相关人员给予处分。

答：点名曝光。

48.《意见》明确，各地区、各部门要将规范和监督罚款设定与实施，作为提升______、维护公共利益和社会秩序、优化______的重要抓手，认真贯彻实施行政处罚法和《国务院关于进一步贯彻实施〈中华人民共和国行政处罚法〉的通知》(国发〔2021〕26 号)等，系统梳理涉及罚款事项的行政法规、规章，加快修改完善相关制度。

答：政府治理能力；营商环境。

49.《意见》明确，司法部要加强______，组织推动完善行政处罚制度、做好有关______工作，指导监督各地区、各部门抓好贯彻实施，重要情况和问题及时报国务院。

答：统筹协调监督；解释答复。

第二十九节　国务院办公厅关于严格规范涉企行政检查的意见

1.《国务院办公厅关于严格规范涉企行政检查的意见》（以下简称《意见》）是什么时间印发的？

答：2024 年 12 月 30 日。

2.《意见》明确，行政检查是行政执法主体履行______职责的重要方式，对______企业合法经营、预防纠正违法行为具有重要作用。

答：行政管理；引导规范。

3. 提出《意见》的目的是什么？

答：为贯彻落实党中央关于进一步规范涉企执法的决策部署，严格规范涉企行政检查，坚决遏制乱检查，切实减轻企业负担。

4.《意见》明确，严格规范涉企行政检查的总体要求是什么？

答：坚持以习近平新时代中国特色社会主义思想为指导，深入学习贯彻习近平法治思想，全面贯彻党的二十大和二十届二中、三中全会精神，针对行政检查事项多、频次高、随意性大，以及任性检查、运动式检查、以各种名义变相检查等突出问题，加强依法行政，确保行政检查于法有据、严格规范、公正文明、精准高效，进一步优化营商环境。

5.《意见》要求，明确行政检查主体，严禁不具备主体资格的组织实

施行政检查，具体内容是什么?

答：实施行政检查的主体必须具备法定资格。具有行政执法权的行政机关必须在法定职责范围内实施行政检查；法律、法规授权的具有管理公共事务职能的组织必须在法定授权范围内实施行政检查；受委托组织必须在委托范围内实施行政检查。除上述主体外，任何组织和个人不得实施行政检查。行政检查主体资格要依法确认并向社会公告。严禁政府议事协调机构以各种名义实施行政检查；严禁检验检测机构、科研院所等第三方实施行政检查；严禁外包给中介机构实施行政检查；严禁未取得执法证件的执法辅助人员、网格员、临时工等人员实施行政检查。

6.《意见》明确，实施行政检查的主体必须具备什么?

答：法定资格。

7.《意见》明确，除______、______、______外，任何组织和个人不得实施行政检查。

答：具有行政执法权的行政机关；法律、法规授权的具有管理公共事务职能的组织；受委托组织。

8.《意见》明确，行政检查主体资格要依法______并向社会公告。

答：确认。

9.《意见》明确，在行政检查主体上，“四个严禁”是指什么?

答：严禁政府议事协调机构以各种名义实施行政检查；严禁检验检测机构、科研院所等第三方实施行政检查；严禁外包给中介机构实施行政检查；严禁未取得执法证件的执法辅助人员、网格员、临时工等人员实施行政检查。

10.《意见》明确，合理确定行政检查方式，最大限度减少入企检查频次，具体内容是什么?

答：大力推进精准检查，防止重复检查、多头检查。能合并实施行政检查的，不得重复检查；能联合实施行政检查的，不得多头检查；能通过书面核查、信息共享、智慧监管等方式监管的，不得入企实施现场检查。严控入企检查人员数量，优化“综合查一次”“双随机、一公开”抽查，推行简单事项“一表通查”。除有法定依据外，不得将入企检查作为行政许可、行政给付等行政行为的前提条件。2025 年 6 月底前，国务院有关主管部门要建立本领域分级分类检查制度；有关主管部门要公布同一行政机关对同一企业实施行政检查的年度频次上限。行政检查频次要纳入行政执法统计年报。根据投诉举报、转办交办、数据监测等线索确需实施行政检查，或者应企业申请实施行政检查的，可以不受频次上限限制，但明显超过合理频次的，行政执法监督机关要及时跟踪监督。探索建立涉企行政执法案件经济影响评估制度，依法降低行政执法特别是行政检查对企业的负面影响。

11.《意见》明确，大力推进______检查，防止重复检查、多头检查。

答：精准。

12.《意见》明确，能______实施行政检查的，不得重复检查；能______实施行政检查的，不得多头检查；能通过书面核查、______、智慧监管等方式监管的，不得入企实施______检查。

答：合并；联合；信息共享；现场。

13.《意见》明确，严控入企检查人员______，优化“综合查一次”“双随机、一公开”抽查，推行简单事项______。

答：数量；“一表通查”。

14.《意见》明确，除有______外，不得将入企检查作为行政许可、行政给付等行政行为的前提条件。

答：法定依据。

15.《意见》明确，2025 年 6 月底前，国务院有关主管部门要建立本领域______检查制度。有关主管部门要公布同一行政机关对同一企业实施行政检查的______。行政检查频次要纳入行政执法______。

答：分级分类；年度频次上限；统计年报。

16.《意见》明确，根据投诉举报、转办交办、数据监测等线索确需实施行政检查，或者应企业申请实施行政检查的，可以不受______限制，但明显超过合理频次的，______要及时跟踪监督。

答：频次上限；行政执法监督机关。

17.《意见》明确，探索建立涉企行政执法案件经济影响评估制度，依法降低行政执法特别是行政检查对企业的______。

答: 负面影响。

18.《意见》明确，严格行政检查标准、程序，杜绝随意检查，具体内容是什么?

答: 国务院有关主管部门要梳理本领域现有的行政检查标准并于2025年6月底前公布。不同领域行政检查标准相互冲突的，有关主管部门要按照规定提请本级政府或者上一级行政机关进行协调，避免企业无所适从。实施行政检查前，要制定检查方案并报行政执法主体负责人批准，不得仅由内设机构负责人批准。情况紧急、需要当场实施的，要及时报告并补办手续。实施行政检查时，要出具行政检查通知书。加快推行“扫码入企”，将行政检查主体、人员、内容、结果等数据实时上传至信息系统。执法人员要主动出示执法证件，严禁以其他证件代替执法证件实施行政检查；人民警察要出示人民警察证件。除法律另有规定外，执法人员不得少于两人。入企检查要制作现场检查笔录，必要时进行音像记录。行政检查结束后，要将行政检查结果及时告知企业。坚持过罚相当，严格落实行政裁量权基准制度，更多采用柔性执法方式，对依法可以采用提醒、告知、劝阻等方式处理的，根据包容审慎原则不罚或者免罚，对问题突出的案事例要予以通报曝光。国务院行政执法监督机构要在2025年4月底前制定统一的行政检查文书基本格式标准，并向社会公布。涉企行政检查以属地管辖为原则，国务院有关主管部门要在2025年12月底前建立健全行政检查异地协助机制，明确相关规则，严禁违规实施异地检查。

19.《意见》明确，国务院有关主管部门要梳理本领域现有的______并于2025年6月底前公布。不同领域行政检查标准相互冲突的，______要按照规定提请本级政府或者上一级行政机关进行协调，避免企业无所适从。

答: 行政检查标准；有关主管部门。

20.《意见》明确，实施行政检查前，要制定______并报行政执法主体负责人批准，不得仅由______批准。情况紧急、需要当场实施的，要______并补办手续。

答: 检查方案；内设机构负责人；及时报告。

21.《意见》明确，实施行政检查时，要出具什么?

答：行政检查通知书。

22.《意见》明确，加快推行______，将行政检查主体、人员、内容、结果等数据实时上传至信息系统。

答：“扫码入企”。

23.《意见》明确，执法人员要主动出示执法证件，严禁以其他证件代替______实施行政检查。人民警察要出示______。

答：执法证件；人民警察证件。

24.《意见》明确，除______另有规定外，执法人员不得少于两人。

答：法律。

25.《意见》明确，入企检查要制作______，必要时进行音像记录。

答：现场检查笔录。

26.《意见》明确，行政检查结束后，要将行政检查______及时告知企业。

答：结果。

27.《意见》明确，坚持过罚相当，严格落实______制度，更多采用柔性执法方式，对依法可以采用提醒、告知、劝阻等方式处理的，根据包容审慎原则不罚或者免罚，对问题突出的案事例要予以______。

答：行政裁量权基准；通报曝光。

28.《意见》明确，______要在 2025 年 4 月底前制定统一的行政检查文书基本格式标准，并向社会公布。

答：国务院行政执法监督机构。

29.《意见》明确，严格控制专项检查，避免“走过场”、运动式检查，具体内容是什么?

答：对某一地区、领域的突出问题，可以依法部署专项检查。专项检查要符合监管的客观需要，经评估确需部署的，要严格控制专项检查的范围、内容和时限等，坚决杜绝“一人生病，大家吃药”的全覆盖、无差别检查。专项检查要实行年度数量控制，事先拟订检查计划，经县级以上政府或者实行垂直管理的上一级行政机关批准后按照规定备案，并向社会公布。检查事项涉及两个以上部门的，有关主管部门要联合拟订检查计划，避免多头、重复部署。因潜在风险大、可能造成严重不良后果，确需紧急部署专项检查的，要及时修改检查计划并备案。专项检查要严格按照行政检查的标准、程序实施，务求实效，防止“走过场”。

30.《意见》明确，对某一地区、领域的突出问题，是否可以依法部署专项检查?

答: 可以。

31.《意见》明确，专项检查要符合监管的______，经评估确需部署的，要严格控制专项检查的范围、内容和时限等，坚决杜绝______的全覆盖、无差别检查。

答: 客观需要;“一人生病，大家吃药”。

32.《意见》明确，专项检查要实行______控制，事先拟订______，经县级以上政府或者实行垂直管理的上一级行政机关批准后按照规定______，并向社会公布。

答: 年度数量;检查计划;备案。

33.《意见》明确，检查事项涉及两个以上部门的，有关主管部门要联合拟订______，避免多头、重复部署。

答: 检查计划。

34.《意见》明确，因潜在风险大、可能造成严重不良后果，确需紧急部署专项检查的，要及时修改______并备案。

答: 检查计划。

35.《意见》明确，专项检查要严格按照行政检查的标准、程序实施，务求实效，防止______。

答: “走过场”。

36.《意见》明确，规范行政检查行为，防止逐利检查、任性检查，具体内容是什么?

答：涉企行政检查要做到“五个严禁”“八个不得”。严禁逐利检查，不得接受被检查企业的任何馈赠、报酬、福利待遇，不得参加被检查企业提供的宴请、娱乐、旅游等活动，不得由被检查企业支付消费开支或者将检查费用转嫁给企业，不得强制企业接受指定的中介机构提供服务。严禁干扰企业正常生产经营，不得刻意要求法定代表人到场。严禁任性处罚企业，不得乱查封、乱扣押、乱冻结、动辄责令停产停业。严禁下达检查指标，不得将考核考评、预算项目绩效与检查频次、罚款数额挂钩。严禁变相检查，不得以观摩、督导、考察等名义行检查之实。

37.《意见》明确，规范行政检查行为，防止逐利检查、任性检查要做到“五个严禁”，分别是指什么?

答：严禁逐利检查；严禁干扰企业正常生产经营；严禁任性处罚企业；严禁下达检查指标；严禁变相检查。

38.《意见》明确，规范行政检查行为，防止逐利检查、任性检查要做到“八个不得”，分别是指什么?

答：不得接受被检查企业的任何馈赠、报酬、福利待遇；不得参加被检查企业提供的宴请、娱乐、旅游等活动；不得由被检查企业支付消费开支或者将检查费用转嫁给企业；不得强制企业接受指定的中介机构提供服务；不得刻意要求法定代表人到场；不得乱查封、乱扣押、乱冻结、动辄责令停产停业；不得将考核考评、预算项目绩效与检查频次、罚款数额挂钩；不得以观摩、督导、考察等名义行检查之实。

39.《意见》明确，压实规范管理责任，加强行政检查的执法监督，具体内容是什么?

答：各级政府及有关主管部门要认真贯彻《中共中央办公厅、国务院办公厅关于加强行政执法协调监督工作体系建设的意见》，严格落实各项要求，切实负起责任，加强对涉企行政检查的规范管理。行政执法主体要在政府网站统一公布依法应当公开的行政检查相关事项，并严格按照规定实施行政检查。违反规定实施行政检查的，企业有权拒绝接受检查，有权投诉举报。行政执法监督机关要认真履行监督职责，加强行政执法人员培训，切实转变行政执法人员“卸责式检查”的错误观念，创新涉企行政检查监督方式，推广“监督 + 服务”模式，实现常态化监督。要有机贯通各类监督方式，形成整体监督合力。

40.《意见》明确，行政执法主体要在政府网站统一公布依法应当公开的______相关事项，并严格按照规定实施行政检查。

答：行政检查。

41.《意见》明确，违反规定实施行政检查的，企业有权______，有权投诉举报。

答：拒绝接受检查。

42.《意见》明确，强化数字技术赋能，确保执法监督精准高效，具体内容是什么？

答：国务院行政执法监督机构要加快完成全国行政执法监督信息系统建设，有关主管部门要积极协同，打通平台，破除壁垒。要全面、统一、及时归集行政检查相关执法数据，以及按照规定备案或者公布的行政检查事项、依据、标准、计划、频次等信息，对行政检查进行全程监督。要运用人工智能、大数据进行统计分析，快速预警多头检查、重复检查、高频次检查等行为，对普遍、高发问题进行及时监督。要通过信息系统收集企业对行政检查的意见建议，关注企业和社会反映强烈的突出问题，对行政执法主体受理和处理企业投诉举报情况进行重点监督。要建立健全行政执法监督与 12345 政务服务便民热线信息共享机制，同时发挥好工商联等在企业反映问题线索方面的作用。

43.《意见》明确，要运用人工智能、大数据进行统计分析，快速预警多头检查、重复检查、高频次检查等行为，对______、______问题进行及时监督。

答：普遍；高发。

44.《意见》明确，要通过信息系统收集企业对行政检查的意见建议，关注企业和社会反映强烈的突出问题，对行政执法主体受理和处理______情况进行重点监督。

答：企业投诉举报。

45.《意见》明确，严肃责任追究，加大对乱检查的查处力度，具体内容是什么?

答: 各级行政执法监督机关对不具备行政执法主体资格实施检查、未按照公布的行政检查事项和标准实施检查、未按照规定程序实施检查、擅自部署专项检查、超过行政检查年度频次上限实施检查，以及违反“五个严禁”“八个不得”要求乱检查的，要发现一起查处一起，及时责令改正；对行政执法主体负责人或者相关责任人，进行公开约谈；对企业反映强烈、社会影响恶劣的，直接督办并予以通报曝光；对涉嫌违纪或者职务违法犯罪的，依法移送纪检监察机关。同时，要建立健全行政检查责任追究、尽职免予问责机制，细化相关情形和程序。

46.《意见》明确，各地区、各部门要认真落实党中央、国务院决策部署，按照中央统筹、______、______的要求，加强部门协同配合，加大宣传培训力度，大力推进工作落实，将规范管理涉企行政检查作为政府督查和______工作的重要内容，既要防止检查过多和执法扰企，又要保证必要的检查有效开展，并及时总结经验做法，将重要情况和问题报送______。

答: 省负主责；市县抓落实；行政执法监督；司法部。

第三十节 司法部办公厅关于印发《行政检查文书基本格式文本（试行）》的函

1.《司法部办公厅关于印发〈行政检查文书基本格式文本（试行）〉的函》（以下简称《文本》）是什么时间印发的?

答: 2025 年 4 月 29 日。

2.《文本》前言明确，司法部作为国务院行政执法监督机构编制了本行政检查文书基本格式文本，供各地区、各部门______。

答: 参照适用。

3.《文本》前言明确，国务院有关部门可以参照本基本格式文本，结合实际制定本部门、______统一适用的行政检查文书格式文本。地方各级人民政府可以在本基本格式文本基础上，参考国务院部门行政检查文书格式文本，结合本地区实际作进一步______。

答：本系统；完善。

4.《文本》前言明确，各地区、各部门制定的行政检查文书格式文本，必须严格落实党中央、国务院有关决策部署，确保行政检查于法有据、严格规范、公正文明、______，不得违法改变法定程序，不得违法减损被检查人权益，不得违法增加被检查人______。

答：精准高效；义务。

5.《文本》前言明确，有关地区、部门已经制定的行政检查文书格式文本，在包含本基本格式文本______且______的情况下，可以继续使用。

答：关键要素；不相抵触。

6.《文本》说明明确，行政检查文书填写要合法规范、客观全面、______。______名称应当使用全称或者规范简称。引用法律、法规、规章时应当______。

答：准确完整；行政执法主体；准确无误。

7.《文本》说明明确，行政检查文书应当______，清晰、准确记录行政执法主体、文种、年份、______等信息，确保行政检查文书的唯一性和可追溯性，便于后续精准统计行政检查数据。

答：规范连续编号；顺序号。

8.《文本》说明明确，《行政检查审批表》《行政检查通知书》《行政检查情况记录表》是行政检查过程中的______文书，《回避申请决定书》《抽样（采样）通知书》《现场检查（勘验）笔录》《询问笔录》根据______选用。

答：必备；实际情况。

9.《文本》说明明确，多个行政执法主体联合实施行政检查的，应当在《行政检查通知书》何处分别写明各行政执法主体名称，加盖印章并注明日期?

答：落款。

10.《文本》说明明确，行政检查文书送达时，由受送达人在文书末尾签名或者______。经受送达人同意，行政执法主体可以采用传真、电子邮件、______、______等方式送达有关文书。

答：盖章；微信；短信。

11.《文本》说明明确，鼓励探索建立健全基于互联网、电子认证、电子签章等的行政检查全过程______记录工作机制。

答：数据化。

12.《文本》说明明确，本基本格式文本，适用于对被检查人产生______的行政检查，包括现场入企行政检查和视频连线等需要被检查人______的非现场检查。数据监测等对被检查人生产经营活动不产生______的行政检查，可不适用本基本格式文本。

答：实际负担；予以配合；直接影响。

13.《文本》说明明确，本基本格式文本主要适用于对______的行政检查，对其他被检查人的行政检查，由各地区、各部门在本基本格式文本基础上进一步完善。

答：企业。

14.《行政检查审批表》左上角的要素是什么?

答：编号。

15.《行政检查审批表》仅用于什么审批?

答：内部。

16. 被检查人名称、统一社会信用代码是否为《行政检查审批表》的要素?

答：是。

17.《行政检查审批表》任务来源中有哪些要素?

答：日常检查；专项检查；投诉举报；转办交办；数据监测；应被检查人申请；媒体曝光；其他。

18. 检查事项、检查时间、检查地点是否为《行政检查审批表》的要素?

答:是。

19.《行政检查审批表》检查方式中有哪两个要素?

答:现场检查;非现场检查。

20.《行政检查审批表》检查频次中应当填写年度行政检查频次上限次数和本次次数,什么除外?

答:不受年度检查频次上限限制的除外。

21. 检查人员数量、承办机构负责人审批意见、行政执法主体负责人审批意见是否为《行政检查审批表》的要素?

答:是。

22.《行政检查审批表》注意事项中明确,凡检查必______。原则上一事一批,高频、量大的可以批量审批,但应当在审批时附______。原则上应当事前审批,情况紧急、需要当场实施的,应当及时报告并______。

答:审批;详细清单;补办手续。

23.《行政检查审批表》注意事项中明确,《行政检查审批表》中检查人员数量要填写是否有______人员等,以及具体人数。

答:执法辅助。

24.《行政检查审批表》注意事项中明确,《行政检查审批表》由主要负责人或者分管负责人批准,不得仅由______负责人批准。法律、法规或者______规定应当由上级行政机关批准的,依照其规定。

答:内设机构;规章。

25.《行政检查通知书》左上角的要素是什么?

答:编号。

26. 被检查人名称、统一社会信用代码是否为《行政检查通知书》的要素?

答:是。

27.《行政检查通知书》行政执法人员信息有哪两个要素？至少应当填写几个人的信息？

答：姓名；行政执法证号；两个。

28.行政检查时间及地点、行政检查法律依据、行政检查内容及方式、行政检查频次、权利告知是否为《行政检查通知书》的要素？

答：是。

29.行政执法主体联系人、联系方式，受送达人，送达方式和地址是否为《行政检查通知书》的要素？

答：是。

30.《行政检查通知书》注意事项中明确，凡检查必______。实施行政检查前，应当出具______。情况紧急、需要当场实施检查的，应当______，并及时向行政执法主体负责人报告和______。

答：通知；行政检查通知书；口头通知；补办手续。

31.《行政检查通知书》注意事项中明确，行政检查的法律依据，可与已公开的______目录等配合填写，以简化文书填写内容。

答：行政执法事项。

32.《行政检查通知书》注意事项中明确，行政检查同步开展______记录的，应当在文书中予以说明。

答：音像。

33.《行政检查通知书》注意事项中明确，文书背面应当印制涉企行政检查“______”“______”。

答：五个严禁；八个不得。

34.《回避申请决定书》左上角要素是什么？

答：编号。

35. 申请人、统一社会信用代码、联系人、联系电话、被申请人、行政执法证号是否为《回避申请决定书》的要素?

答：是。

36.《行政检查通知书》编号，是否为《回避申请决定书》的要素?

答：是。

37. 如对本决定不服，可以依法申请救济，是否为《回避申请决定书》的要素?

答：是。

38. 受送达人、送达方式和地址是否为《回避申请决定书》的要素?

答：是。

39.《回避申请决定书》注意事项中明确，同意或者驳回回避申请的决定，可以口头告知并______，但被检查人要求书面送达的，应当______。

答：作记录；书面送达。

40.《回避申请决定书》注意事项中明确，被检查人对回避申请决定不服的，应当保障其什么权利?

答：救济。

41.《抽样（采样）通知书》左上角要素是什么?

答：编号。

42. 被检查人名称、统一社会信用代码，法律依据名称，抽样（采样）物品清单，行政执法人员，行政执法证号，受送达人，送达方式和地址是否为《抽样（采样）通知书》的要素?

答：是。

43.《抽样（采样）通知书》注意事项中明确，抽样（采样）物品清单的相关要素（名称、数量、规格、型号、批号等），由行政执法主体根据什么确定?

答：实际需要。

44.《抽样（采样）通知书》注意事项中明确，行政执法人员可以在什么人员帮助下完成抽样（采样）？

答：专业技术。

45.《抽样（采样）通知书》注意事项中明确，抽样（采样）需要支付费用的，应当如何？

答：按照规定支付费用。

46.《现场检查（勘验）笔录》左上角要素是什么？

答：编号。

47. 检查（勘验）时间、检查（勘验）地点、行政执法人员、行政执法证号是否为《现场检查（勘验）笔录》的要素？

答：是。

48.《现场检查（勘验）笔录》被检查（勘验）人基本情况中有哪些要素？

答：被检查（勘验）人名称；统一社会信用代码；通知相关人员到场情况。

49. 告知事项、现场检查（勘验）情况、陈述申辩情况是否为《现场检查（勘验）笔录》的要素？

答：是。

50. 出示行政执法证件、被检查（勘验）人确认、有权进行陈述和申辩，是否为《现场检查（勘验）笔录》告知事项中的要素？

答：是。

51.《现场检查（勘验）笔录》注意事项中明确，检查（勘验）过程同步音像记录的，相关音像资料应当______。

答：一并归档。

52.《现场检查（勘验）笔录》注意事项中明确，记录完成后页面有空白的，应当注明“______”。

答：以下空白。

53.《现场检查（勘验）笔录》注意事项中明确，现场检查（勘验）不得刻意要求______到场。

答：法定代表人。

54.《询问笔录》左上角要素是什么？

答：编号。

55. 询问时间、询问地点、行政执法人员、行政执法证号是否为《询问笔录》的要素？

答：是。

56. 被询问人基本情况、告知事项、询问内容是否为《询问笔录》的要素？

答：是。

57. 出示行政执法证件、被检查（勘验）人确认、有权进行陈述和申辩，是否为《询问笔录》告知事项中的要素？

答：是。

58.《询问笔录》注意事项中明确，被询问人拒绝签名的，行政执法人员应当在笔录中注明有关情况。______到场见证的，由见证人签名或者盖章。

答：见证人。

59.《询问笔录》注意事项中明确，记录完成后页面有空白的，应当注明“______”。

答：以下空白。

60.《行政检查情况记录表》左上角要素是什么？

答：编号。

61.《行政检查情况记录表》被检查人基本情况中有哪四个要素？

答：名称；统一社会信用代码；联系人；联系电话。

62.《行政检查情况记录表》行政执法人员情况中有哪两个要素?

答: 姓名;行政执法证号。

63. 检查时间、检查地点、检查情况、结果告知是否为《行政检查情况记录表》告知事项中的要素?

答: 是。

64.《行政检查情况记录表》检查情况中有哪四个要素?

答: 检查事实情况;被检查人;行政执法人员;时间。

65.《行政检查情况记录表》注意事项中明确，检查结果能当场告知的，应当______。不能当场告知的，应当______。实施行政检查时，要加强______。

答: 当场告知;及时告知;指导服务。

第五章

行政执法共性问题答复文件

行政检查共性问题答复文件
行政处罚共性问题答复文件
行政强制共性问题答复文件
行政许可共性问题答复文件
……

第一节　行政检查共性问题答复文件

《国务院办公厅关于严格规范涉企行政检查的意见》有关问题解答

（2025 年 4 月 18 日）

一、关于总体要求

1. 行政检查的定义及类型？

答：《意见》规定的行政检查是指行政执法主体为履行行政管理职责，对企业遵守法律、法规、规章和执行有关行政决定、命令的情况进行巡查、核验的活动，是行政许可、行政处罚、行政强制、行政备案、行政征收征用、行政给付等行政行为的过程性行为，对行政机关了解法律制度实施情况、有效实施行政管理具有重要作用。《意见》规定了日常检查、个案检查和专项检查。日常检查是行政执法主体依据法律规范的要求，对不特定检查对象或者不特定事项实施的检查。个案检查是根据投诉举报、转办交办、数据监测、企业申请等实施的检查，实际是有线索可查的检查。专项检查是针对某一地区、领域的突出问题，履行批准、备案、公布程序，部署本地区或者本系统行政执法主体实施的检查。行政执法主体基于隶属关系对所属企业进行的督促检查，以及基于国有资产监督管理关系对所监管企业进行的督促检查，不是行政检查。

2. 如何理解“涉企”？

答：根据民法典第七十六条、第七十八条、第八十七条等规定，企业包括有限责任公司、股份有限公司、个人独资企业和其他企业等；不包括事业单位、社会团体、基金会、社会服务机构等。同时，根据《意见》“坚决遏制乱检查”“进一步优化营商环境”的精神，对个体工商户、个人合伙、农民专业合作社等经营主体的行政检查参照《意见》规定严格规范。

二、关于明确行政检查主体

3.《意见》要求“行政检查主体资格要依法确认并向社会公告”。国务院有关主管部门的主体资格如何向社会公告?

答: 具有行政执法权的国务院有关主管部门，其行政检查主体是指该部门本身。参照《国务院办公厅关于进一步规范行政裁量权基准制定和管理工作的意见》关于由国务院有关主管部门“制定本部门本系统的行政裁量权基准”等要求，国务院有关主管部门的行政检查主体资格由国务院有关主管部门自行确认并公告。

4. 行政检查主体资格与行政执法主体资格是什么关系？受委托组织是否具有行政检查主体资格?

答: 行政执法主体资格包含行政检查主体资格。行政执法机关、法律法规授权的具有管理公共事务职能的组织具有行政检查主体资格；受委托组织不具有行政检查主体资格，经合法委托后实施行政检查的，要以委托主体的名义实施。委托书要载明委托的依据、具体事项、权限、期限等内容，主动向社会公布。受委托组织和委托书可一并公示在行政检查主体资格页面。

三、关于清理并公布行政检查事项

5. 公布行政检查事项的责任主体是谁?

答: 根据中共中央办公厅、国务院办公厅《关于推行地方各级政府工作部门权力清单制度的指导意见》等规定，地方各级政府及其工作部门依法依规公布本地区行政检查事项，各省（区、市）政府要加强统筹把关。国务院有关主管部门公布部本级的行政检查事项；实行垂直管理的，以及实行双重领导并以上级部门领导为主的，由国务院有关主管部门公布本领域的行政检查事项。

6. 如何公布行政检查事项?

答: 可以采用清单列举和文字说明相结合方式分类公布，也可以采用其他方式公布。法律规范对行政检查事项作出明确具体规定的，要逐一公布。法律规范仅作出“监督检查”等原则规定的，不做重复性工作，可在已经公示的行政处罚、行政许可等执法事项清单上备注文字说明（如“上述行政执法事项包含相应的行政检查事项”等），直接将已经公示的清单链接至全国行政执法监督信息系统“涉企行政检查公示专栏”。

7. 行政检查的法定依据包括哪些法律规范?

答:《意见》提到的“法定依据”针对的是设定依据，限于法律、法规、规章以及国务院决定、命令，且只能在各自的立法权限内设定行政检查。行政规范性文件不得设定行政检查。

8. 如何判断“没有实际成效”？

答： 根据《国务院办公厅关于印发〈提升行政执法质量三年行动计划（2023—2025年）〉的通知》等要求，“没有实际成效”既可以指“虽有法定依据但近五年未发生的、极少发生且没有实施必要的、交叉重复的”，也可以指虽然经常发生但实际处于空转状态、不适应经济社会发展需要、不利于优化营商环境、可采取其他方式进行规范或者管理的行政检查事项。

9. 如何清理行政检查事项？

答： 行政检查事项要由制定主体按照法定程序取消、调整或者暂时停止适用实施。非制定主体需提出拟取消、调整或者暂时停止适用的建议。

四、关于合理确定行政检查方式

10. 什么是“综合查一次”？

答：“综合查一次”的实质是联合检查，核心是减少现场检查频次，即跨部门、跨领域、跨层级等多个行政执法主体，在同一时间对同一检查对象进行的联合检查。同时，要精简现场检查人员，避免因部门过多或者检查人员过多增加检查对象不合理的负担。《优化营商环境条例》第五十四条规定：“针对同一检查对象的多个检查事项，应当尽可能合并或者纳入跨部门联合抽查范围。”同一行政执法主体内部不同内设机构实施检查的，要根据《意见》，能合并的合并，尽量减少检查频次。

11. 什么是简单事项“一表通查”？

答： 简单事项“一表通查”的核心是减少现场检查人数，即根据“综合监管一件事”等改革要求，梳理归并检查事项，并形成一张综合检查表单，如“餐饮监管一件事表单”等，明确一致的检查标准，做到一表覆盖，由一个或者多个部门的一组检查人员完成检查。

12. 年度检查频次上限的公布主体是谁？

答： 根据《意见》，2025年6月底前，有关主管部门要公布同一行政机关对同一企业实施行政检查的年度频次上限。省（区、市）有关主管部门依法依规公布本地区的年度检查频次上限，但设区的市、自治州设定的行政检查事项，由其有关主管部门公布本地区的频次上限。国务院有关主管部门公布部本级的年度检查频次上限，条件成熟的，也可以公布本领域的频次上限；实行垂直管理的，以及实行双重领导并以上级部门领导为主的，由国务院有关主管部门公布本领域的年度检查频次上限。国务院有关主管部门要加强对本系统的指导。

13. 确定年度检查频次上限，是否包括根据专项检查计划实施的检查频次？

答：包括根据本级部署的专项检查计划实施的检查频次，不包括根据上级主管部门部署的专项检查计划实施的检查频次。《意见》要求，有关主管部门要公布同一行政机关对同一企业实施的年度检查频次上限，并未排除专项检查。

14.《意见》规定检查频次列入行政执法统计年报，是指该行政执法主体同一年度针对不同企业检查的总次数，还是指同一年度针对同一企业检查的最高频次？

答：都包括。这有利于企业和社会更好地知晓行政执法主体检查频次情况，接受企业和社会监督，最大限度减少检查频次。《国务院办公厅关于全面推行行政执法公示制度执法全过程记录制度重大执法决定法制审核制度的指导意见》规定："建立行政执法统计年报制度，地方各级行政执法机关应当于每年1月31日前公开本机关上年度行政执法总体情况有关数据，并报本级人民政府和上级主管部门。"

15.《意见》要求建立分级分类检查制度，如何贯彻落实？

答：根据《意见》，分级分类检查的宗旨是推行精准检查，提升检查效能，减轻企业负担。结合现行法律规定以及行政执法实践，分级分类包括但不限于各层级行政执法主体、不同行业领域的生产经营特点和违法风险程度、不同地区的经济社会发展水平、不同企业的规模和守法依规情况等。

五、关于严格行政检查标准

16. 什么是行政检查标准？

答：行政检查标准是指行政机关在对企业进行检查时所遵循的规范性要求和具体操作准则，包括裁量基准、技术标准、检查要点、工作指引、操作指南、是否合法依规的具体要求等。同时，也是企业合法依规的指南，目的是保证行政执法人员、企业甚至社会公众都能据此明确是否违法以及相应法律后果，不需要再补充其他解释、说明等。

17. 检查标准与检查依据的区别?

答:《意见》中的“检查依据”，主要是指授权开展行政检查的法定依据，解决检查权力来源问题；“检查标准”主要是指检查时要遵循的规范性要求和操作准则，解决怎么检查的问题。

18. 如何公布行政检查标准，公布时需要注意什么?

答: 根据《意见》，2025 年 6 月底前，国务院有关主管部门要自行梳理公布现有的行政检查标准，并将公布的信息及时链接至全国行政执法监督信息系统“涉企行政检查公示专栏”。在公布检查标准时，要解决检查标准过高或者标准不一致等问题。

六、关于行政检查程序

19. 根据投诉举报、转办交办、应企业申请等实施行政检查的事项，是否需要制定检查方案并报行政执法主体负责人批准?

答: 需要。这有利于严格规范涉企行政检查，坚决遏制乱检查，切实减轻企业负担。所有以行政执法主体名义实施的行政检查，都需要在检查前报请行政执法主体负责人批准。情况紧急、需要当场实施的，要及时报告并补办手续。

20. 国务院有关主管部门实施行政检查是否需要推行“扫码入企”? 司法部是否建立相应的信息系统?

答: 需要。根据《意见》，国务院有关主管部门实施行政检查要推行“扫码入企”。目前，司法部正在开发的全国行政执法监督信息系统融执法与监督于一体。正式上线后，可以提供给国务院有关主管部门使用。“扫码入企”可以参考地方的经验做法，目前部分地方已经借助使用行政行为码（通过行政执法系统生成，为每个检查行为赋码，适用于从检查到处罚、强制等行政行为的全部环节）和电子行政执法证码（通过电子行政执法证，为每个行政执法人员赋码，适用于行政执法人员的全部行为），实现检查频次监督、评价反馈等功能。

21. 观摩、督导、考察、服务等行为是否也要“扫码入企”?

答: 需要。《意见》要求，严禁变相检查，不得以观摩、督导、考察等名义行检查之实。一些入企普法、法治体检服务，能扫码的要扫码，不能扫码的也要通过其他形式做好入企记录。

七、关于严格控制专项检查

22. 国务院有关主管部门的专项检查计划是否要报国务院批准?

答：需要。《意见》要求，专项检查要实行年度数量控制，事先拟订检查计划，经县级以上政府或者实行垂直管理的上一级行政机关批准后按照规定备案。据此，无论是否实行垂直管理，国务院有关主管部门部署的专项检查（可表现为专项行动、专项排查、专项整治等形式）都需要事先拟定检查计划，报国务院批准，并报司法部备案。备案时，需要向司法部报送专项检查计划及其说明。地方执行上级部署的专项检查，不用再重复报批和备案。

23.《意见》要求，专项检查计划要按照规定备案，向哪个部门备案?

答：原则上向本级司法行政部门备案。《意见》要求，司法部作为国务院行政执法监督机构，要加强对各地区、各部门贯彻落实《意见》的综合协调和指导监督，跟踪工作进展。制定部门要依法公布专项检查计划，并将公布的信息及时链接至全国行政执法监督信息系统“涉企行政检查公示专栏”。

24. 部署专项检查的原则? 专项检查计划包含哪些内容?

答：部署专项检查必须合法必要，严格控制事项范围、参加人数、检查内容和检查时限等。检查计划要包含检查依据、主体、对象、时间、地域、事项、方式等内容，坚决杜绝重复、拆分、多头、轮番、长时间开展专项检查。

八、关于压实规范管理责任

25. 行政执法监督机关是指哪些主体?

答：行政执法监督机关是指履行行政执法监督职责的县级以上人民政府及其部门。行政执法监督机构是指承担人民政府及其部门行政执法监督职责的机构。

第二节　行政处罚共性问题答复文件

全国人民代表大会常务委员会法制工作委员会关于如何理解“有行政处罚权的行政机关”问题的答复

（1997 年 1 月 3 日）

北京市人大常委会法制室 1996 年 12 月 10 日请示：

行政处罚法第十五条规定有“行政处罚权”的行政机关可以在法定职权范围内实施行政处罚。如何确定哪些行政机关有行政处罚权？

全国人大常委会法制工作委员会 1997 年 1 月 3 日答复如下：

行政处罚法第十五条规定的“有行政处罚权”的行政机关，应当依照法律、行政法规的规定执行。

全国人民代表大会常务委员会法制工作委员会关于环保部门就环境行政处罚决定申请人民法院强制执行的期限有关问题的答复

（法工委复字〔2001〕17 号）

国家环境保护总局：

你局 2001 年 5 月 26 日来函（环函〔2001〕100 号）收悉，现答复如下：

同意国家环保总局的意见。

环境保护法第 40 条规定，当事人对行政处罚决定不服的，可以在接到处罚通知之日起十五日内，向做出处罚决定的机关的上一级机关申请复议；对复议决定不服的，可以在接到复议决定之日起十五日内，向人民法院起诉。当事人也可以在接到处罚通知之日起十五日内，直接向人民法院起诉。当事人逾期不申请复议、也不向人民法院起诉、又不履行处罚决定的，由做出处罚决定的机关申请人民法院强制执行。行政复议法第 9 条规定，公民、法人或者其他组织认为具体行政行为侵犯其合法权益的，可以自知道该具体行政行为之日起六十日内提起行政复议申请；但是法律规定的申请期限超过六十日的除外。行政诉讼法第 39 条规定，当事人直接向法院提起诉讼的期限为三个月，法律另有规定的除外。

根据以上规定，如果当事人自接到环保部门的行政处罚通知之日起，超过十五天未起诉，超过六十日未申请复议，又不履行处罚决定的，做出处罚决定的环保部门即可申请人民法院强制执行。

全国人民代表大会常务委员会法制工作委员会关于提请明确对行政处罚追诉时效“二年未被发现”认定问题的函的研究意见

（法工委复字〔2004〕27号 2004年12月24日）

司法部：

你处送来的关于提请明确对行政处罚追诉时效“二年未被发现”认定问题的函收悉。经研究，同意你部的意见。

附：

司法部关于提请明确对行政处罚追诉时效“二年未被发现”认定问题的函

（司发函〔2004〕212号　2004年11月10日）

全国人大法工委：

根据胡锦涛总书记等中央领导同志关于进一步加强律师队伍建设的重要指示精神，今年4月以来，我部在全国律师队伍中开展了集中教育整顿活动，目前已经进入违法违纪律师集中查处阶段，包括对一些地方的律师行贿法官问题的查处。根据《行政处罚法》第29条规定：“违法行为在二年内未被发现的，不再给予行政处罚。法律另有规定的除外。”在对违法违纪律师行政处罚中，一些地方司法行政机关对该条款中“二年未被发现”的认定问题存在不同理解。为了推动律师队伍集中教育整顿活动的深入开展，有必要对此予以明确。

经研究，我部认为，《行政处罚法》第29条规定的发现违法违纪行为的主体是处罚机关或有权处罚的机关，公安、检察、法院、纪检监察部门和司法行政机关都是行使社会公权力的机关，对律师违法违纪行为的发现都应该具有《行政处罚法》规定的法律效力。因此上述任何一个机关对律师违法违纪行为只要启动调查、取证和立案程序，均可视为“发现”；群众举报后被认定属实的，发现时效以举报时间为准。

以上当否，请函复。

全国人大法工委对关于违反规划许可、工程建设强制性标准建设、设计违法行为追诉时效有关问题的意见

（2012年2月13日　法工办发〔2012〕20号）

住房和城乡建设部办公厅：

你部送来的《关于违反规划许可、工程建设强制性标准建设、设计违法行为追诉时效有关问题的请示》（建法函〔2011〕316号）收悉。经研究，同意你部意见。

附件：

住房城乡建设部关于违反规划许可、工程建设强制性标准建设、设计违法行为追诉时效有关问题的请示

（建法函〔2011〕316号）

全国人大常委会法工委：

近日，地方在执法实践中发现，部分建设项目违反规划许可、工程建设强制性标准，相关责任单位的违法行为在2年后才被发现。地方在查处时大致有两种意见：一是认为依照《行政处罚法》第二十九条第一款，发现相关责任单位实施违法行为时超过2年，不应再追究其违法责任；二是认为违反规划许可、工程建设强制性标准进行建设、设计、施工，其行为有继续状态，应当自纠正违法行为之日起计算行政处罚追诉时效。

我部认同第二种意见，违反规划许可、工程建设强制性标准进行建设、设计、施工，因其带来的建设工程质量安全隐患和违反城乡规划的事实始终存在，应当认定其行为有继续状态，根据《行政处罚法》第二十九条规定，行政处罚追诉时效应当自行为终了之日起计算。

以上意见妥否，特请示，盼复。

国务院法制局关于贯彻执行《罚款决定与罚款收缴分离实施办法》有关问题的意见

（国法办函〔97〕182号）

各省、自治区、直辖市人民政府法制局（办），国务院各部门法制工作机构：

《罚款决定与罚款收缴分离实施办法》（以下简称《办法》）已于1997年11月17日发布，自1998年1月1日起施行。近来，一些地方人民政府法制工作机构就贯彻执行该办法提出一些问题，要求明确有关规定的含义和地方人民政府需要做的工作。经商财政部和中国人民银行，并报国务院领导同意，现就《办法》中涉及地方人民政府及其法制工作机构的有关问题，提出以下意见：

一、《办法》第五条第二款中规定："具体代收机构由县级以上地方人民政府组织本级财政部门、中国人民银行当地分支机构和依法具有行政处罚权的行政机关共同研究，统一确定"。县级以上地方人民政府可以统一确定本级人民政府各行政机关的具体代收机构；省、自治区、直辖市人民政府根据本地实际情况也可以统一确定所辖区内县级以上地方各级人民政府各行政机关的具体代收机构。代收机构可以确定为一家，也可以确定为若干家商业银行、信用合作社。具体代收机构确定后，各行政机关应当及时与具体代收机构签订代收协议并予以落实。

二、《办法》中"具有行政处罚权的行政机关"，是指经县级以上地方人民政府依照行政处罚法清理行政执法机构后确认具有行政处罚权的行政机关。不按照行政处罚法及《办法》的规定实行罚款决定与罚款收缴分离的，县级以上地方人民政府可以暂停有关行政机关的执法主体资格。

三、行政处罚决定书应当载明的内容，依照行政处罚法第三十九条、第三十四条第二款和《办法》第七条第一款的规定执行。没有载明法定内容的行政处罚决定书，不得使用；使用的，该行政处罚决定书无效。

四、当事人逾期缴纳罚款，行政处罚决定书明确需要加处罚款的，代收机构应当按照行政处罚决定书加收罚款；行政处罚决定书没有明确需要加处罚款的，代收机构不得自行加收罚款。

五、《办法》第九条第二款规定的含义是：

（1）代收机构只负责代收事宜，当事人对加收罚款有异议的，应当通过行政复议解决，不应当向代收机构交涉；

（2）申请复议不影响行政处罚决定的执行，当事人应当先缴纳罚款和所加收的罚款；

（3）加处的罚款从属于先前已处的罚款，当事人只对加收罚款有异议的，应当依法向作出行政处罚决定的行政机关申请复议。当事人对先前已处的罚款和加收的罚款都有异议的，按照“加罚从属本罚”的原则，依法一并向作出行政处罚决定的行政机关的上一级行政机关申请复议。

六、根据《国务院关于贯彻实施〈中华人民共和国行政处罚法〉的通知》（国发〔1996〕13号）的精神，县级以上地方人民政府应当对罚款决定与罚款收缴分离制度的执行情况进行检查。

国务院法制局办公室
一九九七年十二月十九日

国务院法制办公室对政府赋予行政管理职能的直属事业单位能否作为法定行政执法主体问题的复函

（国法秘函〔1999〕3号　1999年1月13日）

安徽省人民政府法制局：

你局《关于政府赋予行政管理职能的直属事业单位能否作为法定行政执法主体问题的请示》（皖府法函〔1998〕44号）收悉。经研究，函复如下：

依照《中华人民共和国行政处罚法》的有关规定，行政处罚原则上具有行政处罚权的行政机关在法定职权范围内实施；行政机关以外的其他组织（包括城市人民政府直属事业单位），未经法律、法规授权，或者未经具有行政处罚权的行政机关依照法律、法规、规章的规定在其法定权限范围内委托，不得实施行政处罚。

国务院法制办公室关于《渔业行政处罚规定》对“收购行为”创设的行政处罚应当无效的答复

（国法秘函〔2000〕91号　2000年9月22日）

广东省人民政府法制办公室：

你办《关于〈渔业行政处罚规定〉有关问题的请示》（粤府法函〔2000〕32号）收悉，经研究，答复如下：

《渔业法》第二十一条第一款和《渔业法实施细则》第二十四条对“捕捞有重要经济价值的苗种或者禁捕的怀卵亲体的”行为作了明确规定，并未对“收购行为”作出规定。《渔业行政处罚规定》第十三条设立的对“收购有重要经济价值的水生动物苗种、怀卵亲体”的行政处罚超越了《渔业法》和《渔业法实施细则》所规定的可以给予行政处罚的行为和种类。根据《中华人民共和国行政处罚法》第十二条关于“国务院部、委员会制定的规章可以在法律、行政法规规定的给予行政处罚和行业、种类和幅度的范围内作出具体规定”的规定，依据《渔业行政处罚规定》第十三条关于“收购”的规定作出的行政处罚，应当无效。

国务院法制办公室对宁夏回族自治区人民政府法制办公室《关于国发〔1994〕53号文件能否作为行政处罚依据的请示》的复函

（2000年11月16日）

宁夏回族自治区人民政府法制办公室：

你办《关于国发〔1994〕53号文件能否作为行政处罚依据的请示》（宁府法函〔2000〕17号）收悉。经研究，函复如下：

《国务院关于进一步加强药品管理工作的紧急通知》（国发〔1994〕53号）未在法律、法规之外，设定任何行政处罚，不存在依据该通知实施行政处罚的问题。

国务院法制办公室关于“责令限期拆除”是否是行政处罚行为的答复

（国法秘函〔2000〕13 号）

四川省人民政府法制办公室：

你办《关于“责令限期拆除”是否是行政处罚行为的请示》（川府法〔2000〕68 号）收悉。经研究，现函复如下：

根据《行政处罚法》第二十三条关于“行政机关实施行政处罚时，应当责令改正或者限期改正违法行为”的规定，《城市规划法》第四十条规定的“责令限期拆除”，不应当理解为行政处罚行为。

2000 年 12 月 1 日

对西宁市人民政府法制办公室《关于将城市园林、市容卫生、城市建设等行政主管部门的处罚权委托依法成立的城市广场管理事业组织问题的请示》的答复

（2002 年 3 月 25 日　国法秘函〔2002〕50 号）

西宁市人民政府法制办公室：

你办《关于将城市园林、市容环境卫生、城市建设等行政主管部门的处罚权委托依法成立的城市广场管理事业组织问题的请示》收悉。经研究，答复如下：

一、《行政处罚法》第十六条规定：“国务院或者经国务院授权的省、自治区、直辖市人民政府可以决定一个行政机关行使有关行政机关的行政处罚权，但限制人身自由的行政处罚权只能由公安机关行使。”根据上述规定，一个行政机关集中行使其他有关行政机关的行政处罚权，必须经国务院或者国务院授权的省、自治区、直辖市人民政府决定。

二、《行政处罚法》第十八条规定：“行政机关依照法律、法规或者规章的规定，可以在其法定权限内委托符合本法第十九条规定条件的组织实施行政处罚。行政机关不得委托其他组织或者个人实施行政处罚。”“委托行政机关对受委托的组织实施行政处罚的行为应当负责监督，并对该行为的后果承担法律责任。”根

据上述规定，城市广场管理事业组织接受有关行政机关委托实施行政处罚，必须符合《行政处罚法》第十九条规定的条件；同时，城市广场管理事业组织必须以委托行政机关的名义实施行政处罚，其实施行政处罚的行为由委托行政机关承担相应的法律责任。

附：

西宁市政府法制办公室关于将城市园林、市容环境卫生、城市建设等行政主管部门的处罚权委托依法成立的城市广场管理事业组织问题的请示

国务院法制办公室：

随着城市建设的发展，我市先后建成了西门口绿地、新宁、新世纪、城南开发区等多个广场。广场的建设为改善城市形象、为群众提供优美的休闲、娱乐、活动的场所起到很大的作用。为了规范广场的管理、维护其正常公共环境卫生和安全秩序，根据各级人大代表以及群众要求制定地方性法规，将广场管理纳入法制化轨道。为此，我们组织起草班子、草拟了《西宁市城市广场管理条例》。该条例关于对依法成立的城市广场管理事业组织能否受城市园林、市容环境卫生、城市建设等行政主管部门的委托，在界定的广场范围内行使处罚权产生了两种不同意见：

一、将多个行政主管部门对广场管理的行政处罚权委托于城市广场管理组织是一种相对集中处罚，根据《行政处罚法》第十六条规定，不能在法规中委托。

二、将行政主管部门对广场管理的行政处罚权委托于城市广场管理组织是符合《行政处罚法》第十八条规定，其理由：一是委托的组织是经法律法规批准并依法成立的。二是受委托组织行使处罚委托的行政机关名义实施行政处罚并由委托的行政机关承担责任。

就以上两种意见，我们请求给予答复。

国务院法制办公室对中国人民银行关于《金融违法行为处罚办法》有关问题的请示的复函

（2002 年 5 月 16 日　国法函〔2002〕145 号）

中国人民银行：

你行 2002 年 5 月 21 日《关于〈金融违法行为处罚办法〉有关问题的请示》

收悉。经报国务院领导同意，现函复如下：

经 1999 年 1 月 14 日国务院第 13 次常务会议讨论通过、1999 年 2 月 22 日国务院令第 260 号发布施行的《金融违法行为处罚办法》第三条第三款规定的“金融机构的工作人员依照本办法受到开除的纪律处分的，终身不得在金融机构工作”，“金融机构的高级管理人员依照本办法受到撤职的纪律处分的，由中国人民银行决定在一定期限内直至终身不得在任何金融机构担任高级管理职务或者与原职务相当的职务”，不属于行政处罚。

此复

对黑龙江省人民政府法制办《关于电力企业在电费电度表保证金被取消前收取该项保证金的行为是否应当给予行政处罚问题的请示》的复函

（2002 年 6 月 3 日　国法秘函〔2002〕95 号）

黑龙江省人民政府法制办：

你办 2001 年 12 月 30 日报送的《关于电力企业在电费电度表保证金被取消前收取该项保证金的行为是否应当给予行政处罚问题的请示》（黑政法函〔2001〕100 号）收悉。现函复如下：

能源部和财政部《关于实行电费、电度表保证金制度的通知》（能源经〔1989〕561 号）中规定的电费、电度表保证金，是具有基金、收费设定权的机关（财政部）设定的基金、收费项目。黑龙江省明水县电业局根据该文件收取电费、电度表保证金的行为是合法收费。但在 1999 年 11 月 6 日《财政部、国家经贸委、国家计委、审计署、监察部、国务院纠风办关于公布第三批取消的各种基金（资金、附加、收费）项目的通知》（财综字〔1999〕180 号）公布以后，再行收取电费、电度表保证金，是没有法律依据的。

附：

黑龙江省人民政府法制办公室关于电力企业在电费电度表保证金被取消前收取该项保证金的行为是否应当给予行政处罚问题的请示

（2001 年 12 月 30 日　黑政法函〔2001〕100 号）

国务院法制办公室：

日前，我省发生了一起因县电业局向用户收取“电费、电度表保证金”而被市工商局依照反不正当竞争法的规定处以 20 万元罚款的案件。黑龙江省电力有限公司向我办行文称，其下属企业收取“电费、电度表保证金”是依据能源部、财政部联合下发的《关于实行电费、电度表保证金制度的通知》（能源经〔1899〕561 号，见附件 1），且在该项保证金于 1999 年 11 月 6 日被明令取消（见附件 2）后，便停止收取。至于该县电业局在 2000 年 3 月又收的最后一笔 200 元的电费（后已退还），系因省里逐级转发国家有关文件稍迟所致。省电力有限公司据此认为，该县电业局向用户收取“电费、电度表保证金”的行为主要发生在 1994 年至 1999 年 11 月 16 日之前，在该项保证金被取消前有合法依据，不属于不正当竞争行为，不应当受到行政处罚。

黑龙江省工商行政管理局认为，市工商局在该案中作出处罚决定的依据是反不正当竞争法第二十三条的规定，即“公用企业或者其他依法具有独占地位的经营者，限制他人购买其指定的经营者的商品，以排挤其他经营者的公平竞争的，省级或者设区的市的监督检查部门应当责令停止违法行为，可以根据情节处以五万元以上二十万元以下的罚款。”具体依据还有国家工商行政管理局 1993 年 12 月 24 日发布的《关于禁止公用企业限制竞争行为的若干规定》（见附件 3）和近两年来对山西、江苏两省工商部门的答复（见附件 4、5）。因此，县电业局向用户收取“电费、电度表保证金”的行为，违反了反不正当竞争法，即使这种行为发生在国家明令取消该项保证金之前，也应当依法给予行政处罚。

目前，省电力有限公司和省工商行政管理局在该案的事实认定方面均无异议，主要是在适用法律依据方面存在分歧，焦点是具有基金、收费设定权的机关设定的基金、收费项目在被明令取消前的法律效力问题。鉴于该案件的处理结果在全省乃至全国具有普遍意义，特请示国务院法制办，望尽快函复为盼。

附件（略）。

国务院法制办公室对《国家计委关于请明确〈价格违法行为行政处罚规定〉的法律效力及价格行政处罚适用复议前置程序问题的函》的复函

（2002 年 12 月 11 日　国法函〔2002〕259 号）

国家发展计划委员会：

你委《关于请明确〈价格违法行为行政处罚规定〉的法律效力及价格行政处罚适用复议前置程序问题的函》（计价检〔2002〕786 号）收悉。经报国务院领导同意，现函复如下：

一、国务院办公厅 1987 年 4 月 21 日发布的《行政法规制定程序暂行条例》第十五条规定："经国务院常务会议审议通过或者经国务院总理审定的行政法规，由国务院发布，或者由国务院批准、国务院主管部门发布。"这一规定在《中华人民共和国立法法》于 2000 年 7 月 1 日施行前是有效的。据此，1999 年 7 月 10 日经国务院批准、1999 年 8 月 1 日由国家发展计划委员会令第 1 号发布的《价格违法行为行政处罚规定》，属于行政法规。根据《国务院办公厅关于开展现行行政法规清理工作的通知》（国办发〔2000〕5 号）所附现行行政法规目录和国务院对行政法规进行清理的结果，《价格违法行为行政处罚规定》是现行有效的行政法规。

二、《中华人民共和国行政诉讼法》第三十七条第二款规定："法律、法规规定应当先向行政机关申请复议，对复议不服再向人民法院提起诉讼的，依照法律、法规的规定。"关于行政复议前置问题，应当依照上述规定执行。

附：

国家计委关于请明确《价格违法行为行政处罚规定》的法律效力及价格行政处罚适用复议前置程序问题的函

（2002 年 5 月 28 日　计价检〔2002〕786 号）

国务院法制办公室：

最近，重庆市物价局向我委报告，重庆市法院系统对《价格违法行为行政处罚规定》（以下简称《处罚规定》）作为行政法规的法律效力及其规定的复议前置程序持否定态度，同时反映重庆市巴南区法院受理当事人不服巴南区物价局行政处罚未经行政复议直接提起的诉讼，并作出判决。从我委掌握的情况看，其他一些地方的法院对《处罚规定》的法律效力及价格行政处罚适用复议前置程序也存在疑问。

据了解，重庆市法院系统对《处罚规定》的法律效力及价格行政处罚适用复议前置程序持否定态度的理由是：第一、无论是在《立法法》实施之前还是之后，行政法规只能以总理签署国务院令的形式公布。《处罚规定》是国务院批准、国家计委发布的，因此《处罚规定》不属于行政法规。第二、法律未规定的内容，法规不能规定，《价格法》没有规定复议前置，《处罚规定》不能规定，规定了也是无效的。第三、法院可以对行政法规是否符合法律的规定作出判断，并决定是否适用。因此，即使《处罚规定》是行政法规，如果法院认为与《价格法》规定不一致，法院也可以不作为审理依据。

我委认为，《处罚规定》是在《立法法》之前制定的，根据当时的《行政法规制定程序暂行条例》（国务院 1987 年 4 月 21 日发布）的规定，属于行政法规。作为行政法规，有权规定复议前置程序，人民法院应当作为审理依据。根据我国现行的司法制度，法院对法律、行政法规只能执行，不具备司法审查权，法院无权对“《处罚规定》是否符合《价格法》的本意”进行判断。重庆市巴南区法院已经在事实上否定了《处罚规定》有关复议前置程序的规定。就其实质看，该案便意味着基层法院可以经过自己的判断而不执行行政法规。这将损害国务院行政法规的权威性，不利于我国法制统一。

为此，请你办对《处罚规定》的法律效力及价格行政处罚适用复议前置程序问题予以明确。

对山东省人民政府法制办公室《关于审查工商管理部门投机倒把行政处罚复议案件过程中有关问题的请示》的复函

（2002 年 12 月 4 日　国法秘函〔2002〕232 号）

山东省人民政府法制办公室：

你办《关于审查工商管理部门投机倒把行政处罚复议案件过程中有关问题的请示》（鲁府法发〔2002〕29 号）收悉。经研究，现函复如下：

你办认为直接进口和委托有进出口权的企业进口医疗器械但不能提供合法进口手续的行为属于涉嫌走私，应当适用《中华人民共和国海关法》。对此，我们没有不同意见。

附：

山东省人民政府法制办公室关于审查工商管理部门投机倒把行政处罚复议案件过程中有关问题的请示

（2002 年 8 月 9 日　鲁府法发〔2002〕29 号）

国务院法制办公室：

我办在审查威海市文登中心医院和聊城市中医医院不服山东省工商行政管理局作出的行政处罚分别申请行政复议的案件过程中，涉及到对有关违法事实的定性及有关法律适用的冲突问题。

两案基本情况类似。两医院从国内有进口权的企业购买了有关医疗设备自用，聊城市中医医院购买的是美国生产的核磁共震仪（旧品），价值 235 万元人民币；威海市文登中心医院购买的是美国生产的螺旋 CT 机和日本生产的彩超，价值共 677.9 万元人民币。山东省工商行政管理局根据举报，要求两医院提供合法的进口手续及有关单证，因两医院系非直接进口医疗设备的单位，故未能提供相应手续。根据国家工商行政管理总局的有关批复和解释，经销走私物品的行为包括购买走私物品用于生产和经营活动的行为，工商行政管理机关在查处流通领域走私贩私案件过程中，对当事人不能提供合法有效的进口手续等证明而经销进口商品的行为，可依照《投机倒把行政处罚暂行条例》及其施行细则的有关规定进行定性和处罚。山东省工商行政管理局据此作出行政处罚，决定没收两医院的上述医疗设备。两医院不服，分别向省政府申请行政复议。两申请人认为，其购买的医疗设备纯属自用，并未倒卖，也不具有牟取非法利润的目的，故不构成《投机倒把行政处罚暂行条例》规定的投机倒把行为；而且，其购买医疗设备的行为属于国内贸易，被申请人索要的“报关单、关税单”等合法进口手续，依法也不应由国内贸易的购买方持有，故院方“无合法手续”并无任何过错。

我办在审查该两案过程中，有如下意见：

一、两医院购买大型医疗设备是为了自用，不具有牟取非法利润的目的，不构成倒卖，并非《投机倒把行政处罚暂行条例》规定的投机倒把行为。

二、对于购买走私物品自用的行为是否属于“经销走私物品的行为”、国内贸易购买方是否应该承担对进口商品提供合法进口手续的义务、无合法进口手续的国内购买方的行为应如何定性，是否可以认定为投机倒把行为并由工商行政管理机关进行处罚等问题，《投机倒把行政处罚暂行条例》及其施行细则均未作明确规定。国家工商行政管理总局关于经销走私物品的行为包括购买走私物品用于生产和经营活动的行为，以及工商行政管理机关在查处流通领域走私贩私案件过程中，对当事人不能提供合法有效的进口手续等证明而经销进口商品的行为，可依照《投机倒把行政处罚暂行条例》及其施行细则的有关规定进行定性和处罚的一些批复和解释，在一定程度上扩大了《投机倒把行政处罚暂行条例》的处罚范围，增加了其行政处罚的随意性和任意性，与《中华人民共和国行政处罚法》的基本原则相悖。

三、国家工商行政管理总局作出的对当事人不能提供合法有效的进口手续等证明而经销进口商品的行为，可依照《投机倒把行政处罚暂行条例》及其施行细则的有关规定进行定性和处罚的批复，其适用的前提是“工商行政管理机关在查处流通领域走私贩私案件过程中”，而流通领域的走私贩私案件，显然属于“涉嫌走私案件”。根据《中华人民共和国海关法》第五条规定，“各有关行政执法部门查获的走私案件，应当给予行政处罚的，移送海关依法处理”。《海关总署、公安部、国家工商行政管理局、国家烟草专卖局关于移送涉嫌走私案件若干问题的通知》（署侦〔2000〕245 号）第一条也规定，“地方公安机关（包括公安边防部门）、工商行政管理、烟草专卖等执法机关在执法过程中查获的涉嫌走私犯罪、走私违法以及违反海关监管规定的案件（统称涉嫌走私案件），交由所在地的海关统一处理”。

故此，我们认为，省工商局查处两医院购买有关医疗设备无合法进口手续的案件并作出行政处罚，超越了其法定职权，应当依法交由青岛海关处理。

以上意见当否，请批示。

国务院法制办公室对《关于请明确对未取得出租车客运经营许可擅自从事经营活动实施行政处罚法律依据的函》的复函

（国法函〔2005〕432 号）

交通部：

你部《关于请明确对未取得出租车客运经营许可擅自从事经营活动实施行政处罚法律依据的函》（交公路函〔2005〕234 号）收悉。经研究并征求建设部、国家工商总局意见，现答复如下：

《国务院对确需保留的行政审批项目设定行政许可的决定》（国务院令第 412

号）第 112 项规定，出租汽车经营资格证的核发由县级以上地方人民政府出租汽车行政主管部门实施。根据《无照经营查处取缔办法》第十七条的规定。相关法律、法规对无证经营出租汽车行为的处罚没有规定的，县级以上地方人民政府出租汽车行政主管部门应当依照《无照经营查处取缔办法》第十四条、第十五条、第十六条的规定处罚。

国务院法制办公室

二〇〇五年十月十二日

第三节　行政强制共性问题答复文件

全国人民代表大会常务委员会法制工作委员会对行政处罚加处罚款能否进行减免问题的意见

（法工办发〔2019〕82 号）

国家市场监督管理总局办公厅：

你厅关于商请明确对行政处罚加处罚款能否进行减免问题的函（市监法函〔2019〕463 号）收悉。经研究，提出以下意见，供参考：

行政强制法第四十二条第一款规定："实施行政强制执行，行政机关可以在不损害公共利益和他人合法权益的情况下，与当事人达成执行协议。执行协议可以约定分阶段履行；当事人采取补救措施的，可以减免加处的罚款或者滞纳金。"该规定中"实施行政强制执行"包括行政机关自行强制执行，也包括行政机关申请法院强制执行。人民法院受理行政强制执行申请后，行政机关不宜减免加处的罚款。

特此函复。

全国人民代表大会常务委员会法制工作委员会

2019 年 4 月 1 日

第四节　行政许可共性问题答复文件

全国人民代表大会常务委员会法制工作委员会关于公司法第一百九十八条“撤销公司登记”法律性质问题的答复意见

（法工委复〔2017〕2号）

国家工商行政管理总局：

你局关于《商请明确公司法第一百九十八条“撤销公司登记”法律性质问题的函》（工商法函字〔2017〕2号）收悉。经研究，答复如下：

行政许可法第六章监督检查第六十九条第一款对行政机关违法履行职责而准予行政许可的撤销作了规定，第二款对被许可人以欺骗、贿赂等不正当手段取得行政许可的撤销作了规定。第七章法律责任第七十九条规定，被许可人以欺骗、贿赂等不正当手段取得行政许可的，行政机关应当依法给予行政处罚。依照行政许可法的上述规定，撤销被许可人以欺骗等不正当手段取得的行政许可，是对违法行为的纠正，不属于行政处罚。

全国人大常委会法制工作委员会

2017年2月23日

全国人民代表大会常务委员会法制工作委员会关于如何适用固体废物跨省转移行政许可办理时限的答复

（法工委发〔2007〕25号）

国家环境保护总局：

你局2007年3月28日来函收悉。经研究，交换意见如下：

同意你局意见，固体废物污染环境防治法第二十三条规定的转移固体废物出省、自治区、直辖市行政区域贮存、处置申请办理行政许可的时限，适用行政许可法第四十二条第二款的规定，但函件邮递的时间应当计算在行政许可的时限内。

全国人民代表大会常务委员会法制工作委员会
2007 年 5 月 21 日

国务院法制办公室对《关于清理行政许可收费若干问题的函》的复函

（国法函〔2004〕253 号）

财政部：

你部《关于清理行政许可收费若干问题的函》（财综函〔2004〕2 号）收悉。经认真研究并征求全国人大常委会法工委意见，现函复如下：

一、关于判断行政许可的标准以及行政许可与行政审批的关系问题。我办于 2004 年 1 月 2 日公布的《行政许可法有关问题解答》（见国务院法制办公室《全国贯彻实施行政许可工作简报》第 1 期）已经对此作了解答。各部门实施的具体行政许可项目，应当以法律、行政法规的规定和国务院决定确认的项目为准。

二、关于确定资格、资质举行的国家考试是不是行政许可问题。国家考试本身不是行政许可，而是行政机关在作出行政许可决定前判定申请人是否符合法定条件的一种审查程序。但这些国家考试需要按照行政许可法的要求进行规范。

三、关于检验、检测、检疫是不是行政许可的问题。检验、检测、检疫不是行政许可，但属于实施行政许可的方式和手段或者是取得行政许可的条件。凡是为决定是否批准行政许可申请或者对被许可行为进行监督、检查所进行的检验、检测、检疫，应当遵守行政许可法关于实施行政许可收取费用的限制性规定。但是行政机关以外的专业技术组织不是作为实施行政许可主体的，其进行的检验、检测、检疫的收费除外。

四、关于行政许可收费的清理和同类行政许可收费政策的协调问题。行政许可法第 58 条规定："行政机关实施行政许可和对行政许可事项进行监督检查，不得收取任何费用。但是，法律、行政法规另有规定的，依照其规定。"行政许可法实施后，一些行政许可收费没有法律、行政法规依据，应当予以清理。对性质相同的许可事项实施相同收费政策，却没有相应的法律、行政法规依据的收费，或者为与国际通行做法接轨确有必要保留的收费，应当通过修订法律、行政法规明确收费依据。在修订法律行政法规前，可以暂由国务院财政、价格主管部门审核后报经国务院批准后发布执行。

五、关于法律、行政法规有关收费内容的表述问题。2004 年 7 月 1 日后，拟设定行政许可的法律草案、行政法规草案，规定行政机关实施行政许可和对行政许可事项进行监督检查可以收费的，起草机关在确定收费项目、标准和方式前，应当征求国务院财政、价格主管部门的意见。

国务院法制办公室

二〇〇四年六月二十三日

国务院法制办公室对《关于行政许可实施主体清理有关问题的请示》的复函

（2004 年 6 月 23 日　国法秘函〔2004〕169 号）

上海市人民政府法制办公室：

你办《关于行政许可实施主体清理有关问题的请示》收悉。经认真研究并征求全国人大常委会法工委意见，现函复如下：

一、《社会团体登记管理条例》规定的业务主管单位对申请成立社会团体的审查行为不属于行政许可法规定的行政许可。

二、根据《社会团体登记管理条例》的规定，在地方负责社会团体登记的行政机关是县级以上地方人民政府民政部门。

三、《中华人民共和国教师法》有关教育行政部门委托普通高等学校认定教师资格的规定与《中华人民共和国行政许可法》有关委托的规定不一致。经商全国人大常委会法工委，有关规定可以暂不修改，待修订《中华人民共和国教师法》时一并解决。

四、《中华人民共和国消防法》规定的“县级以上公安机关消防机构”是对外实施行政许可的行政机关，不是内设机构。

五、行政机关实施行政许可，不得向申请人提出购买指定商品、接受有偿服务等不正当要求；除依法属于有数量限制的行政许可外，不得对申请人、被许可人的数量加以限制。行政机关指定相对人实施特定活动的行为，如果不需要申请人申请，是行政机关依职权可以主动作出的，原则上不属于行政许可，但需要予以规范。

附：

上海市人民政府法制办公室关于行政许可实施主体清理有关问题的请示

（2004 年 5 月 13 日　沪府法〔2004〕34 号）

国务院法制办公室：

根据《国务院关于贯彻实施〈中华人民共和国行政许可法〉的通知》要求，我办对本市有关实施行政许可的主体进行了清理。在清理过程中，遇到了一些问题难以判断，请示如下：

一、关于社团登记前置审批中业务主管单位的行政许可实施主体资格问题

《社会团体登记管理条例》（以下简称《条例》）规定，申请成立社会团体，应当经其业务主管单位审查同意，由发起人向登记管理机关申请筹备。同时明确，国务院有关部门和县级以上地方各级人民政府有关部门、国务院或者县级以上地方各级人民政府授权的组织，是有关行业、学科或者业务范围内社会团体的业务主管单位。根据《条例》的规定，上海市委、市政府办公厅联合发文，确认下列单位为社团的业务主管单位：市委各工作部门及区（县）党委的相应部门；市政府的组成部门、直属机构及区（县）政府的相应部门和机构；经市委、市政府或区（县）党委、区（县）政府授权的组织。具体授权市总工会、团市委、市妇联等机构为社团的业务主管单位。

这些授权的非行政机关的部门作为业务主管单位是否符合《条例》的立法本意，能否确定这些机构作为行政许可实施主体，希望能够明确。

二、关于社会团体管理局的行政许可实施主体资格问题

《条例》规定，民政部门为社团登记管理机关。而上海已设立上海市社会团体管理局，作为市民政局领导的负责全市社会团体和民办非企业单位登记管理的行政机关，机构级别为副局级。据了解，其他省市中也有部分设立了社会团体管理局，并由其独立行使社团登记审批权。根据《条例》规定，如果认定民政局为许可实施主体，那么社团管理局的功能发挥就会受到影响。

能否确认社团管理局的许可实施主体资格，希望能予以明确。

三、关于高校教师资格认定中高校的行政许可实施主体资格问题

《教师法》第十三条明确规定，普通高等学校的教师资格由国务院或者省、自治区、直辖市教育行政部门或者由其委托的学校认定。据此，上海市教委委托了本市复旦大学等 23 所普通高校实施教师资格认定，实践中，这些高校都以教委的名义实施高校教师资格的认定。而《行政许可法》规定，接受委托实施许可的只能是行政机关，事业单位不得受委托实施许可。由此产生了新的一般法与旧

的特别法不一致的问题。

能否确认高校实施行政许可实施主体的资格，如将其明确为法律授权实施行政许可的组织，需要在全国范围内统一口径。

四、关于县级公安消防监督机构的行政许可实施主体资格问题

《消防法》明确了县级以上公安机关消防机构实施行政许可的主体地位。目前全国有两种模式，一种模式为，公安消防监督机构在市级层面有独立的市消防局，在区县级层面只有防火监督处或者防火监督科作为公安分局的内设机构，上海、北京、天津等地属于这一种情形；另一种模式是设立消防支队作为公安机关的消防监督机构，江苏、浙江等地都采用这种模式。根据《行政许可法》的规定，内设机构不具有独立实施行政许可的主体地位，不能以自己的名义实施行政许可。但是，本市公安局认为，消防监督工作相对独立，实践中需要以公安机关防火监督处（科）的名义独立从事行政管理活动，公安部也认可这一做法，建议确认其主体资格。据向最高院行政庭了解，他们认为，公安机关防火监督处（科）并非《消防法》的授权组织，只有公安机关消防支队才属于《消防法》所授权的公安消防监督机构。

本市区县公安分局的防火监督处或防火监督科是否属于《消防法》规定的县级以上公安消防监督机构，希望能予以明确。

五、关于指定相对人实施特定活动的行为是否属于行政许可的问题

在上海的行政许可实施主体清理工作中，市地税局和市医保局上报的行政许可实施事项分别为指定发票印制企业和医保定点医疗机构的审批。在审核中，对行政机关指定相对人实施特定活动的行为是否属于行政许可有不同意见，需要予以明确。

以上请示，请予批复。

国务院法制办公室对《关于提请解释〈中华人民共和国行政许可法〉有关适用问题的函》的复函

（2004年8月2日 国法函〔2004〕293号）

新闻出版总署：

你署关于提请解释《中华人民共和国行政许可法》有关适用问题的函（新出法规〔2004〕759号）收悉。经研究，现答复如下，供参考：

一、公民、法人或者其他组织具体向哪个行政部门申请行政许可，应当根据特定的行政许可事项、设定该行政许可的法律、行政法规和其他有关规定确定。

二、法律、行政法规规定的取得有关行政许可的条件、标准应当是全国统一的。只要申请人取得的行政许可的适用范围依法没有地域限制，被许可人在一个地方取得了行政许可，就可以在全国范围内从事被许可的活动，无需在其他地方再次申请同一行政许可或者目的相同的行政许可。例如，一个建筑企业在某地依法登记、取得营业执照后，就可以在全国范围内参加投标、承揽建设工程，无需在其他地方再次申请登记、办理营业执照。但是，如果为了方便生产经营活动，在某地依法设立的企业拟在其他地方设立分支机构或者投资设立独立核算的法人，则应当按照有关法律、行政法规等的规定申请办理登记、领取营业执照。

三、行政许可法第四十一条规定，法律、行政法规设定的行政许可，其适用范围没有地域限制的，申请人取得的行政许可在全国范围内有效。据此，一项行政许可如果有地域限制，行政机关作出的准予行政许可决定应当明确规定该行政许可的适用范围。例如，公民、法人或者其他组织申请取水，行政机关作出的准予行政许可决定应当规定取水量和取水地点，被许可人只能在该地点取水。

四、根据行政许可法第十五条第一款的规定，对依法可以设定行政许可的事项，法律或者行政法规已设定行政许可的，地方性法规或者规章只能对如何实施该行政许可作出具体规定，不得再设行政许可。

五、地方性法规对其设定的行政许可的适用范围没有施加地域限制的，申请人取得的行政许可在本行政区域内有效。

六、根据行政许可法第六十四条的规定，被许可人在作出行政许可决定的行政机关管辖区域外违法从事行政许可事项活动的，违法行为发生地的行政机关应当依法查处，并将被许可人的违法事实、处理结果抄告作出行政许可决定的行政机关。

七、行政许可法实施前制定的法律、行政法规设定行政许可，有的没有规定行政许可的条件。为了实施有关行政许可，规章对行政许可的条件作出的具体规定，根据《国务院对确需保留的行政审批项目设定行政许可的决定》（国务院第412号令）的有关规定，不属于行政许可法第十六条第四款规定的“增设违反上位法的其他条件”。七月一日行政许可法施行后制定或者修改有关法律、行政法规时，应当按照行政许可法第十八条的要求，对行政许可的条件作出明确规定。

附：

新闻出版总署关于提请解释《中华人民共和国行政许可法》有关适用问题的函

（2004年6月18日 新出法规〔2004〕759号）

国务院法制办公室：

随着《中华人民共和国行政许可法》实施的日益临近，我署不断接到一些地方新闻出版局关于该法具体适用问题的请示。我署将问题加以整理，现请贵办予以解释：

一、公民、法人或者其他组织要申请取得法律、行政法规设定的许可，向谁申请，向申请人所在地的行政部门申请？还是向拟设立的单位的住所地的行政部门申请？

二、“全国有效”的具体含义是什么？一般来说，公民、法人或者其他组织取得法律、行政法规设定的许可后，到异地从事经许可的行为大概有三种情况：

1. 临时派人去开展活动；

2. 到异地设立分支机构开展活动；

3. 在异地投资设立独立核算的法人开展活动。

“全国有效”是否涵盖了以上三种情况？

三、公众或管理部门如何识别某一项许可是否全国有效？许可一般可分为批准文件或者许可证，批准文件或者许可证上是否需要写明“全国有效”？还是不写地域范围就意味着全国有效？

四、法律、行政法规设定的许可，地方性法规或者规章也设定了，对该项许可如何认定？是全国有效还是地方有效？

五、能否类推为：省级地方人大地方性法规设定的许可，当事人取得的许可，全省范围有效？

六、“没有地域限制的”，是否指法律行政法规必须有明确的规定？没有规定，是否推定为“没有地域限制”？

七、“全国有效”和地域管辖的矛盾如何处理？例如，甲省合法的新闻出版单位到乙省设立分支机构开展出版活动，按“全国有效”的规定，可以不用再取得乙省的许可，那么，乙省的新闻出版行政管理部门如何掌握情况，进行管理？

八、《行政许可法》第十六条规定：规章对行政许可条件作出的具体规定，不得增设违反上位法的其他条件。但有些上位法只规定了行政许可项目和实施机关，并未规定行政许可条件。在此种情况下，规章具体规定行政许可条件，是否属于“增设违反上位法的其他条件”？

请予以具体解释为盼。

国务院法制办公室对《关于在行政许可法实施前行政机关是否有权撤回行政许可的请示》的复函

（2004 年 8 月 24 日 国法秘函〔2004〕226 号）

广西壮族自治区法制办公室：

你办《关于在行政许可法实施前行政机关是否有权撤回行政许可的请示》（桂法制报字〔2004〕25 号）收悉。经认真研究，现答复如下：

一、根据法不溯及既往的原则，行政许可法有关撤回行政许可的规定，不适用于行政许可法实施前作出的具体行政行为。

二、根据行政许可法的规定，撤回行政许可的适用前提是相对人已经取得的行政许可合法，而且必须是为了公共利益的需要。适用情形包括：1. 行政许可依据的法律、法规、规章修改或者废止；2. 行政许可依据的客观情况发生重大变化。撤回行政许可对公民、法人或者其他组织造成财产损失的，作出撤回行政许可决定的行政机关应当依法予以补偿。

附：

广西壮族自治区人民政府法制办公室关于在行政许可法实施前行政机关是否有权撤回行政许可的请示

（2004 年 8 月 12 日 桂法制报字〔2004〕25 号）

国务院法制办公室：

2004 年 4 月 2 日，柳州市人民政府（以下称被申请人）作出《柳州市人民政府关于撤回柳州农工商有限责任公司屠宰场定点屠宰资格的通知》（柳政发〔2004〕38 号，以下简称柳政发 38 号文），以柳州农工商有限责任公司屠宰场（以下称申请人）的场址局限、长期以来不能解决排污问题并给周边企业和居民的生产和生活造成了严重影响以及已取得定点屠宰标志牌的 3 个屠宰企业屠宰量已能保证全市肉品市场供应等为由，为维护公共利益，根据《生猪屠宰管理条例》的规定和柳州市生猪屠宰产业布局调整的要求以及城市建设发展规划，决定撤回申请人的定点屠宰场资格。申请人对上述决定不服向自治区人民政府申请行政复议。在行政复议审查过程中，对在《中华人民共和国行政许可法》(以下简称《行政许可法》)实施前，被申请人是否有权撤回申请人的定点屠宰场资格，即在《行政许可法》实施前，行政机关是否有权撤回其准予的行政许可这一问题，我办有两种意见。

第一种意见认为，行政机关无权撤回其准予的行政许可，理由是：(一)该案中被申请人柳政发38号文是2004年4月2日作出的，由于《行政许可法》尚未实施，当时有关生猪屠宰管理方面的法律、法规和规章也都没有规定可以撤回资格，所以被申请人作出撤回申请人定点屠宰场资格的决定是没有法律依据的行为，也就是说被申请人无权作出这一行政行为。(二)《行政许可法》实施后，按规定“撤回”行政许可，则是在法律意义上认可申请人原取得的定点屠宰场资格本身就是合法的，根据《行政许可法》的规定，依法取得的行政许可受法律保护，行政机关不得擅自改变，只有行政许可所依据的法律、法规、规章修改或者废止，或者准予行政许可所依据的客观情况发生重大变化，为了公共利益的需要，方可依法变更或者撤回已生效的许可。(三)申请人的定点屠宰场资格是依法取得的许可，不可随意撤回。如申请人违反了《生猪屠宰管理条例》的有关规定，依法则应“撤销”或者“取消”，而不是撤回。故《行政许可法》实施前，被申请人无权撤回申请人的定点屠宰场资格。即当时的法律、法规没有规定可以撤回的，则行政机关无权撤回其准予的行政许可。

第二种意见认为，行政机关有权撤回其准予的行政许可，理由是：(一)从行政法学原理上讲，有作出某一行政行为的法定权力必然有改变、撤销和废止该行政行为的权力。因此，撤回、撤销行政许可是行政许可权的派生性权力，不需要法律、法规和规章的明文授权。(二)国务院于今年3月22日印发的《全面推进依法行政实施纲要》规定：“非因法定事由并经法定程序，行政机关不得撤销、变更已经生效的行政决定；因国家利益、公共利益或者其他法定事由需要撤回或者变更行政决定的，应当依照法定权限和程序进行，并对行政管理相对人因此而受到的财产损失依法予以补偿。”这表明，行政机关在其法定行政许可权限范围内有权撤销、撤回或者变更准予行政许可的决定，而不是在今年7月1日《行政许可法》实施后行政机关才享有这类派生性权力。例如，对准予行政许可后行政许可机关发现被许可人不再具备法定行政许可条件的，除《中华人民共和国安全生产法》等少数法律、法规明文规定行政许可机关应当撤销原许可外，《行政许可法》和其他绝大多数法律、法规都没有明文规定行政许可机关可以撤销原许可，但不能据此断定行政许可机关无权撤销原许可，相反，行政许可机关在此种情形下不采取责令被许可人限期恢复法定行政许可条件甚至撤销原许可等措施，而是任由其继续从事行政许可事项活动，反而是失职的表现。

上述两种意见哪一种更妥，请批复。

国务院法制办公室对有关图书、报刊、音像电子出版物审读费问题的请示的复函

（2004 年 11 月 23 日　国法秘函〔2004〕334 号）

宁夏回族自治区人民政府法制办公室：

你办《关于请示“图书、报刊、音像电子出版物审读费”是否属于行政许可收费的函》（宁府法函〔2004〕23 号）收悉。我们经认真研究，并商全国人大常委会法工委行政法室、财政部、新闻出版总署，提出以下答复意见：

根据《出版管理条例》（国务院令第 343 号）和新闻出版总署《关于进一步加强图书审读工作的意见》（新出图〔2004〕440 号）的规定，图书、报刊、音像电子出版物审读是出版行政部门履行职责、依法实施的市场监管行为，所需经费应当在各级财政的年度预算中统筹考虑，不应当直接或者变相向出版单位或者作者收取。

附：

宁夏回族自治区人民政府法制办公室关于请示“图书、报刊、音像电子出版物审读费”是否属于行政许可收费的函

（2004 年 9 月 15 日　宁府法函〔2004〕23 号）

国务院法制办公室：

我区在清理行政许可收费中，对“图书、报刊、音像电子出版物审读费”是否属于行政许可收费有疑义，请予明确函复为盼。

第五节　其他行政执法共性问题答复文件

司法部关于规范涉企行政执法专项行动有关问题解答

（2025 年 5 月 16 日）①

一、为什么要开展规范涉企行政执法专项行动？

答：开展规范涉企行政执法专项行动是党中央、国务院作出的重大决策部署，规范涉企行政执法专项行动对优化营商环境、解决企业和群众急难愁盼、营造公平有序的市场环境，稳定社会预期、提振发展信心、激发经济发展活力和动力具有重要意义。国务院有关文件明确了专项行动的总体要求、重点任务、进度安排、组织实施和工作要求，各地区、各部门要站在全局高度深刻领悟，切实增强抓落实的紧迫感责任感，把党中央、国务院的重大决策部署落实落细。

二、规范涉企行政执法专项行动与群众身边不正之风和腐败问题集中整治工作的关系？

答：规范涉企行政执法专项行动的工作重点是纠治企业和群众反映强烈的涉企执法突出问题，这些问题也是中央纪委国家监委“群腐”集中整治工作的重点内容。专项行动与集中整治这两项重要工作密切相关，但各有侧重。在专项工作推进过程中，要做好与同级纪检监察部门的工作衔接，建立工作协同机制，统一数据报送口径，畅通线索移交渠道。

三、乱收费主要包括哪些情形？

答：乱收费主要包括：违规设立收费项目；未按规定范围、对象、标准收费；未执行取消、停征、免征、减征等降费政策；利用行政职能、垄断地位指定服务、强制服务收取中介服务费用或只收费不服务；违规将政府职责范围内的事项交由事业单位或中介组织承担并收取费用等。

---

① 司法部官网发布时间。

四、乱罚款主要包括哪些情形？

答： 乱罚款主要包括：无处罚依据擅自设定罚款项目；不具备执法资格的单位或个人实施罚款；未按规定程序实施罚款；不执行国务院已取消罚款事项的决定；随意给予顶格罚款或者高额罚款；随意降低违法行为认定门槛或扩大违法行为范围实施罚款；对已超过法定追责期限的违法行为实施罚款；以罚代管，只罚款不纠正违法行为等。

五、乱检查主要包括哪些情形？

答： 乱检查主要包括：检查主体无权限，不具备行政执法主体资格实施检查；检查随意任性，无法定依据或未按照公布的事项、标准及规定程序实施检查；擅自部署专项检查或应联合部署专项检查的，单独部署；检查频次高，超过行政检查年度频次上限；重复检查、多头检查、运动式检查、以观摩等各种名义变相检查等。

六、检查、专项检查的认定口径和客观判断标准如何把握，专项整治、行业日常管理、隐患排摸等日常管理行为是否也属于行政检查？

答： 行政检查的定义、标准、分类在《国务院办公厅关于严格规范涉企行政检查的意见》《〈国务院办公厅关于严格规范涉企行政检查的意见〉有关问题解答》已有相应规定。专项整治、行业日常管理、隐患排摸等只是检查的发起事由不同，仍应根据《意见》要求履行相应的行政检查审批程序及规范要求。

七、乱查封主要包括哪些情形？

答： 乱查封主要包括：委托实施查封；无行政执法资格的人员实施查封；对与违法行为无关的场所、设施、财物实施查封；重复查封已被其他国家机关依法查封的场所、设施或者财物；违反法定程序实施查封；超过法定期限查封；未妥善保管或使用、损毁查封的场所、设施或者财物；具备解除查封情形仍不作出解除查封决定等。

八、违规异地执法主要包括哪些情形？

答： 违规异地执法主要包括：未履行协作手续或在管辖争议解决前，擅自跨区域开展行政执法活动；在异地执法中超越权限或者违反法定程序对企业财产采取强制措施；采取“钓鱼”执法等手段将外地案件纳入自身管辖范围；异地行政执法协助机制不健全等。

九、趋利性执法主要包括哪些情形?

答: 趋利性执法主要包括:行政执法与利益挂钩;考核考评结果与罚款收入挂钩;直接或变相下达罚款收入指标;违规违法争抢有罚没收益的案件管辖权;为增加罚款收入脱离实际监管需要随意设置监控设备等。

十、如何理解执法标准不一致、要求不统一,加重企业负担的行为?

答: 主要是指同一行政执法部门的不同执法人员,对同一执法事项的标准不一致、要求不统一,或不同行政执法部门对同一企业的执法标准或要求相互冲突,导致企业无所适从;行政执法部门制定实施规范变相增加条件、设置门槛;行政裁量权基准幅度不合理,裁量的标准、条件、种类、幅度、方式、时限不统一,造成行政执法该严不严、该宽不宽、畸轻畸重等行为,以及其他没有法定依据擅自减损企业权益,增加企业义务的行为。

十一、执法不作为主要包括哪些情形?

答: 执法不作为主要包括:该立案的不立案;办理案件超出法定期限;对执法中发现的问题不及时解决,推诿扯皮、拖延处理;对企业依法申请和反映的问题视而不见、压案不查,以及其他不履行或者怠于履行法定职责等。

十二、对本次专项行动查办纠治问题的时限范围怎么把握?

答: 本次专项行动重点关注、纠治近年来的涉企行政执法问题和案件。对企业反映强烈、社会影响恶劣、长期以来未得到纠治的案件和问题,各地结合实际,也应当进行排查和纠治。

十三、事业单位改革后,之前法律、法规、规章规定的授权、受委托组织,大多调整为不得承担行政职能的公益事业单位,事业单位不再具有执法主体资格。其中个别单位"三定"规定明确从事执法辅助性工作,对其单位人员是制发辅助证还是行政执法证?

答: 一般情况下是不能制发行政执法证的,但如果有规章以上的依据受委托开展执法的,可以为本单位在执法岗位的正式人员申领行政执法证。

图书在版编目（CIP）数据

行政执法工作应知应会知识点培训教材 / 夏云峰编著. -- 北京 : 中国法治出版社, 2025. 6. -- ISBN 978-7-5216-5298-7

Ⅰ. D922. 114

中国国家版本馆 CIP 数据核字第 202547WH61 号

策划编辑：谢雯
责任编辑：谢雯　白天园　李若瑶　　　封面设计：李宁

行政执法工作应知应会知识点培训教材

XINGZHENG ZHIFA GONGZUO YINGZHI YINGHUI ZHISHIDIAN PEIXUN JIAOCAI

编著/夏云峰
经销/新华书店
印刷/三河市国英印务有限公司
开本/730 毫米×1030 毫米　16 开　　　印张/ 26. 25　字数/ 285 千
版次/2025 年 6 月第 1 版　　　2025 年 6 月第 1 次印刷

中国法治出版社出版
书号 ISBN 978-7-5216-5298-7　　　定价：89. 00 元

北京市西城区西便门西里甲 16 号西便门办公区
邮政编码：100053　　　传真：010-63141600
网址：http：//www. zgfzs. com　　　**编辑部电话：010-63141802**
市场营销部电话：010-63141612　　　**印务部电话：010-63141606**

（如有印装质量问题，请与本社印务部联系。）